JN123866

世界でひとつだけの〈哲学堂〉創立者

井上円了の哲学から経営知を語る

経営士学学会副会長
藤木 清次

三恵社

まえがき

井上円了（以下、円了という。）は日本哲学の礎を創った哲学者です。と申しましても世間では、仏教哲学者や妖怪博士・ゴーストバスターとして知られていますが、円了の哲学をご存知の方はいたって少ないでしょう。日本哲学史でも軽視されています[1]。

それは結局、円了の出生がお寺であること。円了が講壇哲学者ではなく、事業家であり、その活動が多岐にわたっていること。円了が神儒仏に西洋哲学を融合させた日本哲学を基軸に西哲未知の新哲学体系を構想したことにあります。なによりも、円了は総合的大観に立脚して、神儒仏や西洋哲学、実証科学を自在に応用していますので、個別学科の視点からでは、円了哲学の核心がとらえられないからです。

今日、チェンジ・イノベーション・スピード感などのフレーズが好まれ、マネジメント経営学はＩｏＴ（Internet of Things）・ＡＩ（artificial intelligence）などを取り込んでさらに進化をつづけています。経営は実学です。これに対し、哲学は青春のはしか、職業哲学者の思弁、経営者のお飾りなどのイメージがあります。さりながら、事業には指導理念が必要です。しかし、経営理念・社是・ビジョンが立派でも、経営者の心が貧しければ、ことわざでいう、頭かくして尻かくさず、です。経営者がどんな経営をするかは、経営者という仮面（役割）を外して、人間としてどんな道徳的意志（哲学）をもって生きているのかということです。はじめに本書の基本的な考え方を説明しておきましょう。

わたしは経営コンサルタントを職業としています。経営コンサルタントの対象は「経営」です。経営の成功・不成功は経営を司る、経営者の心意、すなわち道徳的意志にあると考えます。単純化していえば、身を修め、本務に努めれば成功し、借金し景気よく使えば、衰退します。戦略や組織・執行管理、ビックデータ・ＡＩ（人工知能）なども重要ですが、そうした方法論は次の課題です。言いかえましょう。実践経営を先導するのは道徳的意思です。これは経営者の事件を思い浮かべると腑に落ちることでしょう。なかでもわが国で経営のカリスマと評された日産自動車の前会長カルロス・ゴーン被告の国外逃亡（レバノン滞在）です。

ゴーン被告は会社法違反（特別背任）罪などで、日本の裁判所に起訴されましたが、裁判直前の２０１９年12月29日に国外逃亡しました。ゴーン被告がいうように日本の司法制度に人権上の問題があることは否定しません。しかし、経営者は道徳を重んじ法律を守らなければなりません。世界の耳目を集めたゴーン被告の逃亡生活は、ビジネス栄えて経営滅ぶ、の象徴ともいえるものです。ゴーン被告はフランスではレジョンドヌール勲章（２００２年）、イギリスでは大英帝国勲章（２００６年）を受章。わが国では藍綬褒章（２００４年）、九州大学、法政大学、早稲田大学から名誉博士号を授与されました。また、マンガ雑誌にも「カルロス・ゴーン物語」が掲載されて、少年たちにまでその名が知られた経営者でした[(2)]。ゴーン被告の犯罪はたんに一企業の不祥事として済まされることではありません。逃亡前ゴーン被告はリーダーの条件として、次の３つをあげました。１．どんな厳しい状況でも常に結果を出せる人。2・人々とつながる能力、共感（empathy）される能力。3．新しいことを常に学ぶ姿勢です[3]。しかし、ゴーン被告の行為は、経営者教育にたいして絶対的反省を問うことになりました。では、経営者教育のあるべき姿とは、どのようなものでしょう。結論から先にいえば、今日、行われている実証科学中心の経営者教育に部分的修正を加えることではありません。ゴーン被告のいう方法論としてのリーダーの条件に欠けているものを自覚することです。ひと言でいえば、素の自己を律すること。すなわち道徳的意思をリーダーの基本とする教育です。円了の言葉を意訳しますと、経営は哲学の応用であり、ビジネスの基礎は道徳にあり、です。哲学は経営の行方を左右しています。

しかしながら、実証科学中心の経営と道徳的意思中心の経営は別々に成立しているものではありません。あざなえる縄のように絡み合って流動しています。それゆえ本書を貫通するモチーフは歴史のなかで、道徳的意思中心（実学の本流という。）と実証科学中心（実学の主流という。）の経営の「在り方」について考えることです。

第1章では、円了哲学について考察します。円了のいう哲学は、哲学の知識ではなく哲学することです。なぜなら、哲学は単なるリベラルアーツではないからです。視点をかえ、次元をかえる根源的な、ものの見方・考え方のことです。人は何のために生きるのか（人生観）。／人はどこからきて、何をして、どこへ行くのか（世界観）。／自分の意思によらずして、生まれては死んでいく不思議を想い考えることです（宗教観）。同時に、人は生きなければなりません。パンを得るための創意・工夫が必要になります。

経営は人類の飢餓からの解放という生存追求から生まれた知恵です。長い間、経営は学問であることを必要としない歴史でした。言い方をかえましょう。経営は人間が飢えや渇き寒さから生きぬくため、環境への適応と変革のなかからうまれた、生産性と共同行為を対象とする人間生活の基本の知です。そして経営とは何か、／経営はいかにあるべきか、という経営の哲学を問うことは、経営の領域を出て、哲学の領域に入ることです。経営哲学は経営と哲学の相互作用であり、哲学の応用です。

ところで、経営の知には三つの意味がふくまれています。経営者体験からの経営学。経営コンサルタントの立場からの経営学。アカデミックな世界で論じられている学者経営学です。本書は三つの立場のそれぞれについて検討します。

まず第2章では、経営コンサルタントの立場から日本の代表的な経営コンサルタント10人の思想の変遷をたどります。第3章では、近代経営の基礎を築いた経営者の中から3人の代表的な経営者の思想をとおして日本的経営の考え方を探ります。第4章では、欧米の学者経営学を整理します。現在、学者経営学は科学化、細分化・専門化が進んでいますので、経営全体の関連が見失われています。第5章では、見失われた実践経営の基本関連図を示します。

以上、経営知は、経営者、経営コンサルタント、経営学者を含む広い範囲を俯瞰した表現ですので、茫洋としています。しかし、資本制社会での経営知の基点は、金儲けの学になります。大学で金儲けの技術を学ぶ学生の悩みについて、わが国を代表する経営学者藻利重隆（1911-2000）は、こう吐露しています。[4]

> 商学部や経営学部に入学した学生が、経済学部や社会学部に入学した学生に対して、その専攻する学問に対する誇りを欠如することのゆえに、肩身の狭い思いに悩まされ、選ばれた学生であることの自信を喪失して不安と焦燥とにかられているのに出くわして、われわれは途方にくれることがある。

「パンのための学」、「金儲けの学」は実証科学を基礎としたエビデンス（証拠）重視の経営思想です。同時に、経営には矛盾が実存します。矛盾とは、実証科学的な方法論と倫理・道徳との併存およびその相反と融合の軌跡です(5)。

今日、経営学の主流は、欧米とりわけアメリカから導入された実証科学としてのマネジメント経営学です。マネジメントと経営の相違という経営の根本問題については第6章で考察しますが、マネジメントは目的と手段の関係からいえば手段の学です。手段は自己目的化する傾向があります。急速な科学技術の進歩によって、これからの雇用はどうなるのか、暮らしはどうなるのか、等々、人々の不安が増大しています。いわゆるマネジメント万能主義はＡＩ兵器を作るかも知れないというＡＩ研究者、企業経営者、政府指導者への不信感ともつながって危機的な状況にまでいたっています。

では、経営の矛盾にたいして、わたしたちはどのように向き合うべきでしょうか。円了は一体両面・二者相含という言葉で表現しました。弁証法的両義性の可能性です。両義性とは一つの言葉が相反する二つの意味をもつことです。二項対立のどちらかではなく、二項対立を包摂した一元論です。実証科学的な方法論と倫理・道徳を経り営むことが要になります。

哲学的両義性の問題がわが国で顕在化したのは明治維新後です。欧米の科学技術や法律（人権思想）、哲学などの実証科学がキリスト教とともに、わが国に翻訳・移入されたのが明治維新前後です。それまで実学の主流は道徳的な朱子学でしたが、封建思想を代表するものとして否定されました。それに代って主流となったのが、宗教や道徳から切り離された実証科学としての実学です。実証科学を基礎にわが国の資本制経済は急速に発展しました。同時に、それは封建制度の秩序や抑圧から解放された、人間として自由な社会をめざしたものでした。人間としての自由とは、個人の欲望を肯定する社会であり、功利主義（最大多数の最大幸福）が優先される社会です。そしてその意図しない結果、人々が富を貪欲にむさぼる物欲主義、拝金主義が横行して道徳の荒廃が現出し、現在に至る社会の原型がつくられました。そうした潮流に円了は抗しました。円了は、国を富ます直接の道は農工商の実業に相違なかろう。かつその実業を盛んにする方法は、金銭よりも財産よりも実業道徳であると述べました。円了は経営を司る、経営者にたいして道徳哲学（moral philosophy）を基礎に実証科学的方法を行うよう提唱しました。円了自身の経営も、事業拡大を本位とした経営ではありません。実業・実学の本流の系譜です。

資本制社会を実証科学的に分析したK・マルクス（1818–1883）とF・エンゲルス（1820–1895）はこれまでの社会の歴史は階級闘争の歴史であると述べて経済的搾取を克服しようと考えました。フランシス・フクヤマ（1952– ）はリベラルな民主主義それ自体がすでに歴史の終わりなのだと主張しました。米国第44代バラク・オバマ大統領はノーベル平和賞を受賞（２００９年）しました。しかしそうした試みは儚い期待でした。

資本主義・社会民主主義・共産主義から専制主義・民主主義など、あらゆる主義や体制、先進国・後進国に関わらず、不正、偽装、粉飾、モラル・ハラスメントから貧富の格差、戦争・テロ、自然環境の破壊、等々に至るまで、モラルは荒廃して世界の共通善が失われています。手段と目的の関係は転倒し人間の心は病んでいます。

今日、モラル（道徳）は、時代遅れ、古くさい、保守的な考え方とおもわれています。しかしながら、モラル（道徳）は、保守とか、革新とかをいう以前の、個人の幸福追求の権利（日本国憲法第13条）が道徳的意思です。道徳的意思が自覚されると志となり、真の革新・改革は志からはじまります。現在、わが国の思想的土台は自由、民主主義、法の支配です。そしてそれを支えているのが実証科学の思想です。しかし、実証科学という一本足の道徳心のない専門人たちでは社会問題が解決しえないことは、すでに体験しています。倫理は社会の規範であり、道徳は個人の規範です。ともに人間社会の根です。根が枯れようとしているときに、果実だけを求める社会は幸せな社会とはいえません。

思えば人間の存在は有限ですが、意識は無限です。有限な存在と無限な意識の矛盾を考えることが、真理を考えることです。真理を考えることは同時に、人間として自己の使命を自覚した活動として現れます。そして、わたしたちが幸せに暮らしていくための活動の最良の手引きとなるのが、円了の弁証法的両義性の考え方です。ただし、円了が弁証法的両義性という言葉を使用したわけではありません。

円了は東洋の弁証法と西洋の弁証法を日本人の立場から総合して循化相含（じゅんかそうがん）という用語を創案しまし

た。循化相含が円了哲学の核心です。これは西洋哲学の教師アーネスト・フェノロサが教授した、正・反・合の進化論的弁証法を正すものでした。しかし、円了は弁証法の論理構造を自覚していなかったという学者もいますので、そうした誤解を解くためにも、筆者は円了哲学の核心を「弁証法的両義性」の言葉に置き換えて解釈しました。円了のいう思想の法則、事物の原理、根本法則が弁証法的両義性という試みです。わたしたちが生きている世界はそのはじめから、そしてこれからも弁証法的両義性であるということです。

もとより、今日の問題を円了が予見していたわけではありません。それどころか円了の『忠孝活論』『勅語玄義』などは概念的論理思考の哲学者が書いたものとは思えないほどの妄信的な皇室史観に立っています。哲学の本質は批判的精神ですから、現在では読むに堪えません。その一方、円了は産業社会の健全な調和・発展をめざす哲学的土台を探求しました。円了自身が両義性の形象といえましょう。そのうえで円了の弁証法的両義性を自覚すると現代の深刻な危機を克服する可能性と結びつきます。

円了は哲学的遺産として東京都中野区に哲学堂公園（２０２０年、国名勝指定）を設立しました。哲学堂は社会教育の道場、哲学実行化の根本中道、道徳山哲学寺の大本山です。円了が自称する道徳山哲学寺は、拝金宗本山（131頁）と対峙する世界でただ一つの本堂（シンボル）です。それは円了の道徳哲学の本質的次元が知識ではないからです。なぜなら、ネットを利用して情報や知識が一つふえたからといって、真理に一歩近づくことにはならないからです。

わたしたち一人ひとりの人格は、善だけで、悪だけで成り立っているわけではありません。善と悪の両義性から成り立っています。ただ、その割合に差があるだけです。そうすると、心をニュートラルにするための学びの場が必要になります。それが「哲学堂」です。美術館がわたしたちの美を呼びさますように。音楽がわたしたちに音の楽しさをよみがえらせるように、哲学堂での哲学的祈りが、自分の内心の声（良心）を信じる力をよみがえらしてくれることでしょう。円了は活哲学の道徳的活動について次のように述べています。

見よ鳥は飛び魚は泳ぎ、水は流れ雲は動くではないか。これみな無字の経、不文の教えではないか。これを一括していわば、物みな活動しているではないか。しからば吾人もまた活動すべきが当然である。しかして活動はなんによって起こるかというに、宇宙の内部に潜在せる大勢力の発動である。この勢力によって世界が循化するに至る。しかしてその精力の至純なるものが吾人の精神内に伝わり、わが生来固有せる先天の良心となりて、われに命令を与えるに至る。故に外に万物の活動を見、内に良心の命令に聴かば、人生の目的おのずから判明し、己の力のあらん限りを尽くして、向上活動すべきものなるを自覚するに至る。(6)

達磨さん九年面壁するよりも、手足を使ってウンと働け／紺屋は衣を染めず、医者は生命を守らず、僧侶は身を修めず。／官吏は農民の汗をすすり、富める人は貧民の涙をのんだのだ。／禍中に福あり、福中に禍ありて、禍福相含む。禍にあえばすなわち禍にたえるを要す／苦は極まりて楽となり、楽は極まりて苦となる／信用の陰徳つめば何人も、陽報ありて御店繁盛、などは、円了の自家格言です。

本書は、井上円了没一〇〇周忌記念論集「井上円了と経営哲学―哲学的祈り―」（『論集井上円了』東洋大学井上円了研究センター編、２０１９年、教育評論社）を基礎に、経営士学提唱から７０年、「経営士学学会」発刊「経営士学誌」に発表した論文に加筆・修正して再編集したものです。

執筆では筆者の経営コンサルタント体験からだけでなく、野の研究者として哲学、経営学、法律学、歴史学などの研究成果を活用しました。しかし、学者ではありませんので信憑性が問われます。そこで先人の引用文を多くしました。先人の言行を味わいながら、ともに考えていただけましたらこんな嬉しいことはありません。引用文などの旧字や旧仮名遣いは現代表記に改めました。時事的な問題では過去の出来事や重複して述べているところがありますが、いずれもお許しいただきたいと存じます。また、本書カバー表の絵葉書は、哲学堂の正門 哲理門（戦前、個人蔵）です。カバー裏の写真は、哲学堂のランドマーク 六賢台と筆者です。２０１９年５月に撮影したものです。

表題「井上円了の哲学から経営知を語る」試みは管見のかぎり見当たりません。自己啓発的哲学書や目先の利益を追うハウツー的経営学に食傷している方の参考に資することができましたら幸いです。

〔注〕

(1)哲学者三枝博音は、井上円了の文章について「当時の文章としても、拙劣であることは、否定できぬ。」『日本の唯物論者』英宝社、昭和51年、279頁）と評し俗論と述べています。引用者も批評された著作が学術論文でない点は同感です。そしてそのことを、井上円了は自覚していました。それは「地方遊説に五、六年の歳月を費やし、その傍らに朝夕学生を監督し、館務を裁理し終年（ねんじゅう）ほとんど講学の余暇なく、西洋の書籍などはおよそ10年間も取り調べたることはありませぬ。」と述べているからです（「破唯物論」『第7巻』528頁。東洋大学創立100周年記念論文編纂委員会編『井上円了選集』東洋大学、1987年～2004年。以下、引用は巻数で略記します。）。

(2)日経ビジネス編集『カリスマ失墜 ゴーン帝国の20年』日経BPマーケティング、2019年。レジス・アルノー／ヤン・ルソー著 林 昌広訳『誰も知らないカルロス・ゴーンの真実』東洋経済新報社、2020年。「産経フォト2018・11・30ニュース（https://www.sankei.com/photo/daily/news/181130/dly1811300006-n1.html）閲覧日2022年2月21日。「ウィキペディア（Wikipedia）」閲覧日2022年2月21日。

(3)「私の履歴書」日本経済新聞、2017年1月30日。一部修正しました。

(4)藻利重隆『経営学の基礎』森山書店、2005年、277頁。

(5)井上円了は「倫理学すなわちエシックスは、善悪の標準、道徳の規則を論定して、人の行為挙動を命令する学問をいう。」（18頁）と定義しました。そして「善悪の標準を定むるにも、道徳の原則を論ずるにも、標準の標準、原則の原則を知らんと欲するにも、純正哲学に入らざるべからず。これみな倫理学以上の問題にして、今、倫理学を論ずるに要せざるところなり。」（「倫理通論」『第11巻』137頁）と述べています。

(6)井上円了「奮闘哲学」『第2巻』255-256頁。

目次

まえがき

第1章　井上円了の哲学
1　仏教界を超えて……2
2　円了哲学の核心……16
3　哲学の応用──仏教・妖怪・実業道徳──……46

第2章　日本の経営コンサルタント─実学の本流と主流
1　経営の連続性……72
2　江戸時代の経営コンサルタント……79
3　近代の経営コンサルタント……101

第3章　日本の経営者―実学の系譜
1　近代日本の実業思想……124
2　日本の経営者哲学……133
3　日本的経営の考え方……152
第4章　学者経営学―実学の主流
1　パンのための学……176
2　経営学の発展……187
3　経営学上の矛盾……215
第5章　実践経営の基本
1　各論的経営学の見取り図……226
2　戦略・戦術……241
3　執行活動……261

第6章　経営の根本問題―実学の主流と本流
1　経営とは何か　278
2　経営の源流　294
3　経営とマネジメント　309

あとがき

第1章　井上円了の哲学

1. 仏教界を超えて

1・1　実業道徳の修養

哲学館は坊主学校のごとくに誤解されたることを知るべし。かかる誤解を正して哲学の実用を知らしむるは、哲学館出身者の業務および言行に考うるよりほかなし。・・・宗教と教育とは哲学の直接の応用たるによるといえども、余は哲学の応用はそのほかになお多々あるを信ず。政治も実業も美術も、みなその応用の一つなり。ことにわが国の実業につきて、最も欠けたるものは哲学の応用なり。その応用とは実業道徳の修養をいう。今日わが国の実業家が、実業に道徳は無用なるがごとく唱うるもの多きは、実に嘆ずべきの至りなれば、今後、哲学館出身者は進みて実業界に入り、実業道徳を奨励して、実業と哲学との間に密接の関係あることを示されんことを望む。[(1)]

右の文章は、井上円了（1858–1919、以下、円了という。）が明治36年「余が遺言状なり」と記して、みずから実業と哲学の関係について述べたものです。また、その国を富ます直接の道は農工商の実業に相違なかろう。かつその実業を盛んにする方法は、金銭よりも財産よりも実業道徳である、[(2)]と述べています。この言葉は近代日本経済の基礎を築いた渋沢栄一が『論語と算盤』のなかで「その富を成す根源は何かといえば、仁義道徳、正しい道理の富でなければ、その富は完全に永続することはできぬ。ここにおいて論語と算盤という懸け離れたものを一致せしめる事が、今日の緊要の努と自分は考えている」[(3)]と同義でしょう。仏教学者宮本正尊（1893–1983）も「円了の念願は、国民道徳の高揚にありました」[(4)]と述べて、渋沢栄一の庶民経済と円了の健全経営とを比較しています。

しかしながら、哲学は今日でも衣食の道に無縁な学というイメージがあります。また、哲学と実学を二項対立と考える学者もいます。それは哲学を学んでも一片のパンすら作ることができないからでしょう。その意味で、哲学は実証科学的な実学ではないといえます。

さりながら、近代社会は個人の欲望が肯定され、功利主義（最大多数の最大幸福）が優先される社会です。物欲主義、拝金主義の随伴的結果として、食品偽装、粉飾決算から高額所得者と非正規雇用者の収入格差、戦争・テロ（アメリカ同時多発テロ事件、アフガニスタン侵攻、ウクライナ侵攻）、地球温暖化に至るまで道徳の荒廃はもはや恐怖にまで至りました。哲学はパンの作り方や、獲得方法を教える手段の学ではありません。目的の学です。目的の学とは、個人の幸せな生き方や社会の繁栄を考えることです。円了は、こう述べています。

いわゆる実利、実益、実用とはなにを標準として立つるや。余が察するところによるに十中七、八は我人の生命を保全するに必要なもの、すなわち衣食住を標準とするならん。もし果たして衣食住を標準とする論者あらば、これ近眼的百姓論を免れず。・・・今更に論点を一転して、世間の論者のいわゆる実利実用とは、我人の幸福安寧を標準とするものにして、衣食住を標準とするにあらずと定むるときは、百姓的標準より一歩進みて道理的標準に達するものなり。この標準を用うるときは、決して純正哲学を目して無用の長物となすことを得ず。(5)

円了のいう衣食住を標準とするのが資本の論理です。資本の論理は個人の生活経営を貫徹しています。人間は欲望の子だからです。おいしいものを食べたい。新型のスマートフォンが欲しい。車やマイホームが欲しいなど一人ひとりの希望（欲望）が、個人の努力、向上心（成功哲学）に支えられているのが資本主義社会です。同時に、人々が懸命に働いても報われないと感じ、そこに平等主義がくわわると反資本主義（社会主義など）の思想が出現します。つまり、衣食住を標準とする考え方は、報われる、報われないという矛盾した考え方を基礎にした世界観であり、生涯、幸福を渇望して不平・不満のたえない人生です。

他方、円了は我人の幸福安寧を標準とするのも実利、実用であると述べています。円了のいう実利、実用とは精神世界の快楽（哲学）に立脚して、資本の論理の価値観にとらわれない、無位無官、無所有を志向する世界です。純正哲学の効用です。

純正哲学とは理性から導出される思想の法則、事物の原理、根本法則を究明する学のことです。それは経験や知識に支えられる個人的な意見、人生観・経営観などの哲学や経営哲学、法哲学、・・・仏教哲学、・・・科学哲学などの応用哲学とは区別されるものです。それゆえ、純正哲学にすら効率性・即効性を求める人には哲学は縁なきものとなりましょう。

今日、社会はグローバル化し、人、物、金が国際間で自由に往来していますが、その根底にあるのは衣食住を標準にした成功哲学です。しかしそれは浮足だっているようにみえます。円了が創立し改称した東洋大学の東洋は、世界のなかで東洋が、その東洋のなかで日本が果たす役割を求めるものです。グローバル社会の原点は、自らの足元に立脚したグローバル化ではないでしょうか。

円了は、高尚の哲理ばかり講ずるものが哲学者にあらず。民間に立ちて世道人心を指導するものも哲学者であると述べて呉服店（現在の百貨店）などで「商業道徳に就いて」の講演や寺院経営、僧侶の教育改良などを提言しました。今日の経営コンサルタントの仕事です。ではなぜ、円了は実業道徳の修養を奨励するに至ったのでしょう。円了の心の旅路をたどってみましょう。

1・2　仏教界を超えて

円了は安政５年、現在の新潟県長岡市浦、真宗大谷派慈光寺住職父円悟・母イクの長男として生まれました。円了は本名です。明治維新は円了10歳のときです。王政復古思想のもとで廃仏毀釈という寺院をこわし僧侶を迫害する仏教弾圧が全国で行われました。真宗寺院の長男は寺院の後継者です。円了は幼い頃から次期住職としての教育をうけ、13歳のとき得度を受けました。また、10歳頃から石黒忠悳（いしぐろただのり）（1845–1941）の漢学塾で学びました。石黒はのち陸軍軍医総監、貴族院議員となります。後年、石黒は『懐旧九十年』（岩波文庫）のなかで漢学塾の頃を回想して生徒には殊更勤皇思想を注ぎこみましたと記しています。円了少年も勤王心を刷り込まれました。石黒のあとは長岡藩の儒者木村鈍叟から漢学を学びました。英語の初歩は高山楽群社で学び、長岡洋学校（現・県立長岡高校）へ入学しました。終業後は漢学の助手を務めています。円了の基礎教養は漢学でした。しかし円了の向上心はキリスト教にもむかいました。それは僧侶の地獄・極楽の話など仏教は一身の恥辱と思い真理について悩んでいたからです。

円了は長岡洋学校在学中、和同会（のち生徒会）を創設しました。和同は「十七条憲法」第一条「和を以て尊しとなさん」から名命しました。旧藩の子弟と外来者の和を願ったからです。

同校の沿革は藩校の崇徳館まで遡ります。小林虎三郎の「米百俵」（作家山本有三の戯曲）で描かれた国漢学校を経て、明治5年に設立された学校です。もともと長岡藩は藩主牧野氏の剛健質実を重んじる藩風があり、幕末期には老中職として海防掛を担当したので洋学研究が大いに進展していました。戊辰戦争の焼け野が原からの復興にさいし、小林虎三郎（1828–1877）の「みんなが食えないというから学校を立てるのだ。人物を養成するのだ。[6]」の精神と長岡という風土が、青年円了の人格形成に影響を及ぼし、のち教育を通して国民道徳を高揚させ日本の国威を世界に輝かせたいという覚悟を抱かせたのだと思います。

さてその頃、京都の東本願寺（本山）では天皇を宣伝する教部省の神道・仏教合併組織下にあったことに反対して分離独立し、キリスト教の開教などの文明開化に対応する学校を設けることになりました。本山に教員養成のための教師教校と育英学校が開設されました。円了は、明治10（１８７７）年本山から教師教校英学科への入学の命を受けました。教師教校英学科の学生は円了の他４人でした。

半年ほどして東京留学生に選抜されました。

円了は東本願寺留学生として上京しました。明治11年に東京大学予備門に入学、明治14年に東京大学文学部哲学科に入学し明治18（１８８６）年に卒業しました。東京大学は国家官僚の養成を中心に国家に奉仕する大学として明治10年に設立され、明治19年に帝国大学になりました。発足時の学部は法学部、理学部、文学部、医学部の4学部で、文学部は第一科（史学、哲学及政治学科）、第二科（和漢文学科）の2学科でした。当時、政府内では憲法制定をめぐって大隈重信らの推すイギリス型憲法と伊藤博文・井上馨らが推すドイツ型憲法とが対立していました。明治14年10月、突然、大隈重信が政府から追放（免官）された事件が「明治14年の政変」です。この政変によって、日本はドイツ型憲法への道を進むことになりました。東京大学文学部も2学科から3学科（第一科・哲学、第二科・政治学及理財学、第三科・和漢文学）へと編成され、円了は第一科（哲学）一期生（一人）となりました。

円了が哲学を選んだのは「余は理論上より仏教を振興せしむるはただ唯一の哲学を研究するあることを信じ、大学に入るにあたりて自ら哲学科を選び[7]」と述べています。給付留学生の目的は卒業後、東本願寺の教師教校の教授になることでした。円了は給付留学生第一号です。後進は本山より、すべてのことは井上円了を手本とし相談せよと命じられていました。

円了の志は、仏教を振興することでしたので、在学中から仏教に関する論文を発表しました。しかし卒業論文は儒学の「読荀子」です。荀子は中国の戦国時代末の思想家であり、孟子の性善説に対する性悪説で知られています。円了はこう記しています。「人の善悪はその固有の勢力とこれに接する外情と、二者の交互作用より派生するものにして、本来その定まりあるにあらず。」「しかして孟子は人に善心あるの一端に偏し、荀子は人に悪行あるの一局に偏し、ともに公正の論にあらざるや明らかなり。[8]」この表現には漢学者三島中洲の影響がみられます。また、円了の弁証法の萌芽をみることができます。円了は学位授与式において卒業生を代表して謝辞を述べました。

ところで、円了はリーダーとして、給付留学生5人らと将来の方針について協議し各自の研究すべき学科の分担を定めました。「円了は主としてヘーゲル哲学を、徳永（清沢）は主としてカント哲学を、兄柳は国語及び哲学を、弟柳は歴史及び国文学を[9]」などです。円了が大学四年生のとき（明治17年秋）代表して本山へ、西洋諸学と仏教の関係を学ぶ「仏教館・哲学館」を首都東京に開設する旨の上申書を提出しました。本山と円了の交渉過程は明らかではありませんが、結局、本山からの命令は「印度哲学」の研究で研究生（国費給費生）として東京に残ることでした。円了は帝国大学大学院へ進学しましたが病気のため辞退しました。しかし、本山へは戻りませんでした。信義に背く行為ですが、本当に信義に背いたかは後でふれます。

円了の5歳下、清沢満之（1863–1903）は大学院へ進み、哲学館の創立を手伝ったのち東本願寺教団に戻りました。清沢は仏教哲学を著わして仏教を啓蒙し、真宗大学初代学長（現在の大谷大学）の務めを果たしました。もし円了が本山に戻っていれば、学長ポストが用意されていたことでしょう。ではいつ頃、長岡市浦は自分の志を果たすには活動の場が小さすぎる。真宗東本願寺教団とは違う視点、すなわち仏教界を超えて活動したいと思ったのでしょうか。

円了は「余は初めにおいては単に仏教回復の一念を有し、哲学専修もこの目的より起こりしが、大学在学中その考え一変して」[10]としか述べていません。では、一変してとは、どのようなことでしょうか。思うに在学中、円了はキリスト教を研究して「仏教は論理上ヤソ教に超過するのみならず、実際上また決して一歩を譲らざるなり[11]。」と確信しました。同時に、世界中でキリスト教が盛んなのは西洋諸国が富強であることにも気づきました。そして仏教を盛んにするには仏教家を養成するだけでなく、国を盛んにし、日本人の知徳を向上させ、日本の哲学を西洋に伝え、日本の国威を世界に輝かせることが重要だと確信しました。しかし、世間では、円了に対し「前には仏教の保護者として熱心にして今は大いに冷淡なり」と言うものがありました。それにたいし、円了は「7、8年においては仏教まさに廃滅せんとするありさま」であったが「近年仏教の形勢大いに一変し」「帝国大学にて印度哲学の名称をもって仏教をその学科に加えられしより、仏教は大いに世人の注目するところ」となり「天下の形勢すでに一変するにおいては、世人の余の事業を見るもまた必ず変ずるところあるを感ずべし。」「世態のかくのごとく変遷したるを覚えずして余の事業を評するは、あたかも船に乗る人、己の動くを知らずして対岸のはしるを見るがごとし[12]。」と述べています。

円了29歳のとき、仏教界を超える理念として「護国愛理」を表明しました。護国愛理とは「国家のためにその力を尽くし、一志を立てて真理のためにその心をつくさざるべからず[13]。」ことです。円了は学者としては真理を愛し、国民としては国家を護すべきは、余の生涯を一貫せることを記憶ありたいと思う、と述べて亡くなりました。真理の探究が、円了の生き方でした。こう述べています。「およそ人たるもの、おのおのその癖するところあり、酒に癖するものあり、・・・いま余は真理に偏するものなり、・・・故に余は真理のためにあくまでこの心を尽くし、あくまでこの力を致さんと欲す。これ余が畢生の大願なり。けだし我人のこの世に来生するの目的、またこれに外ならざるなり[14]。」

護国愛理は、円了の人生哲学、経営哲学でした。しかしながら、護国愛理は国家主義謳歌、仏教主義的（護国護法）な意味合いに解釈されて評判がよくありません。戦後、新憲法のもとで円了研究が進まなかった要因のひとつはここにあると思います。しかし、真理を愛し、国を護る生き方は、世の中を経営するうえで礎となる健全な精神です。憲法は国のあるべき姿を定めた理念です。その普遍的理念を逸脱するような行為はこれを正すべく奮闘するのが護国愛理の精神です。話を戻しましょう。仏教学者は初期の『真理金針』『仏教活論序論』などから円了を仏教哲学者と評していますが、円了は評された著書をとおして仏教界を超えていきました。

別言します。清沢満之は尾張藩士の長男として生まれましたが仏門に入り、内側から本山の改革を志しました。円了は僧侶の長男として生まれましたが仏門を出て、外側（哲学の世界）から仏教界の改革を志しました。そして円了の志は国民の意識改革（教育）から国民道徳の高揚運動へと進んでいきました。

円了はみずからのことを家貧しく赤貧多病と述べています。将来が約束された仏教界ではなく徒手空拳で、世界でも類を見ない哲学の事業化に踏み出しました。哲学書院（出版業）、私立哲学館（のち哲学館大学・東洋大学）、私立京北中学校、私立京北幼稚園、哲学堂の創立です。

1・3　哲学の事業化と哲学館事件

明治20（1887）年9月、哲学館は280人（780余金）の寄付金によって設立されました。哲学館創立の目的は、①晩学にして速成を求める者、②貧困にして大学に入ることが不可能な者、③原書に通ぜずして洋語を理解できない者、でした。

国民の教育は父母たるものの私情に任じてその費用は私財を以てすべきことと述べたのは福沢諭吉です[(15)]。福沢が設立した慶応大学の授業料は三〇円、東京専門学校（現早稲田大学）が二一円でしたので、毎月一円の授業料では、経営は厳しい状態でした。そこに「風災」や「火災」が加わり、創立直後から借金を背負いました。円了は勝 海舟の支援を得て庶民から広く寄付を集めることにしました。円了と海舟の縁をつないだのは円了夫妻の仲人目賀田種太郎・逸子夫妻です。種太郎（1853-1926）は米国ハーバード大学に留学した最初の日本人の一人です。帰国後、専修大学、東京音楽学校（現東京芸術大学）の創立に参画し、のち大蔵省主税局長として近代税法の確立に尽くしました。逸子は海舟の三女で、円了夫人の敬とは、ともに東京女子高等師範学校（現お茶の水女子大学）の卒業生です。円了は、地方へ出かけて当時、鍛冶屋（鉄学）の学問、禅学や仙人の学問、書画骨董の鑑定人などと誤解されながらも講演を行いました。はじめは海舟の揮毫を寄付者に配り、海舟死後は円了が揮毫をして寄付を募りました。また、館外員制度（通信教育）を設けて、健全経営に努めましたが、資金繰りは自転車操業でした

（明治37年度の累積負債約２万２１４２円）。全国巡講は営業活動でした[16]。その旅のつらさは自家格言の、辛抱の棒で怠惰の鬼を打て。／人生の荷物をかつぐ天秤は、ただ辛抱の一棒と知れ。に表れています。しかし、円了は事業経営の苦労を体験したからこそ実学を身につけることができました。円了もみずから、人、余を目して学者となすも、余は学者にあらず、また学者をもって自ら任ずるものにあらず。ただ、余は汲々としてつとめて倦まざるものなりと述べています。しかし、円了が苦労に苦労を重ねた学校経営から48歳で引退しました。その理由が明治35（１９０２）年の哲学館事件です。

ドイツの哲学者シェリング（1775–1854）は、哲学は国家にとって危険であるという非難があると述べています[17]。これは近代啓蒙主義が国家の体制に攻撃をくわえる際の根拠になったからです。

哲学館事件をひと言でいえば危険な思想を教える学校として処分（特典の認可取り消し）されたことです。当時、わが国のかたちは皇室史観に基づく天皇主権の国家（大日本帝国憲法第一条）でした。言論・出版・集会・結社の自由は制限があり（第29条）、また、学問の自由の保証はありませんでした。学問と教育は勅令事項でした（勅令は第二次世界大戦後に廃止されました）。それに反した（反したと思われる）場合は、政府の干渉・監督、弾圧をうけました。自由民権運動、明六社解散（明治８年）、秩父事件（明治17年）、内村鑑三不敬事件（明治24年）、哲学館事件などです。自由民権運動は板垣退助（1837–1919）が主導し明治７年に始まりました。人民の権利や自由の拡大を目標に掲げ、藩閥政治に対抗して政治へ参加しようとした明治前半期の広範な政治運動（広辞苑）です。円了は東京大学で、イギリス・ドイツの法学を学んで帰国した法学者穂積陣重の法学通論を受講しています。それまでの日本には法令はありましたが〝権利〟の概念はありませんでした。西周、津田真道らは法学を訳すのに苦労したようです[18]。明治憲法創案（大日本帝国憲法は明治22年発布）は民間でも明治14年に「五日市憲法草案」、植木枝盛の「東洋大日本国国憲案」が起草されています。明治27年にはイェーリングの名著 宇都宮五郎訳『権利競争論』（現題『権利のための闘争』岩波文庫）が、円了が創業した哲学書院から発行されています。

円了は教育勅語の普及に努め、文部省の修身教科書調査委員でもありました。事件の5年前には宮内庁から恩賜金300円が下賜されています。また、三度食う飯も陛下のお恵みと、思うて国に尽くせ国民／たべるにも寝るにも御礼申すべし、ああ有り難や国の御恩と／なども詠んでいます[19]。そうした円了が、危険な思想を教えたということです（私見は325頁）。円了にはもう一つ、自由開発主義教育者の顔がありました。自由開発主義教育とは学生一人ひとりの人格が尊重され、自由討究によって、どの立場、どう主張するかは、それぞれの選択・決定に任されるという教育方針のことです。

問題となったイギリスの哲学者ミュアヘッドの『倫理学』から講師の中島徳蔵が出題した「動機善にして悪なる行為ありや」の出題も学生一人ひとりに考えさせることにありました。これは哲学が解答を暗記する学問ではないからです。

また、円了の「尊皇心」と「自由開発主義」教育の矛盾は復古的統治制度と近代化という明治国家の根本矛盾の反映でもありました。当時の知識人の教養が「尊皇心」と「自由」や「基本的人権」が並存する考え方であったことは理解しておかなければなりません。しかし、円了の尊皇思想や教育勅語の普及活動を含めいずれも時代の処方箋です。今日では誤ったもの、適用できないものがあります。

哲学館事件は、絶対的天皇制下での学校経営のあり方が問われた事件でした。処分理由が明らかにされていないので様々な憶測をよびました[20]。事件の当事者倫理科教授中島徳蔵館主代理は哲学館を辞職し、マスコミを通して文部省の不当を訴えましたので社会問題になりました。当時、円了はロンドンにいました。円了は生涯三度、海外視察を行っていますが、このときは二度目の海外視察中でした。出発前、円了は文部省総務長官の自宅を訪問したり、中島徳蔵の報告を聞いたりして特に問題がないと判断して出発しました。円了は哲学館事件を「人災」と定め、ロンドンからの所感に、苦にするな荒しの後に日和あり。／伐ればなほ太く生ひ立つ桐林。の歌を詠みました。

帰国後、円了は、中島徳蔵を復職させ（のち第6代・第7代学長）、無試験検定の再出願はしないとの方針を定めて文部省と対峙しました。後年、円了が学長復帰を要請されたさいも政府の教育方針は官僚統一主義で自分の自由開発主義教育とは相違すると述べて断っています。しかし、円了の方針は学生数増加のために教員の無試験検定を再出願したい人々との対立へと発展しました。哲学館は井上円了や井上家の私物ではないとの非難や、哲学館大学は本当は仏教の一宗一派の学校だとの誤解までうけたといいます。要するに日露戦争中です。独立自活の経営は異端であり危険な思想と映りました。

円了は心身が不調になるまで悩み、日露戦争が終結した明治38年に退隠しました。円了の事業構想は挫折しました。以後、円了の言葉は国家政策に順応するものだけが重宝されます。円了は失意のどん底で、こう決意しました。諺にも七ころび八おきという。ころんだり、起きたりして、最後に起き上がればそれで宜しい。これまでの哲学館を中心とした使命は準備であり、方便であった。これから哲学堂を中心とした使命が目的であり、真実の人生であると。これは負け惜しみではありません。円了は、吉凶禍福は循環するものであることを納得せしめ、かえって将来の幸福を準備するよう慰諭し奨励すべきである。これ哲学の効用であって、また哲学者の本領であろう、と述べているからです。

円了のいう目的、真実の人生とは、哲学の実行化すなわち、道徳山哲学寺の創立であり、実業道徳の修養であり、国民道徳の高揚です。48歳、一から出直しです。経営コンサルタントとして講演活動を展開します。哲学堂公園の筆塚に〈字をかきて 恥をかくのも今暫し哲学堂の出来上がるまで〉と記し、人生の集大成として東京都中野区の「哲学堂」づくりに奮闘しました。円了は大正8年6月6日、中国、大連で講演中、脳梗塞により逝去しました。61年の生涯でした。

円了の実家は真宗ですが、生前、円了が定めたお墓は日蓮宗の蓮華寺です。毎年の命日法要では南無妙法蓮華経が唱念されています。円了の心は真宗からも、宗派からも自由でした。また、円了は学校経営からの引退に際して財産はすべて財団法人に寄付し、井上家子孫の世襲を禁じました。栄誉の究極には栄誉はない、といわれます。無位無官、無所有は哲学如来を志向します。

2．円了哲学の核心

2・1　明治前期の哲学

明治政府の近代化とは西洋列国に対する、わが国の生き残り政策であり、西洋哲学の受容は近代化の手段でした。明治第一世代の知識人は、西　周、福沢諭吉などにみられるように西洋文化を盲目的に模倣する時代でした。しかし、円了ら明治第二世代の知識人になると西洋哲学という理論的武器をとおして、日本の哲学を西洋に対して認めさせることへと移りました。また次の西田幾多郎らの世代になると、欧米の哲学用語を日本の伝統的思想から解釈するようになっていきます。

日本哲学の生成期について筆者は『明治哲學思想集』（筑摩書房、昭和44年）の年譜を参考にして、おおよそ、西　周が『生性発蘊』を起稿した明治4年頃から西田幾多郎の『善の研究』が発刊された明治44年までと考えます。

次に、わが国の明治前期の哲学史について、社会思想史・哲学史研究者柴田隆行（以下、柴田という。）の『哲学史成立の現場』（弘文堂、平成9年）「第Ⅰ部　哲学史の歴史、第二章　日本の哲学史」から筆者が必要とおもわれるところを要約して紹介します。

断片的なものとして、高野長英『聞見漫録　海外学術ノ部』（1835年）、西　周「西洋哲学史の講案断片」（1862年）、『百学連環』（1870年）、『生性発蘊』（1873年）があります。吉田五十穂訳編『西哲小伝』（1879年）、有賀長雄訳ボウエン『近世哲学』（1884年）、竹越与三郎訳カウシン（クーザン）『近代哲学宗統史』とボース『独逸哲学英華』（1884年）、今野一英編『西洋哲学士列伝、一名哲学小史』第1巻（1884年）、末松謙澄『希臘古代理学一斑』（ロンドン留学中の執筆、1983年）が出ていますが一般に、日本最初の哲学史と言われているのは、井上哲次郎『西洋哲学講義』（第1巻、1883年）です。つぎに、フイエ著、中江兆民訳『理学沿革史』（1886年）は文部省から上下2冊で刊行されました。また井上円了『哲学要領』前篇（1886年）は日本人の手による最初の哲学史であり、東洋哲学と西洋哲学が対比して記述されています。井上円了が設立した哲学館では、井上円了が哲学論と心理学、清沢満之が心理学と哲学史、清野勉が論理学、加納治五郎と棚橋一郎が倫理学、三宅雄二郎（雪嶺）が哲学史を担当しています。他に哲学館の講義録として田中泰麿訳編『西洋近世哲学者中略伝』（1894年）、松本文三郎『近世哲学史』（同前）と『最近哲学史』（1898年）、田中治六『西洋哲学史補遺』（1901年）などがあります。清沢満之『西洋哲学史講義』は1889年10月より1894年4月にかけて行った講義録です。柴田は、清沢の哲学史は明治期では最も独自の意味をもち、優れていると思われると評しています。ついで、大西祝『西洋哲学史』（1903年）について、柴田はたんに量的のみならず内容的にも、最初の本格的な哲学史だと言えると評しています。以下、明治後期の哲学史が既述されていますが省略します。

日本哲学の源流に位置づけられるのは、東京大学（お雇外国人）哲学教師アーネスト・フェノロサ（米国より招聘。明治11年就任）に学んだ、井上哲次郎、岡倉覚三（天心）、嘉納治五郎（明治10年入学）、有賀長雄（明治11年入学）、三宅雄二郎（明治12年入学）、井上円了（明治14年入学）、清沢満之（明治16年入学）ら。つぎに英国よりクーペルを招聘し、またドイツより招聘したブッセ（明治20年就任）に学んだ大西 祝ら。同じく、ドイツより招聘したケーベル（明治26年就任）に学んだ、夏目漱石、西田幾多郎、九鬼周造、和辻哲郎、波多野精一らがつづき、京都学派へとつづきます。

東京大学文学部第一期生 井上哲次郎（1855–1944）は、筑前太宰府出身。東京開成学校を経て明治10（1877）年、東京大学文学部に入学。卒業後は文部省御用掛となり「東洋哲学史」の編纂に従事しました。明治15年東京大学助教授、明治17年ドイツに留学しました。帰国後、日本人初の帝国大学文科大学哲学教授（文学博士）になりました。『日本陽明学派之哲学』『日本古学派之哲学』『日本朱子学派之哲学』のいわゆる江戸儒学三部作を著わし、現象即実在論を[21]提唱したことでも知られています。

大西 祝（1964–1900）は、岡山市出身。同志社神学科を経て東京帝国大学卒業。東京専門学校（現早稲田大学）講師。文学博士。欧州留学中、京都帝国大学に文科大学が増設されることになり、その長になることが内定しましたが、帰国後、早逝しました。大西 祝を研究する片山純一は、大西はルドウイヒ・ブッセの正統な後継者ともいわれる哲学者で、のち「日本のカント」と称される、と紹介しています[22]。

西田幾多郎（1970–1945）は、旧石川県河北郡宇ノ気村出身。第四高等学校（中途退学）を経て、東京帝国大学選科卒業。卒業後は、石川県の尋常中学校七尾分校、第四高等学校の講師を経て、京都帝国大学助教授、教授となりました。西田自身「回顧すれば、私の生涯は極めて簡単なものであった。その前半は黒板を前にして坐した、その後半は黒板を後にして立った。黒板に向って一回転をなしたといえば、それで私の伝記は尽きるのである。[(23)]」と述べています。日本を代表する講壇哲学者です。著書『善の研究』がわが国近代の最初の体系的な哲学書と評されています。哲学者熊野純彦は編著『日本哲学小史』（中央新書）のなかで「前史―西田幾多郎まで」と整理しています。

2・2．円了の哲学形成

円了は東京大学で、フェノロサから「西洋哲学」、井上哲次郎から「東洋哲学」、原 坦山から「大乗起信論」、吉谷覚寿[(24)]から「八宗綱要」、島田重礼・三島毅[(25)]から「漢学」、中村正直から「易論」を学びました。本節では、円了だけでなく当時の学生に思想的影響を与えた3人、フェノロサ、原 坦山、中村正直を順に紹介します。

アーネスト・フェノロサ（1853–1908）が、わが国への招聘された時はハーバード大学・大学院でヘーゲル哲学、スペンサーの社会進化論を学んだ25歳の青年教師でした。東京大学では政治学、理財学（経済学）、哲学、社会学を講義しました。哲学者井上哲次郎は後年、フェノロサの思い出をこう語っています。

「哲学の上では、氏は進化主義―所謂エヴォリウショニストでありました。独逸のヘーゲルの哲学と、英のスペンサーの哲学とを調和するといふのが目的でありました。そしてこのヘーゲルとスペンサーの二つの哲学は、進化主義の一点に於いてよく調和し得らるべきもの、又それが今後哲学の発展の方針ですと自ら信じて居た。つまり、独逸の考察的哲学と、英の経験的哲学との調和、其処に研究の方針を置いて講義をして居たのです[26]」。

また、日本フェノロサ学会会長・美術史家の山口静一は「美術の流れも独創的天才の出現によって隆盛を迎え、その模倣によって衰運に傾き、これを克服する天才によって再び活気を取り戻す事実を、一種の弁証法的美術史として理解するようになった。[27]」と記しています。

フェノロサはボストン近郊の港町セーラムで生まれました。セーラムは米国で唯一魔女裁判が行われたところで、現在は「魔女の町」として有名です[5]。フェノロサの父はスペインの移民者で音楽家でした。セーラムの上流階級の娘メアリ・シルスビーと結婚して2人の息子をえました。フェノロサは長男です。ハーバード大学を修了したものの職がなく、神学校や美術学校で学んでいたところをセーラム在住のエドワード・モース（1838–1925）から東京大学を紹介されました。モースは明治10年から2年間、東京大学お雇外国人として就任しています。大森貝塚を発掘して日本の考古学、人類学の基礎をつくった人物です。

フェノロサは日本に旅立つ直前、父親の自殺という不幸に見舞われましたが、結婚したリジー・ミレットを伴って東京大学に赴任しました。フェノロサは、モースにつづいて社会進化論の視点からキリスト教批判の講演を行いました。また、フェノロサには「東と西」という長詩があります。長詩には東洋と西洋の文化の融合によって理想的社会が実現することが謳われています。フェノロサは、オリエンタリスト（東洋学者）でした。フェノロサの哲学を象徴する小話があります。

イギリス留学から帰国した浄土真宗本願寺派僧侶赤松連城（1841−1919）と面談したさい、フェノロサが「ヨーロッパの哲学のなかで、自分はヘーゲルの物みな三個相依って成るの理（弁証法の正反合三段階論理）を信奉しています」と述べたところ、連城は、仏教でも、空仮中の三諦、また遍計所執性・依他起性・円成実性の三性の教理、また有空中の理を説くことがあると紹介し「ヘーゲルの物みな三を以て成るとの説は、例えば宗教（一）と学術（二）を合成統一するものが仏教（三）ということになりませんか。」と尋ねました。フェノロサは手を拍って「仏教には既にそのような高尚な説があるとは知らなかった」（ルビ同著）と大いに嘆賞したということです[29]。

その後、天台宗僧侶桜井敬徳（1834−1889）のもとで明治18年に受戒し仏教徒になりました。フェノロサは大乗仏教を「東洋のヘーゲル哲学」と讃えましたが、新聞は東京大学の西洋哲学教師が仏教の信者になったことに驚きをもって報道しました。

明治19年、フェノロサは帝国大学を辞任し、文部省美術事業へと転出しました。明治23年契約が終了したフェノロサは帰国し、ボストン美術館に勤めました。明治29年、ボストン美術館を退職して再訪日しました。明治41年、ロンドンにて狭心症により急逝しました。

フェノロサの追悼法要は上野寛永寺で明治41年11月、祭主有賀長雄（日本最初の『社会進化論』を執筆した国際法学者）によって参列者60余名のもと営まれました。井上哲次朗の挨拶、金子健太郎の講演が行われました。[30]日本近代美術の父と呼ばれ、明治天皇から外国人最高位の勲三等瑞宝章を授与された、フェノロサは琵琶湖畔の三井寺法明院に眠っています。

原坦山（たんざん）（1819–1892）は文政2年、磐城（現在の福島県平市）の藩士新井勇輔の長男として生まれました。15歳のとき昌平校に入学、儒学を学び同時に医学・医術を学びました。あるとき、仏教者と論争して破れ、曹洞宗の僧侶になりました。曹洞宗の教導職の一人に補せられて大講義の地位にあがりましたが、ささいなミスを根拠に罷免され僧籍も奪われて、易者になりました。明治12年、東京大学綜理加藤弘之の要請を受け印度哲学科の講師となり、70歳で辞任（明治21年）するまで継続しました。その後、坦山は曹洞宗大学林（のちの駒澤大学）総監となり、曹洞宗管長事務取扱となりました。坦山が講義したテキストは『大乗起信論』です。廃仏毀釈後、初めて大学で仏典が講じられたことから、学生・知識人の注目を集めた仏典講義でした。円了は『大乗起信論』について、こう述べています。

「日本仏教」のなかでも「『起信論』は実大乗の真如縁起を明らかにしたる論文にして、別に一宗教ありて伝えしにはあらざれども、古来大乗を学ぶものは必ずこの論より始め、更に進んで華厳を攻究し、あるいは転じて天台を修習することになっておる。故にその論は実大乗の関門である。・・・まずその説き方は一心に二門を分かちて、宇宙の真相を開示せるものといわねばならぬ」[31]。また「仏教哲学の中心は、この『起信論』一部に収まっておるというのも差し支えないほどです。」

「『起信論』はフィヒテの唯心論に似ておるし、またシェリングの説にも似ておる。さらばシェリング（1775–1854）の説はどうかというに、曰く『絶対的理性なるものは、元来主観客観を超越したものであって、全然物と心との両者の区別をもたない平等一如の体です。宇宙万有はその本質本体をいうと、この無差別平等の一如的絶対理性と全然(ママ)同一なものである』といってあるから、『起信論』の諸説とほぼ同じである。つぎに天台宗はヘーゲル（1770–1831）の説に近い。・・・しかしこれらの諸配当は仮に配合したものに過ぎませぬから、その性質はむろん同一にみることはできぬのです。(32)」と、仏教と西洋哲学を比較して考察しています。

円了が真宗寺院の長男として後継者教育を受けていたとはいえ、仏教を本格的に学んだのは『大乗起信論』と吉谷覚寿の『八宗綱要』の講義でした。『八宗綱要』は倶舎宗・成実宗・律宗・法相宗・三論宗・天台宗・華厳宗・真言宗の八宗の教理の大要を簡潔に説いているものです。つぎに『大乗起信論』本文第一章顕示正義の冒頭を見てみましょう（ルビ同著）。

> 正義(しょうぎ)を顕示すとは一心法に依りて二種の門あるをいう。云何(いかん)が二と為す。一には心真如門、二には心生滅門なり。是(こ)の二種の門は皆 各(おのおの) 一切法を総摂(そうしょう)すればなり。此義は云何。是の二門は相離れざるを以ての故なり。(33)

一心に二門とは一つの心に心真如と心生滅門という二つの側面を相い含んでいることです。仏教学者竹村牧男はこう読釈しています。「一心という法には、二種の参入の仕方、ひいては見方、あり方があるというのである。」「真と俗、実と虚、無限と有限、永遠と生滅の二が、心一つにあるのが、心の秘密であり、大乗はそのことを余すことなく明らかにするのである。」「真如門と生滅門が、体として異なるものではない、一なるものであるから、だという。」、「一而二、二而一は、論理的には矛盾である。しかしその矛盾的表現によってしか、明かしえなかったというのである。[34]」

仏教学者鈴木大拙（1870–1966）はこう述べています。「『起信論』は大乗佛教の根本教義を最も組織的に最も簡明に叙述したもので、すべての佛教教派は一應これに通暁しなければならぬのである。・・・阿梨耶識なるものは、覺と不覺との矛盾相殺的なものの自己同一であると謂はなければならぬ。又これを存在論的語彙で云うと、阿梨耶識は不生滅と生滅とが『和合して非一・非異』の状態にあるものである。他の言葉で云えば、ここにも絶對矛盾的自己同一が認められる。[35]」

鈴木大拙の友人西田幾多郎の哲学概念「絶対矛盾的自己同一」は『大乗起信論』の影響をうけたものでした。と申しましても『大乗起信論』の影響を受けたのは、円了や西田だけではありません。唯物論哲学者船山信一（1907–1994）が明治哲学の観念論は本質において現象即実在論であると述べていますが、船山信一が現象即実在論の代表としてあげる、井上哲次郎、三宅雪嶺、清沢満之らも『大乗起信論』の影響をうけています。

中村正直（敬宇）（1832–1894）は天保3年、江戸麻布に生まれました。1848年昌平坂寄宿舎に入り、１８５５年に学問所教授となりました。その後、甲府徽典館学頭、幕府の御用儒者を歴任して、１８６６（慶應２）年、幕府のイギリス留学生監督として渡英しました。帰国後（明治元年）静岡学問所の教授を経て、東京大学教授、女子高等師範（現お茶の水女子大）校長。貴族院議員となりました。明治23年には文部大臣の依頼により「教育勅語」の草案「徳育大意」を作成しましたが、明治24年に没しました（60歳）。幕末期、中村正直（以下、正直という。）は日本最高の漢学者であり『言志四録』の著者佐藤一斎の後継者として今聖人と目された人物です。実業家渋沢栄一は大蔵省辞職後、正直から論語の講義を受けています[36]。また、正直は『西国立志編』（サミュエル・スマイルズ『Self-Help』の翻訳）、『西洋品行論』や、自由民権運動に大きな影響を与えた『自由之理』（J・S・ミル『On Liberty』の翻訳）を出版しています。

『西国立志編』は「天はみずから助くるものを助く」の格言で知られています。それは産業革命の立役者である技術者や発明家、企業家や起業家に光を当てたもので、広い意味での近代市民道徳を説いた書物でした。『西国立志編』はベストセラーになり、青少年の立志に大きな影響を与えました。正直は、イギリスこそ日本のめざす理想国と考え、イギリスの隆盛はイギリス人の人格、職業観、忍耐心、独立心などによるところが大きいことを伝えました。また、『西国立志編』は新しい国造りにいそしむ明治社会が必要とした道徳でもありました。正直は明治７年、キリスト教の洗礼を受けています[37]。

円了は少年期に『周易』を学び、正直の『西国立志編』『自由之理』も読んでいました。そのうえで、正直から儒学の基本的経典である「易論」の講義を受けました。授業は正直と２人指向でしたので、深い学びであったことでしょう。円了は卒業後しばらくの間、正直が設立し当時、慶応義塾と並び称された、同人社で教員を努めています。円了は講義の成果を卒業の年（明治18年）に「易を論ず」「易を論ず(続)」で発表しました。重要と思われるところを引用者が原文のカタカナをひらがなに改め適宜句読点を付して次に紹介します。

西洋の二元は物と心との二體にして、支那の二元は陰陽の二気なり、天地の二象なり。佛教中にも二元を談ずるは起信論の一心二門を見て知るへし。その一心より二門の開くるは易の太極より両儀を生するに似たりと雖も、佛教は心理の上にて二元を分ち、易は宇宙の上に二元を分つの差異あり。（『学芸志林第17巻第96冊』明治18年7月、原書房復刻、73頁）

要するに、東西両学の論点互に相類同する所あるは唯、一より二を生じ、二より萬物を生するの順序にあるのみ。是れ所謂進化なり。西洋にありて今日、唱ふる所の進化論も其原理、之に外ならす、是れ余か、易を読み大に驚歎する所なり（同巻第96冊77頁）。

西洋哲学の数千年来研究して以て今日に至るもの唯、この万物の元始たる太極の如何を定むるにあり、或は之を天帝と呼び、或は之は本質と称し、或は絶対、或は不可知的と云いて、その名、各々異なりと雖もその実一なり。佛の如来蔵もまた之に外ならず。論して比、太極の如何に至れば、あらゆる理学も、哲学も、宗教も皆調和一致せざるべからず。諸教諸学の進歩、蓋しここに至りて止まる。先人、数千年来研究したるは唯この一点にして、吾人将来研究せんとするも亦、唯この一点なり（同巻第97冊224頁）。

円了が「月に対するも真理を思い、花に対するも真理を思い、山光水色に接するも朝煙暮霞に接するも、未だかつて一念一思の真理のいかんに及ばざるはなし。[38]」と恋い焦がれた真理の手がかりをようやく探り当てました。円了27歳のときです。以後、円了はこの一点を表現する新しい概念を求めて模索していきます。

明治19年、28歳のときに刊行した『哲学一夕話（第二編）序』（初版）には、こう記しています。

太極の名をもってすれば、彼は易説をとるものなりといい、これに与うるに真如の名をもってすれば、彼は仏説によるものなりといい、これに名付くるに無名真宰の語をもってすれば、彼は老荘を学ぶものなりといい、本質の名称をもってすれば、スピノザ氏の徒なりといい、自覚の名称をもってすれば、カント氏の派なりといい、絶対理想の名称をもってすれば、ヘーゲル氏の説を受くるものなり、不可知の名称をもってすれば、スペンサー氏の論を述ぶるものなりというべし。・・・それの名の最もよく道体の義を表示するものは、円了の語なり。それ円了の語たるや、円満完了と熟して、道理の円満完了するを義とするものなれば、古今東西の哲理を合したる名称なること、おのずから知るべし。これ余が自身の名を用うるゆえんなり。[39]

また、哲学教師フェノロサの仏教優越論につづいて、円了も仏教に弁証法を発見した喜びを明治20年2月、29歳のときに出版した『仏教活論序論』のなかで、こう表現しています。

余が十数年来刻苦して渇望したる真理は、儒仏両中に存せず、ヤソ教に存ぜず、ひとり泰西講ずるところの哲学中にありて存ずるを知る。ときに余が喜びほとんど計るべからざるものあり。・・・すでに哲学界内に真理の明月を発見して更に顧みて他の旧来の諸教を見るに、・・・ひとり仏教に至りてはその説大いに哲理に合するをみる。余これにおいて再び仏典を閲しますますその説の真なるを知り、手を拍して喝采して曰く、・・・これ実に明治十八年のことなり[40]。

円了のいう明治十八年のことなり、とは円了が卒業した年「易を論ず」「易を論ず(続)」を発表した年です。円了が苦心してアジアではじめて弁証法を仏教に適用した『仏教活論序論』をもって、仏教学者と評するのは単線的解釈といえましょう。哲学は諸学の基礎、総合的大観の知です。そして仏教（宗教）と教育は、哲学の直接の応用です。妖怪学や実業道徳も哲学の応用例です。下図は、円了哲学とその応用例です。ある特定の視点からつまみ食いのような読み方をして自分の都合のいいところだけを参照したのでは、円了の総合的大観（哲学）の核心を正しく理解することはでき

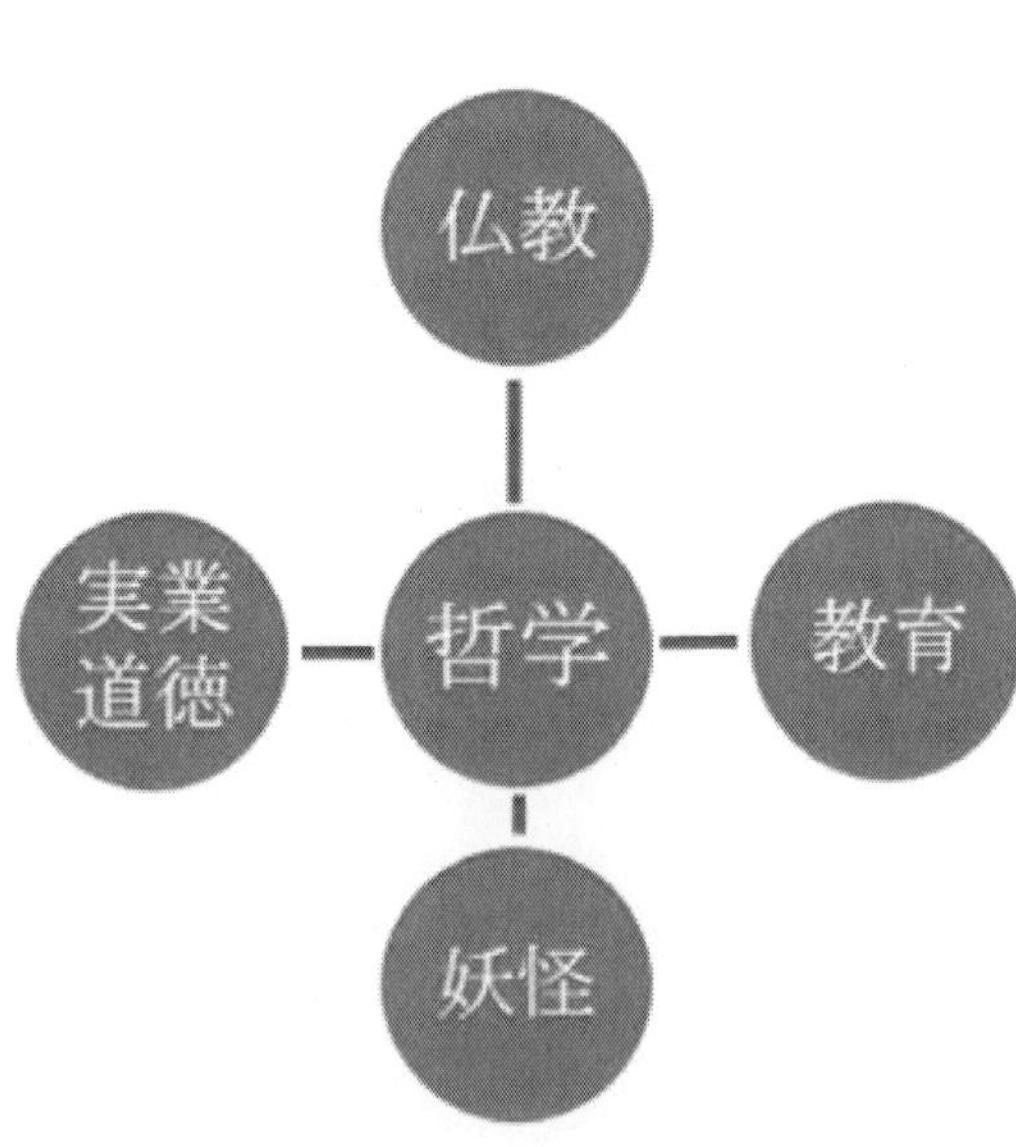

ないでしょう。円了は大学を卒業した年、吾人将来研究せんとするも亦、唯この一点なりと述べました。ではその一点とは何でしょうか。円了哲学の核心について考察しましょう。

2・3．円了哲学の核心

円了は哲学について要するに思想の法則、事物の原理を究明する学なりと述べたり、論理発達の規則と述べたり、実際上人生を向上するの学なりとも、奮闘活動の学とも述べています。

中国哲学の『荘子』に、60の年になるまでに60回もその生き方を変更したとの記述がありますが、哲学することは、ものの見方・考え方、生き方が変わることです。論語に、鳥の将に死なんとするや、その鳴くこと哀し。人の将に死なんとするや、その言うこと善し、とあります。若き天才の哲学的思索も変容していきます。哲学者にも時熟が必要です。

円了は大学を卒業した翌（明治19）年に哲学史を著わしました。円了の哲学理解は哲学史によって基礎づけられました。では、円了が将来研究せんとするも亦、唯この一点なりと述べたこの一点とは、何でしょう。簡潔な言表でいえば、円了が逝去する3年前、58歳のときに記した「矛盾すなわち真理なり[41]」といえましょう。ただしこの言葉の意味は難しい。理由は二つあります。一つは、言葉の解釈です。もう一つは、円了の大学卒業後の志が、仏教の振興から古今東西の哲理を合一する方向へと発展したことです。説明しましょう。

まず、矛盾の言葉の解釈です。矛盾は中国の古典『韓非子』のなかに出てくる言葉です。矛と盾とを売る者がいて、自分の矛はどんな盾をも破ることができ、自分の盾はどんな矛をも防ぐことができると誇っていましたが、人に「お前の矛でお前の盾を突いたらどうか」といわれて答えられなかった[42]という故事にもとづくものです。つじつまが合わないことです。一般的には、どちらかが嘘で、どちらかが正しいという対立の概念として、一方が他方を正すものとして使われています。しかし矛盾は「あれか、これか」の論理だけではありません。

もう一つの円了の志とは、円了が東洋哲学と西洋哲学を日本人の立場から総合し統一することをめざしたことです。円了が東京大学在学中に創設した「哲学会」について、明治20年にこう述べています。

わが東洋にありては、西洋人のいまだ研究せざる従来固有の哲学ありて、その中にまた、おのずから一種の新見ありて存ずるを見る。もし、今日これをわが国に研究して西洋の哲学に比較対照し、他日その二者の長ずるところを取りて一派の新哲学を組成するにいたらば、ひとり余輩の栄誉のみならず、日本全国の栄誉なり[43]。

また、円了は東洋哲学と西洋哲学とはひとり実質のみならず、その形式もまた大いに異なるところあり。故によくこの二者を総合結成するに至らば、必ず哲学の舞台において、新演劇を開くを得べし[44]、と述べています。では、円了が到達した矛盾の新解釈すなわち西洋未発の新航路とはどのようなものでしょう。まず、筆者が円了哲学の出発点と考える「易論」の考え方から見てみましょう。

易は、陰陽の二つの対を原理として変化が起きる、ものの見方・考え方です。哲学者三枝博音（1892–1963）は、易が日本人の自然観的思想を養ったことは、驚くばかりです。江戸時代の中期以後の秀れた思想家で、易思想の影響を受けていない人は少い[45]と述べています。また『易経』の訳者高田真治・後藤基巳は、わが国においては、明治以後西洋哲学が輸入される以前は、哲学の主題はこの易の一陰一陽之謂道の解釈が、その根本問題となっていた[46]と述べています。『易経』は、わが国の精神文化の基底を貫通する、ものの見方・考え方でした。

わが国へ『易経』がいつ頃、入ってきたかは明確ではありません。仏教は538年、朝鮮半島の百済（くだら）国から伝来しましたが、易も仏教・儒学などとともに伝えられたといわれます。易といえば多くの人は街で見かける易者が算木、筮竹（ぜいちく）を用いて、運勢、家相、方位、恋人との相性などを占っている姿をイメージするでしょう。たしかに『易経』は古代中国において占いから出発した書物です。しかし、易は占いだけではありません。古代殷の時代に成立した「易」は千百年を経て漢代の初め頃までに『易経』としてまとめられた思想の書です。

南宋（12世紀）の朱子（1130–1200）は、『大学』『中庸』『論語』『孟子』を四書とし、『易経』『書経』『詩経』『礼記』『春秋』を五経に配して儒学の経典としました。儒学は、孔子を始祖とします。東洋史研究家宮崎市定（1901–1995）は、孔子（前551–前479）の「子曰。加我数年。五十以学易。可以無大過矣。」（子曰わく、私はもう数年長生きして、五十になったら、易経の勉強にかかりたい。そしたら一生を大過なく過ごせるというものだろう。）と説明して「五経の順序は、易経を以て最初におくのが普通の習慣になっている[47]と解説しています。経典のはじめに置かれるのが『易経』です。また、易者に運勢を判断してもらうのではなく『易経』を学ぶことをとおして自らの運命を拓いていくことでもあります。中国の思想家荀子は、善く詩を為むる者は説かず、善く易を為むる者は占わず、と述べています。

易は、世界の万象を陰と陽に二分して、陰の符号⚋陽の符号⚊で表わし「爻」と呼びます。爻を意に組み合わせると8種の異なった図形が得られます。これを「卦」と呼びます。卦を選ぶときに筮竹をつかいます。8種あるので八卦といいます。八卦を2個ずつ組み合わせると64種の異なった図形が得られます。この64卦の一卦ごとに総論（卦辞）と一卦のなかの各爻についての各論（爻辞）があり、それが「経」です。「経」のことばを卦爻の形によって解釈するのが「伝」です。そして、太極から生じる陰陽の変化によって、家庭生活・社会生活などあらゆる変化を予想できるということです。

易の基本原理は「一陰一陽これを道という」対の考え方です。男と女。有と無。動と静。作用と反作用。＋（プラス）と－（マイナス）という対称的構造にあります。陰陽の対は太極によって統合されます。『易経』の訳者高田・後藤は「あるいは陰となりあるいは陽となって無窮の変化をくりかえすはたらき、これが道とよばれる。[48]」と解説します。ただし、陰といい、陽といってもそれは固有のものではありません。男は女に対しては陽となり、親に対しては陰となります。陰と陽は二者の相互作用によって変化します。思えば、宇宙も、地球の自然も、社会も、わたしたちひとり一人も、陰と陽の原理によって無限に変わりつづけています。春には草木が芽生え芽は夏に花を咲かせ、秋には実がみのり、冬には枯木となります。自然の移り変わりです。またその変化は、冬に雪の下に草木が息づいているように「陰中に陽あり」「陽中に陰あり」と変化しています。易とは易(か)わりつづけることです。中国哲学研究者金谷　治は、易の書名の英訳は『The Book of Changes（変化の書）[49]』と紹介しています。

しかし、易わりつづけるなかにも、易(か)わらないものがあります。不易流行といいます。それは何でしょうか。高田・後藤は「ただただ変化流転する動きのままにあるよりほかない。しかしながら仔細にこれを観察すれば、その出入往来には一定の法度があり、・・・やがてその中に一定普遍の法則の存することを見出すであろう。[50]」と解説しています。ここでいう一定普遍の法則が易わらないものです。そして易わらないものを探求するのが哲学です。

中国哲学者大濱　晧（1904–1987）は一定普遍の法則について、こう説明しています。易は変易の面において対立する対者への転化を不易の真理と考えています。つまり、陽は陰をふくみ陰は陽をふくみ、陽の漸増は陰の漸減になり、陰の漸増は陽の漸減になる。[51]したがって、対立するものは相互に感応することです。[52]

哲学者末木剛博（1921–2007）は『易経』について、陰陽という矛盾対立する概念の相互関係によって万物の生成変化を説明するものであるから、矛盾を媒介とする論理であり、したがって一種の弁証法である。[53]と説明しています。

つまり、陰陽の考え方は一体両面の両義性の考え方といえましょう。そして『易経』は東洋の弁証法であり、東洋哲学の奥底を貫く千古の法則です。戦略論として、よく知られる『孫子』の根底にも『易経』の思想が貫通しています。英国レディング大学で戦略学の博士号（Ph. D）を取得したデレク・ユアンは『新説　孫子』のなかでこう述べています。

> 孫子の戦争哲学を検証する際には、われわれは「戦わずして人の兵を屈する」や「勝兵は先ず勝ちて而る後に戦いを求め」のような格言だけに注目するのではなく、状況・帰結アプローチや体系的な志向性、そしてこの書全体に行き渡っている陰陽論の論理や、弁証法の基盤に注目しなければならないのである。[54]

「孫子兵法」の中では矛盾した概念のペア、つまり彼我、治乱、勝敗、死生、進退、強弱、守攻、動止、虚実、労佚、飽飢、衆寡、勇怯などの概念の対比を使い、矛盾を強調されたパターンを使えば、将軍や戦略家はいかなる状況や情勢や流れなどをも容易に把握できるようになる（同95頁）ということです。また、陰陽論の論理は、わが国の武道のなかにもみられます。江戸時代初期、徳川家兵法指南柳生宗矩は『兵法家伝書』のなかで、こう述べています[55]（ルビ同著）。

> わが心のうちに油断もなく、敵のうごき、はたらきを見て、様々に表裏をしかけ、敵の機を見るを、

> 策を帷幄の中に運らすと心得べし。
> 表裏は兵法の根本也。表裏とは中略也。偽りを以て真を得る也。表裏とはおもひながらも、しかくればのらずしてかなはぬ者也。わが表裏をしかくれば、敵がのる也。

ところで、円了が述べた、矛盾こそ真理なり、とは紀元前ギリシャの哲学者ヘラクレイトスの言葉といわれます。弁証法を方法論ではなく世界観として完成させたのは、ドイツの哲学者ヘーゲル（1770–1831）です。ヘーゲル哲学の研究に一生を捧げた姜尚暉（1920–1994）は「矛盾は広義においては、弁証法の論理そのものです。だからその意味では、矛盾とは何ら単にこの段階での事態につきるものではなく、かえってこの『論理学』の全体が—否さらにはヘーゲル哲学の全体が—矛盾の展開において成立しているのである。[56]」と述べています。

弁証法の中核が矛盾であり、矛盾を解決する方法として使われるのが、アウフヘーベン（aufheben）です。アウフヘーベンは、止揚（しよう）とか、揚棄（ようき）と訳されていますが、ヘーゲル哲学のなかでも理解が難しいといわれます。それはアウフヘーベンの理解の仕方によって弁証法の展開が異なるからです。では、ヘーゲル自身はアウフヘーベンをどのように解説しているのでしょうか。『小論理学』の当該箇所を見てみましょう（傍点同著）。

> 自然は精神のうちではじめてその目標および真理に到達するのである。同様に精神もまた自然の単なる彼岸ではなく、それは自然を揚棄されたものとして自己のうちに含むかぎりにおいてのみ

本当に存在し、本当に精神なのである。ついでながらここでドイツ語の aufheben（揚棄する）という言葉が二重の意味を持つことに注意すべきである。aufheben という言葉は一方では「除去する」「否定する」という意味を持っており、したがってわれわれは例えば、或る法律、制度、等々が aufheben（廃棄）されると言う。しかし aufheben という言葉はまた「保存する」という意味を持っており、この意味でわれわれは或るものがよく aufheben（保存）されていると言う。このように同じ言葉が否定的な意味と肯定的な意味とに用いられる二義性を偶然とみてはならない。またしてそれを混乱の原因であるとして、ドイツ語を非難する種にしてはならない。われわれはむしろそのうちに、単に悟性的な「あれかこれか」を超えているドイツ語の思弁的精神を認識しなければならない[57]。

ヘーゲル自身がアウフヘーベンを二つの意味、すなわち言葉の両義性に注意を向けていることがわかります。これを単にヘーゲルがドイツ語の優秀さを自慢していると誤解してはいけません。両義性とは、一つの言葉あるいは概念が二重の意味を持つという性質（広辞苑）であり一般的に使用されている言葉です。たとえば、日本近代文学研究者の和田 勉は『吉井由論』のなかで「古井の文学は、現代の日常に潜む微妙なあわいを、〈集団〉と〈個人〉、〈女性〉と〈男性〉、〈都市〉と〈土俗〉、〈小説〉と〈随想〉等といった二項対立と両義的なものによって見事に描き出している。[58]」と論じています。

話を弁証法に戻しましょう。ドイツの哲学者カント（1724-1804）は、何を知りうるかという問いを提示して、純粋理性のアンチノミー（二律背反）を考察しました。つぎはカントの4つの命題です。[59]

第一命題「世界は時間的な始まりをもち、また空間的にも限界を有する。／世界は時間的な始まりをもたないし、また空間的にも限界をもたない、即ち世界は時間的にも空間的にも無限である。」、第二命題「世界においては、合成された実体はすべて単純な部分から成っている、また世界には単純なものか、さもなければ単純なものから成る合成物しか実在しない。／世界におけるいかなる合成物も単純な部分から成るものではない、また世界には、およそ単純なものはまったく実存しない。」、第三命題「自然法則に従う原因性は、世界の現象がすべてそれから導来せられ得る唯一の原因性ではない。現象を説明するためには、そのほかになお自由による原因性をも想定する必要がある。／およそ自由というものは存しない、世界における一切のものは自然法則によってのみ生起する。」、第四命題「世界には、世界の部分としてかさもなければ世界の原因として、絶対に必然的な存在者であるような何か或るものが実在する。／およそ絶対に必然的な存在者などというものは、世界のうちにも世界のそとにも、世界の原因として実在するものでない。」

この四つの命題からわかるようにアンチノミーは弁証法のことです。命題は矛盾しているとともに両者はともに真であることです。[60] 理性の両義性といえましょう。そして、ドイツ観念論の弁証法は、ヘーゲルの『法の哲学』序文の有名な言葉「理性的であるものこそ現実的であり、現実的であるものこそ理性的である。[61]」に至ります。

哲学者寺沢恒信（1919–1998）は『大論理学』において「同一性は矛盾に比べれば、単一な直線的なもの・死んだ存在の規定にすぎないが、矛盾はあらゆる運動と生動性との根であるからである。或るものは、それが自己自身のうちに矛盾をもっているその限りでのみ、運動するのであり、衝動と活動性とをもつのである。[62]」、また、寺沢は同著訳者注で「本質は運動です。・・・『本質』ということばによって、なにか不変不動の存在を連想するならば、ヘーゲルの本質という概念を理解する道はとざされる。本質論の全体を通して、『本質』とはそもそも『否定する運動』であることを忘れてはならない。[63]」と解説しています。

また、弁証法の始元を考察した生物学者井尻正二（19133–1999）は「人体の左右の対立性は、ヒトの感覚、とりわけヒトの概念的思考作用をいとなむ脳において、最大の機能を発揮することとなる。そして、人間の意識の根源にある大脳半球の対称性＝対立性の成立は、事物を運動の状態で把握しよう、という弁証法の根本理念と一致するものである。[64]」と述べています。

整理しましょう。ヘーゲルは、アウフヘーベンの解説をとおして両義性に注意を向けています。東洋の弁証法ともいえる『易経』の陰陽は両義性です。両義性といってもまったく同じものではありません。しかし、円了が述べた東洋哲学と西洋哲学の二者を総合結成した西洋未発の新航路が浮かんではこないでしょうか。すなわち、弁証法とは、変化の過程を真理と考える考え方です。わたしが意識する、意識しないにかかわらず事象の胎内で醸成される両義性を源泉として、あらゆる事象は易わりつづけていることです。同時に、易わりつづけているものには究極の理があります。究極の理とは、とき、ところを超えた思想の法則、事物の原理、根本法則であり、一定普遍の法則です。一定普遍の法則を別名、本質とも、真理とも絶対無限の力とも言い、絶対無限の力を人々は神とも天とも仏とも名付けています。

円了は、西洋哲学の教師アーネスト・フェノロサから「ヘーゲル弁証法」を、原坦山から「大乗起信論」を、中村正直から「易論」の講義を受け、東西の弁証法に真理を見いだしました。円了はその視点から経典を学び直して『仏教活論序論』を発表しました。同著で「仏教の原理の西洋哲学の原理と相合（あいあい）するゆえん[65]」と記しました。相合は相合傘（あいあいがさ）の相合で、仏教と哲学が相合している意味です。一致していることではありません。同著はそれまでの注釈書や教相判釈を超えた近代的仏教観であり、アジアにおいて初めて弁証法を仏教に適用したものといえましょう。インドで成立した仏教はアジアにまたがる生活の規範です。円了の著書は中国、朝鮮でも読者を得ました。

ところで、ディアレクティーク（Dialektik）をはじめて弁証法と訳したのは三宅雪嶺だといわれます[66]。雪嶺は号であり、本名は三宅雄二郎（1860–1945）です。以下、雪嶺と記します。雪嶺は石川県金沢市生まれ。父は金沢藩の医師。明治9年東京開成学校（翌年東京大学と改称）に入学。明治11年退学して軍人を志すも、明治12（1879）年、再び東京大学文学部に入学（20歳）。ただ一人の入学生として哲学を修めました。卒業後は東京大学御用掛となり東京専門学校、哲学館では哲学を担当しました。ジャーナリスト・社会評論家です。

雪嶺には多くの著述がありますが、『哲学涓滴』は西洋哲学史の大要です。同著でヘーゲルの弁証法について「今略して三斷法の論式を示さば、爰に甲なる本義の起るあれば、必ず之に随て非甲なる反對の義の起こるものとし、甲と非甲と巳でに對立するときは、両義本より相反すれども、而も亦必ず相合すべきの理あるを以て、之を總合して乙なる義の起るものとす。而して甲を本斷と云ひ、非甲を反斷と云ひ、乙を合斷といふ。ヘーゲルの哲學は終始此の論法より成り、思想必然の次序に出るものとす。[67]」と紹介して「ヘーゲル實に哲學の一大團圓を作り。[68]」と述べて、弁証法を正・反・合の「三断法」と紹介しています。

しかしながら、雪嶺が『哲学涓滴』刊行する3年前、円了は明治19年に刊行した『哲学要領（前編）』のなかで「思想発達の規則」として「正・反・合の三断法」[69]を紹介しています。これは、雪嶺、円了の師フェノロサが弁証法を「正・反・合」と教示したからです。雪嶺は円了より学年では2学年先輩、年齢では2歳年下でした。大学では同じような教育を受けています。円了もはじめは「正・反・合」の三断法的弁証法と理解しましたが、その影響は失われていきました。

円了は学校経営の資金繰りに苦労しながら孜々として、明治18年に発見した「唯この一点なり」の哲学的解明に努めました。その努力は、フェノロサの進化論的弁証法を超え、ヘーゲルの弁証法、インドの弁証法、中国の弁証法とも異なる独自な弁証法として結実しました。円了が到達した矛盾の新解釈は矛盾を両義性と考える「循化相含」です。循化相含は東洋と西洋の矛盾を相合した、円了の弁証法的世界であり、円了のいう真理です。円了はこう述べています（ルビ同書）。

この相含の理はなんによりて証し得るかというに、数千年間の哲学が反復丁寧に証明してあまりあると思う。唯物論が唯心となり、唯心論が唯物となり、一元論が二元となり、二元論が一元となり、相対論が絶対となり、絶対論が相対となり、日月の昇沈し、寒暑の来往して反復窮まりなきがごとくなるは、全く相反する学説がその内部に互いに相含するところにあるのである。要するに東西古今の哲学史はこの相含の理を証明せる歴史と申してよい。・・・シナ哲学にて陰陽の二元をもって万象万化(ばんしょうまんか)の生起するゆえんを説明しているが、これまた陽中に陰を含み、陰中に陽を含む相含の理に外ならざるものである。仏教にて色心不二、有空相即を立つるも、この相含の理によること明らかである。[70]

円了はまた、循化と相含の関係について「縦中に横を含み、横中に縦を含む道理にて、循化説中に相含説を含み、相含中に循化説を含むことになる。しかしてその相含がまた循化することになり、循化にして相含、相含にして循化と答えざるを得ぬ」[71]と説明しています。この説明は「易」の陰陽の運動や「華厳教学」の一即一切・一切即一・重々無尽を応用したものだといえますが、円了は儒学の新解釈、仏教の新解釈をめざしていたわけではありません。円了は東洋哲学と西洋哲学を総合結成することを志していましたので、筆者は、円了哲学の核心を弁証法的両義性と置き換えて解釈します。[72]

真理としての弁証法的両義性は、あらゆる有限なものは変化し消滅する自己運動過程です。円了の言葉でいえば活哲学です。活哲学は活動・運動を真理と考える考え方です。したがって愛、善、正義、存在、無というような静止的概念ではありません。円了のいう真理は、愛、善、正義、存在、無に内在する変化を創りだす動態的概念です。円了は、活眼、活識、活書、活学、活用はみな連続せる関係を有し、一を挙ぐれば他は相伴うて起こるから、今日の死眼、死識、死書、死学、死用を医治するは、活の一薬に限ると余は断言しておる。この方針をとりて活学問、活仏教、活教育を唱え[73]と述べています。この「活」が、円了が到達した同一物の両面を象徴する弁証法的両義性の言表です。

ところで、さきに円了の弁証法は、わかりにくいと述べましたが、それは円了の弁証法が、ただ一方の契機のみを対象とした進化論的弁証法（三断法的弁証法）ではなく、矛と盾の相含であったからです。しかし、今日でも正・反・合の進化論的弁証法として理解している人は多いようです。

哲学者の務台理作は「普通辯證法の形としてあげられる正・反・合のごときはヘーゲルの定めたものでなく[74]」と述べています。社会思想史・哲学史研究者柴田隆行は「《正・反・合と発展していく弁証法》という一節は一般に普及している説」だが「何が悪いのか。それは、対立と矛盾とを混同している点にある。弁証法発展の鍵は矛盾にある。」「弁証法が〈正・反・合〉という発展過程をとるという考え方が間違いである[75]」と述べています。

思うに、対立は自分と他者との意見の違いなどのように自己の外側にある違いです。弁証法を外側にある違いと理解し、さらにヘーゲルの自由への発展史観がくわわると、正・反・合の進化論的弁証法となります。一方、自分の性格に長所・短所があるように自己の内側にある違いが両義性です。矛盾の論理構造は、外面的な立ち位置と内面的な立ち位置とを内包しています。

ともあれ、円了の卓見は、東西哲学を貫く弁証法的両義性を、近代的な日本哲学の立脚地として提示したことです。言いかえましょう。東洋哲学と西洋哲学が融合したのが、日本哲学です。それゆえ融合化のさじ加減がその後の日本哲学の名著を創り出していくことになります。

円了の哲学に対して、東京大学の後輩大西 祝は「円了先生の御議論は唯物論と唯心論と有神論と不可知論とを合したる化合物なるべし。先生は如何にして之を合し得るや。」「余は私（ひそか）に疑う、円了先生は水と油を混合せんと欲する者にあらざるかを。・・・先生の所謂る天神即ち円了の体なるものは、スピノザの所謂る本体（サブスタンス）に彷彿たる者にあらずや。[76]」（ルビ同著）と批評しています。西洋哲学の研究者からはそう映ったのでしょう。

また『大西 祝選集』の編者・哲学者の小坂国継は、円了をこう評しています。

「円了の思想には多分に弁証法的構造がみとめられる。ただ円了はそれを自覚していなかったがゆえに、自分の思想を同一性の論理の上に構築するほかなかった。それゆえに、それは矛盾だらけの思想のような外見を有することになったと思われるのである。[77]」

「円了の相含説は、その内の異質な要素が含まれているとはいえ、本質的にスピノザ主義の一形態である、と結論づけることができるだろう。[78]」、弁証法構造の理解が、円了とは異なるようです。

大西の後輩で日本を代表する哲学者西田幾多郎は弁証法に「絶対矛盾的自己同一」の用語を使用しました。まずその用例を見てみましょう（ルビ同著）。

「現在の世界は弁証法的自己同一として、自己自身を肯定する意味を有するとともに、自己自身を否定する意味を有っている。[79]」、「私は相反するものの自己同一というのを、時に矛盾の統一という[80]」、「私の行為的直感というのは、いわゆる知覚の如きものをいうのではない。・・・それは歴史的に生成し、歴史的に歴史的実在を見るものでなければならない。・・・歴史的現実の世界は、弁証法的自己同一として、作られたものから作るものへ[81]」、「矛盾が現実の生命の事実なるが故に、我々に無限の努力であり、無限の労苦がある。・・・矛盾は人生の事実である。[82]」、「対立が即綜合（そうごう）である。そこに弁証法的論理がある。[83]」、「現在が矛盾的自己同一として過去未来を包む[84]」、「哲学は我々の自己矛盾性から出立するのである。・・・私は我々の自己の自己矛盾性から、相反する二つの方向に行くことができると思う。一つは自己肯定の方向であり、一つは自己否定の方向である。・・・我々は自己矛盾性の根元に返って、真の矛盾的自己同一の立場から出立せねばならぬと思う。そこに東西文化の融合の途があるのである。[85]」、「仏教の般若（はんにゃ）の思想こそ、かえって真に絶対弁証法に徹している[86]」、等。

思うに「絶対矛盾的自己同一」は、現実の世界を絶対に相矛盾するものの対立する世界と捉えます。しかしそれだけだと、対立・闘争がいつまでも続くので、自己は同時に環境（場）に限定された自己同一の世界と捉えます。そうすると世界は自己矛盾を含んだ自己同一の世界と解されます。円了の矛と盾の循化相含と同じような意味になります。西田の弁証法もまた折衷主義、[87]雑炊の哲学などと酷評されながらも、円了が志向した東西哲学の弁証法を融合した枠組みのなかで深化させ、田邉 元（1885–1962）

の「絶対的弁証法」、高橋里美（1886–1964）の「包弁証法」、柳田謙十郎（1893–1983）の「弁証法的世界の論理」など日本哲学の奥底を貫いて精緻化していきました。さてそのうえでの話です。西田の六女梅子は「父母の思い出」でこう述懐しています。

『善の研究』どころか父の書いたものは見ただけでも頭が痛くなる。こんなむつかしいものが再び全集となって世に出るそのこと自体私には不思議です。一たいどれだけの人がわかって読んでいられるのであろう、案外応接間の本棚の飾になっているのではないだろうか。飾にしてもとにかく父に関心をよせて下さる大勢の方達が今の世にもあるということは有難いことである。[88]」

孫の上田　薫は「自分の生涯は、家庭生活はともかく、学者としては幸運だったという思いは、終生祖父につきまとっていただろうと、わたくしは思う。しかしその祖父は、死の数日前の論文にまで、ぐちを書きつけながら死んでしまった。自分の論理を人びとが正しく理解してくれないと訴えながら死んでしまった。わたくしは祖父のそういうところが好きである。[89]」と記しています。

3．哲学の応用―仏教・妖怪・実業道徳

円了の実践哲学（哲学の応用）は、講壇哲学（アカデミズム）に対する奮闘哲学です。世界を活動体と捉え、現実世界を自己の良心に則って、あるべき世界へと変革していくことを哲学者の使命としました。[90] 荀子は、理解したことは実践したことには及ばない。学問は実践にまでゆきついて終わると述べました。これは山に登る人が山頂に達したら下山するように、哲学する人も真理に達したら実践へと移ることです。しかし、悟りに達しえない仏教学者がいるように、外国語読解という登山中の哲学者は大勢いますし、学位を真理と勘違いしている人もいます。

さて、円了の思想闘争は多岐にわたりますが、若き日の邪教退治、迷信退治、壮年からの俗論退治[91]の3つが代表です。以下、順に説明しましょう。

3・1　仏教改良の闘い

若き日の邪教退治とは、キリスト教批判であり、仏教改良の闘いです。当時、仏教は時代遅れになり、迷信とまでいわれていました。円了の最初の哲学の応用が仏教です。筆者は先に円了が本山へ戻らなかったのは信義に背く行為ですと述べましたが、『仏教活論序論』はベストセラーになりました。また、〈末は博士か大臣か〉のフレーズが輝いていた頃、円了が帝国大学（東京大学の後身）へ提出した文学

博士の学位授与論題は「仏教哲学系統論」でした。円了は給付留学生、「印度哲学」の研究という本山の命令に応えていました。自らの責務を果したうえで真理を追求する、人間として立派な行為です。しかしその代償として仏教哲学者のイメージを与えました。もっとも円了には、おばけ博士のイメージもあります。古代ギリシャの哲学者エピクテートスの言う「『何風が吹いているか。北風だ。』それは、われわれに何のかかわりがあるか。[92]」です。円了は気にもとめなかったことでしょう。

さて、円了は哲学者の立場から意識改革が遅れた僧侶や一般人を対象にして近代仏教を論じました。執筆方針として「今、仏教は愚俗の間に行われ、頑僧の手に伝わるをもって、弊習すこぶる多く、外見上野蛮の教法たるを免れず。故をもってその教えは日に月に衰滅せんとするの状あり。・・・真理のためにあくまでこの教えを護持し、国家のためにあくまでその弊を改良せんと欲するなり[93]」と述べ、『仏教活論本論　第一編　破邪活論』『仏教活論本論　第二編　顕活論』『活仏教』など、仏教研究家から円了の主著と評されているものを刊行しました。それらの著作は円了の弁証法の応用であり、それを「活」を用いて表現しています。

また、円了哲学は両義性です。一面、哲学者であり、他面、宗教のもつ信仰を重視しました。こう述べています。「仏教は理論と実際、すなわち哲学と信仰との二大部分よりできていると位置づけ、仏教者は必ず哲学を兼修せざるべからざること明らかである。」そして「そもそも社会は活物にして次第に発達進化する以上は、・・・その変化の間に生存する仏教のごときは、また世により国に従って種々の変遷なきあたわず[94]。」、これを発達論といい「今余がいわゆる発達論は、裏面に包有する勢力を発して表面に現ずるをいう。故にそのすでに発達したるのちは裏面の潜勢力、多少その量を減ぜしは必然なり[95]。」。「純正哲学中には物体哲学（客観論）、心体哲学（主観論）、理体哲学（理想論）の三種あるをもって、その応用の宗教にもこの三種なかるべからず、・・・物宗学（有宗学）、心宗学（空宗学）、理宗学（中宗学）、これなり[96]。」と述べて詳しく展開しています。

もともと仏教には「諸行無常」という言葉があるように、すべてのものが運動し変化し恒常性をもたないことをみとめています。しかしそれは無常観、厭世感の悲観的傾向をもつもので真理の一面です。円了は弁証法的両義性に立脚して、もう一面の楽観的傾向を強調します。

余がさきに活仏教の一書を著しし（ママ）は、仏教は厭世主義にあらずして、活動主義、奮闘主義なることを世間に紹介せんがためであったと述べ、たとえば古人の歌「奥山に紅葉ふみわけ鳴く鹿の声きくときぞ秋はかなしき」を「奥山に紅葉ふみわけ鳴く鹿の声きくときぞ秋は楽しき」と改めたり、「盛者必衰、会者定離」といえば悲観を免れ難きも「衰者必盛、離者定会」と唱うれば楽観を生じきたる、などと作りかえて愉しんでいます。また、円了は、授業の中で仏教家を例に取り上げて「すべてのことを仏教で解決できる」という独断的な風潮があることを指摘し、このように他の説はことごとく顧みるに足らないというのは狭量な偏見にすぎないとして広い視野からものの見方、考え方を学ぶよう注意したということです[97]。

3・2 迷信退治

つぎの思想闘争が、迷信退治です。円了はまず、学問を精神の学と物質の学に分類します。哲学は精神の学、人間の学、無形の学、無象の学、全体の学。一方、理学は物質の学、万有の学、有形の学、部分の学と解説します。さらに哲学を有象哲学と無象哲学に分類し、有象哲学を理論学と応用学とに分けます。理論学には心理学、社会学をおき、妖怪学は心理学のひとつのテーマと位置づけます。円了は妖怪学についてこう述べています。

> 妖怪学は応用心理学の一部分として講述するものにして、これに『学』の字を付するも、決して一科完成せる学を義とするにあらず。ただ、妖怪の事実を収集して、これに心理学上の説明を与えんことを試むるに過ぎず。すなわち、心理学の学説を応用して事実を説明し、もって心理考究の一助となすのみ。かくのごとく、妖怪の事実を考究説明して他日に至れば、あるいは一科独立の学となるも知るべからず。ゆえにこれを講述するは、哲学ならびに心理学研究に志す者に、裨益するところあるは明らかなり。これ、余が妖怪学の講義を始むるゆえんなり[98]。

円了の妖怪研究とは、暮らしの因習を心理学の視点から考察することでした。円了は妖怪をまず虚怪（きょかい）と実怪（じっかい）とに分けます。虚怪を、さらに偽怪（ぎかい）と誤怪（ごかい）に分けます。偽怪は人がなにか目的があってつくった人為的な妖怪のことです。誤怪は妖怪でないものを偶然誤って妖怪と認めた偶然的妖怪のことです。また、実怪をさらに仮怪（かかい）と真怪（しんかい）とに分けます。仮怪は天地自然の道理にもとづいて起きる自然的妖怪のことです。自然的妖怪をさらに、物怪と心怪に分けます。物怪は物理学の道理に照らして研究すべきものなので物理的妖怪です。心怪は心理的妖怪のことです。他方、真怪は人知にては測り知ることのできない真の妖怪のことです。

円了が収集した妖怪に関する資料は、事実を記述した後に、心理学上の説明を述べる実証科学の方法です。今日では『井上円了 妖怪学全集第1巻~第6巻』（柏書房）が刊行されています。教育学者板倉聖宣（1930–2018）は同著の解説で「今日の日本人は、本書に取り上げられている妖怪の大部分は卒業済みで、ここで取り上げられている厖大な研究資料も、現代の妖怪・迷信退治の文献として直接生かせるものはあまりないと言ってもよい[99]。」と評しています。さてそうであるなら、円了は妖怪研究をとおして何をめざしていたのでしょう。円了妖怪学の今日的な意味です。ここでも円了の弁証法的両義性が展開されます。

思うに、そもそも妖怪は、科学の幼年時代における思想的残渣(ざんさ)であり、すべての日本国民が近代人として乗り越えなければならないものでした。言いかえましょう。円了が志した日本人の知徳を向上させ国を盛んにしていくためには、実証科学の視点から、妖怪といわれるものの正体を明らかにしていくことが必要でした。しかし、円了がめざしたのはそれだけではありません。円了は逝去する直前『真妖』を刊行（1919年3月16日）しています。その「第1項 真怪有無の問答」で次のように記しています。

「今日はわずかに普通教育を終わり、ようやく人間らしくなったくらいのものまで、すべての妖怪、不思議は迷信です、妄想ですといって、いかなる事実でも、一言半句の下に打ち消してしまうようになってきた。・・・実際世間に起った事実中に、いくらも不思議、不可解のものがある。・・・ついては、真怪の有無について、貴説いかん」[100]の問いを立て「真怪もとより存するに相違ない。・・・さらに一歩を進め、その物自体はなにか、その心自体はなにかというに至っては、物的科学も心的科学も筆を投じ口を緘し、造化の妙、谷神の玄と瞑想するのみである。これこそ真正の真怪にして、真の不可思議というものだ。・・・結局、物心の差別が空寂に帰するようになる。その体を哲学上にては、仮に絶対とも無限とも名づけておく」[101]と述べています。つまり、円了は実証科学によって、妖怪が、社会問題が、いわんや人間の幸・不幸の問題が解決されるとは思っていなかったということです。

すでに円了が生きていた時代も、今やわが国、海に輪船あり、陸に鉄路あり、電信、電灯、全国に普及し、これを数十年の往時に比するに、全く別世界のようになっていました。しかし、円了は「われわれの知識をもって世界万類を究め尽くそうとするは、なお蛍火を集めて太陽の代わりに用いんとするにひとしきものである。[102]」と考えていました。実証科学と宇宙の意思を肯定する哲学的両義性です。民俗学者から円了妖怪学への批判がありますが、ここでは、円了妖怪学がアカデミズム哲学の通俗化すなわち民衆哲学の試みであったことを指摘するにとどめましょう。

3・3　実業道徳

円了が本当にやりたかったことは、壮年からの俗論退治です。円了40歳のとき『破唯物論――一名俗論退治』を出版しました。緒言で「本書の目的は主として近来流行の唯物論を破斥するにあれども、傍ら神儒仏三道の再興をはからんとするにあり。しかしてその再興は神儒仏の身体へ西洋学説の滋養を与えて、いずれの点まで発達し得るやを試みんことを期す」[103]と述べています。それに対し三枝博音は、円了を「宗教の説教者」と短絡的に位置づけ、円了は唯物論について知らなかったと批判しています。[104]三枝博音は、円了と同じく真宗の寺院に生まれ青年僧を体験したのち唯物論者になった哲学者です。しかしこれは三枝のイドラ（偏見、先入観）です。円了は唯物論と観念論について、こう述べています。

物体は現象を示し形質を有するをもってこれを知定するははなはだやすし。ここにおいて唯物論まず起こる。・・・これを要するに古代にありて唯心論の起こりしは、世間すでに唯物論の行われしをもってなり。今日の唯物論は物理、科学、生理、生物等の諸学の進歩より生ずるところの結果なり。[105]

円了は唯物論を理解していました。円了が創立した哲学堂公園では、唯物園と唯心園などを散策しながら哲学概論が体験できるようになっています。もとより唯物論の理解が三枝と円了では違いがあったことは推察できます。ともあれ、観念論者、唯物論者ともに人間の主体性を重視するのは同じです。異なるのは観念論、唯物論のどちらを根源的なものとして考えるかです。

哲学は古代の哲学者タ−レスの、すべてのものの、もとのものは水である、と述べたことに始まるといわれます。簡単にいえば、実在しているもの、物質を根源的なものと考えるのが唯物論です。そして唯物論が政治と結びつくと、実在する社会の矛盾、格差、不平等を改革する方向へと向かいます。他方、人はどこからきて何をして、どこへ行くのかを考える人間の意識あるいは魂（たましい）を根源的なものと考えるのが観念論です。観念論は救済知の方向へと向かいます。そのため両者は、あたかも水と油のように結びつきようのない別の哲学となります。

三枝は唯物論の立場から、円了を観念論者の代表として批判しました。では、円了の立場はどうだったのでしょう。円了は「哲学和讃」のなかでこう詠んでいます。「物と心の関係は、離れて離れる絶妙の、不一不二とぞ定むるは、一元論の極致なる。[106]」、すなわち、円了の立脚地は唯物論と観念論の対立を超えた、上位概念としての弁証法的両義性でした。したがって、唯物弁証法[107]と観念弁証法を哲学的両義性から捉えると、科学的・客観的な現実を自覚した上での主体的な行為意思が課題になります。『破唯物論』に戻りましょう。同著は一般聴衆に向けて講述したものです。円了は唯物論についてこう説明しています。

もし細かに分けて申さば、その中には唯物論、進化論、実験論、感覚論、自利論等が一緒になっております。なおその外に・・・、拝金宗、体欲宗、御幣連、いも虫達も加わりてみえます。・・・その中で唯物論が大将らしくみゆるをもって、余はその総名を唯物論あるいは唯物派と申します。[108]

こうしてみると、円了のいう唯物論とはタダモノ論のことです。タダモノ論とは、つまるところ近代実証科学の随伴的結果としての物質優先主義、拝金主義の考え方のことです。唯物論の哲学的意味とは異なるものです。講述とはいえ、円了の説明は不親切です。

ところで、作家の夏目漱石は『草枕』の冒頭でこう書いています。山路を登りながら、こう考えた。知に働けば角が立つ。情に棹させば流される。意地を通せば窮屈だ。とかく人の世は住みにくい。[109]

円了は住みにくい人の世にあって、アカデミズムの世界や仏教者や隠者のように世間から離れたところに住むのでなく、世俗のなかで暮らしながら、しかも世俗の価値観（優越心、虚栄心、名誉心、拝金主義、成功主義）に埋没しないで、いかにして生きるかを哲学しました。その答えが、和田山の「哲学堂」の創立（明治37年）であり、修身教会の設立でした。修身教会の目的について『修身教会雑誌』第1号でこう述べています（ルビ同誌）。

> 今日の時弊を察するに、義を忘れ恩に背き、約を破り人を欺き、自ら一時の利を貪るを以て足れりとし、商賣には、政略を要するも道徳は無用なり、人は法律の罪人とならざる以上は、如何なることをなすも勝手なり、人間万事金の世の中、金さへあれば、放蕩もなすべし、酒も呑むべし、酒色に耽るは男子の眞面目なり・・・我邦の道徳の退歩し来れるは、決して偶然にあらず、其原因を知ること甚た容易なり。・・・維新の革新と共に、儒佛二道を排斥するに至り、其勢忠孝を以て陳腐とし、仁義を以て舊弊とし、地獄極楽は妄誕の最も甚しきものとし、治心の術も修身の道も、

共に之を抹殺し、一も西洋を取り二も西洋を唱へ、西洋崇拝の熱度一時沸騰點以上に達し・・・當時西洋より引き入れたるものは、器械上の文明なり、物質上の文明なり、之と同時に、法律思想、政治思想、自由思想を吸収し、以て我今日の文明を見るに至る。(110)

腐敗し堕落した生活から幸せな社会はうまれません。円了は実業道徳に関して、まとまった著書は刊行していませんが、哲学館事件のあとイギリスの国民性を紹介しながら、道徳的独立心を大学経営の方針とする「独立自活の精神」を発表しました。そして、円了は国利民福の社会をめざして実業を盛んにして富力を増大することは、すべての土台であるとも述べています。そして、いかなる善行をするにもまたいかなる美事をするにも、さきだつものは金であるから、どうしても実業を振興し、人々が実業に熱心に従事するようにならなければならん、という思想を社会一般に普及せしめることが必要だとおもう(111)と述べています（強調傍点は筆者）。またこうも述べています（ルビ同誌）。

其當時、心學道話なるもの起れり。是れ學問の實用を主とし、富士山頂より下りて、平地に出でたるものなり。其説く所は神儒佛三道を調合して、時弊病に適する丸薬となし、・・・是の如きは、當時の儒者中にありて、菩薩の修行をなせる人なり。・・・昔日に於てすらも、心學の必要ありたれば、今日は之に數倍せる必要あり。故に余は、目下の時弊を矯正するには、明治の心學を興さゞるべからずと思へり。昔日の心學は、神儒佛三道の調合なりしも、明治の心學は、之に西洋を加へて、和漢洋の折衷を為さざるべからず。(112)

円了は石門心学のようなわかりやすい明治の心学をめざしました。友人の三宅雪嶺は陽明心学を基本におきました。しかし、円了は大塩平八郎の乱を失策と述べ、陽明心学が主観主義に傾斜しやすいことに注意をうながします。そして、ただ熟慮考究、忍耐精励して、高等なる精神上の快楽と永遠の幸福とを求むることこそ、吾人の希望するところである[113]と述べました。

人知れず神仏に祈りを捧げる経営者は多いことでしょう。それは事業が未知・不確実な世界であり、道なき道を踏みしめていく未踏の行路だからです。経営者の日々はこれ戦場です。円了も「天下泰平です。此の泰平に當つて我々が農業、工業、商業或は學術、或いは技藝に於て海外萬國と共々に競争するのは、矢張り是は一つの戦爭と云うものです。之を予は平和の戦爭と名付ける。[114]」と述べています。平和の戦争には、外なる戦争と内なる戦争があります。外なる戦争とは、競合他社、世界の事業家との競争に勝ち抜くことです。内なる戦争とは、何が正しい金儲けか、何が誤った金儲けかという経営者のモラルの戦いです。モラルの戦いは欲望との戦いです。理屈ではわかっていても実際、事業の資金繰りに行き詰まるとその正誤が分からなります。しかし、歯を食いしばってでも正しい金儲けを行うのが本物の哲学であり、信念です。信念が欠けるのは、心の拠り所を持っていないということです。

経営者の信念は、事業経営の理念となり、公の理念となります。理念とは理を念じること、信念とは信を念じることです。理とは哲学であり、信とは宗教です。対立が同時に一体であり、相対が同時に、絶対であり、有限が同時に無限である、(115)哲学的両義性の自覚は宇宙的時間、宇宙的空間へと飛躍すると信となります。理の哲学と信の宗教の両義性が、哲学的宗教です。絶対とは宇宙的時間であり、無限とは宇宙的空間です。永遠の時間・永遠の空間を想像する哲学的祈りは、崇高な経験です。

円了の実業観をひと言でいえば「活哲学により、外には活眼を開き活書を読み、内には良心の声を聞き、良知の光に導かれて、世界の実業舞台に活動せよの一事に帰する」(116)ことです。円了は大正8年6月、中国、大連で講演中に逝去しました。出発前の2月自らの人生を振り返って、余の使命は二つあると述べました。一つは、哲学を通俗化すること。もう一つは、哲学を実行化することです。

哲学の通俗化とは学校であり、著書であり、全国巡講（講演）です。つまり、哲学を知的エリートの独占物から庶民の通俗哲学へと導いたことです。そして通俗化の目的は達したと述べています。哲学の実行化とは「哲学堂」を本堂（シンボル）とし、道徳哲学立国をめざした壮大な国民意識の改革運動です。哲学の実行化は、まだ半途であると書き残しました。(117)円了を知ることは、円了が志半ばで果たし得なかった道徳哲学普及の遺志を受け継いでいくことだといえます。

円了は、哲学は名実共に総合の大観によらざるべからずといい、余は総合的大観を哲学界に放つに至る、(118)と述べています。総合的大観の集大成が「哲学堂」です。

哲学界の本堂「哲学堂」（四聖堂）には東洋哲学から、中国哲学の代表として孔子。インド哲学の代表として釈迦。西洋哲学から、古代哲学の代表としてソクラテス。近世哲学の代表としてカントの4人が祀られ、堂内には唱念するための「南無絶対無限尊」と記された石柱（実際的本尊）が設置されています。[119]絶対無限は、宇宙の意思（営み・活力・活動）を表現しています。

哲学堂では毎年11月に開催される「哲学堂祭」において、東洋大学学長先唱のもと「南無絶対無限尊」が三唱されています。それは宗教的祈りでも、神秘的な秘儀でもない、哲学的祈りです。[120]哲学的祈りは、宇宙の意思を感じることです。哲学的祈りは、唱念することをとおして、祈る人の心の雲が晴れ、自己の良心と素直な心が甦ることです。円了の「唱念法和讃」25首のなかから3首を紹介しよう。

世の哲学をながむるに、議論の花は開けども、未だ一つの応用の、実を結ばぬは遺憾なり。／斯れ真理を世の人に、示して実行せしむるは、多くの道のある中に、唱念法こそ至要なれ。／南無絶対を唱ふれば、迷いの雲は晴れわたり、暗き心も忽ちに、光りのみつる心地する。

井上円了の『哲学一夕話』（哲學書院、明治19年）を読んで哲学を志した哲学者西田幾多郎は「偉大な哲学は宗教的内容を含み、偉大な宗教は哲学的反省を含むのである。[121]」と述べています。また「宗教的要求は自己に対する要求である。自己の生命についての要求である。我々の自己がその相対的にして有限なることを覚知すると共に、絶対無限の力に合一してこれに由りて永遠の真生命を得んとする要求である。[122]」とも記しています。井上円了、西田幾多郎の哲学は実証科学としての哲学を超える、東洋の、日本らしい哲学であったといえます。

円了は晩年「哲学和讃」のなかで「哲学界の歴史とは、唯物唯心の争いと、一元多元の戦いの、跡をとどむる古戦場。／一元論の火の前に、長き世を経てかたまりし、唯物唯心の争いの、氷もとけて水となる。」と詠んでいます。弁証法的両義性です。弁証法的両義性は、自然と社会の交互作用であり、社会の自己運動であり、経営上の道徳的意思中心と実証科学中心の戦いの歴史です。円了は人生の目的について「哲学の極知」で、こう述べています。

一青年が質問して申すには、活動する前に人生の目的をたしかめ置く必要がある、是れが先決問題であるが、色々の書物を読み、諸家の説を探って見るに十人十色、百人百色、未だ人生の目的が確定して居らぬ。依て活動してよいかわるいかが不明である、・・・余は之に答へて活動することが即ち人生の目的であると申した、そうすると其書生は、何故に活動が目的である、其理由を聞かせてもらいたいという、余は活動が目的である理由は活動して後知るべきである、・・・又書生が申すには其中に存する理由如何、余は其理由も亦活動して後知るべきである、故に只活動あるのみ・・・。(123)

哲学することとは、他者の思想を、自身の力で、自分の人生にあうように作り変えていくことです。ある哲学者の学説を暗記することでも、世間の生き方・暮らし方に同調して生きることでもありません。「独立自活」の人生が哲学することです。円了は、夜は昼の余りであり、この余暇をもって精神上の快楽をとるべきと述べています。モノから心の時代。働きながら学ぶこと、また楽しからずやです。

もとよりこれは主観的な幸福感です。優勝劣敗の社会では、病気、障害、失業、高齢などさまざまな生活上の困難・危険にたいして手を差し伸べるのは政治の役割です。自助・共助・公助のいずれを政治政策の第一義とするかで、わたしたちの暮らし方がかわります。同時に政治は、さまざまな幻想や欺瞞をうみだしますので、わたしたちは政治家・学者・知識人らの意見や思想を正しくさばきわけられる知恵を身につけることが必要です。なぜなら、国民を構成する個人（わたし）の幸せは、わたし自身の生活態度、すなわち道徳的意思によって左右されるからです。

道徳的意思は、国家や社会権力が押しつける道徳ではありません。人間が社会的存在であるがゆえに道徳的意思が求められます。共同体の経営指揮者は公益性と権限を有するがゆえに道徳的意思が義務になります。道徳的意思は個々人の行為です。絶対無限の力を信じ、自らの良心と理性にしたがう正心誠意の行為です。円了は100年も前の哲学者ですが、現象を貫く真理、実践哲学の心意は現在も活きています。次章から、円了哲学を土台（基礎）にして経営知について考えてみましょう。

〔注〕

（1）井上円了「円了漫録」『第24巻』、206頁。

（2）井上円了「奮闘哲学」『第2巻』329頁。

（3）渋沢栄一『論語と算盤』図書刊行会、平成13年、2頁。

（4）宮本正尊『明治仏教の思潮』佼成出版社、昭和50年、244頁。

（5）井上円了「純正哲学講義」『第1巻』229―230頁。

（6）米百俵 小林虎三郎の思想編集委員会『米百俵 小林虎三郎の思想』昭和50年、124頁。

（7）井上円了「教育宗教関係論」『第11巻』441頁。

（8）井上円了「井上円了初期論文：読荀子」『第25巻』727・730頁。

（9）暁烏 敏 西村見暁共編『清澤満之全集第1巻』法藏館、昭和50年、588頁。

（10）井上円了「教育宗教関係論」『第11巻』443頁。

（11）井上円了「仏教活論序論」『第3巻』347頁。

（12）井上円了「教育宗教関係論」『第11巻』450頁。

（13）井上円了「哲学館専門科24年度報告書題言」『第11巻』290頁。

（14）井上円了「仏教活論序論」『第3巻』333頁。

（15）福沢諭吉は明治20年7月にこう述べています。「高尚専門の教育となればなるほど政府に於て其費用を給するは餘分の世話なりと云はざるを得ず。如何となれば、父母の至情に於て其子の立身出世を祈るの意あらば、私に其費用を負擔すること固より正當の道にして、自分の子の為めに他人即ち公共の補助を仰ぐの道理あらざればなり。」（『福澤諭吉全集第11巻「國民の教育」』岩波書店、昭和45年、301―302頁）福沢諭吉は産業資本家の子弟教育をめざしました。一方、井上円了は、福沢諭吉のいう貧家のための哲学専修教育をめざしました。

（16）全国巡講は、1906（明治39）年から1918（大正7）年まで13年間、全国60市、2198町村を訪問して講演を行っています（『チャレンジャー井上円了』東洋大学井上円了センター）。明治40年4月12日から20日まで筆者の菩提寺宮崎県宮崎市の「照光山安楽寺」に宿泊して安楽寺はじめ市内各地で講演しました。円了は「俗世間の一体どこでかざりけない自然の心を養うことができようかと思っていたのだが、それを宮陽〔宮崎〕の大淀川の岸辺に見いだした。水の色、山にさす光、すべてが洗うがごとくきよらかであり、紫明館の上で春のなごりをじっくりと味わったのであった。」（『南船北馬』第二編）と感想を述べています。円了に随行して宮崎県下を案内した安楽寺副住職の弘中兼善は哲学館大学卒業生です。副住職兼善氏と親しかったという筆者の祖父（藤木猪熊）も聴講したことでしょう。祖父は裁判所の書記官でした。日本キリスト教団宮崎教会のワーレン宣教師夫妻から英語を習ったり、卜占をして地域の人の相談にのったり、字が書けない人には手紙を代書していたそうです。短命でした。

（17）シェリング 監訳者西川富雄 藤田正勝『学問論』岩波文庫、２０２２年、108頁。

（18）内田 貴『法学の誕生』筑摩書房、２０１８年、30頁。

（19）井上円了「奮闘哲学」『第２巻』292頁。

（20）たとえば作家松本清張は、哲学館事件を「政府の文教政策に背こうとする私学への去勢策と、日露戦を翌年に控えた絶対主義統制の現われがみられる」（『小説東京帝国大学（下）』筑摩書房、２００８年、364-365頁）と推理しています。

（21）井上哲次郎は、現象即実在論について「理論上では現象と實在は分別して思惟することが出来るけれども、實際にありては同躰不離、二元一致である。例へば器具と元素の如く、器具を指して直に元素と云ふべからざるも、如何なる器具も皆元素より成り、元素は器具で、器具は元素、此意味にて現象卽實在とする」（「我世界観の一塵」瀬沼茂樹編『明治哲學思想集』明治文學全集80、昭和49年、筑摩書房、149頁。）「眞理は主觀と客觀の對合である。卽ち我々が經驗によって得た所の概念と客觀世界に於ける或現象の関係との對合であります」（「前掲」153頁）と説明しています。しかし、井上円了は「現象即実在と了すれば、実在は現象の外にありとの観念を起こす。」（「哲学新案」『第１巻』354頁）と批判的に述べています。

（22）片山純一『大西 祝―闘う哲学者の生涯―』吉備人出版、２０１３年、97-98頁。

（23）上田閑照編『西田幾多郎随筆集』岩波文庫、２０１５年、10頁。

（24）吉谷覚寿（（1843-1914）は真宗大谷派の学僧。のち真宗大学（現大谷大学）教授。

（25）島田重礼（1838-1898）を研究した、水野博太は「西洋哲学に『哲学史』があるように、漢学が近代的な意味で『学問』になるためには、やはり『通史』が必要であった。このような事業を背景として、重礼は漢学史の編纂を試みた」（「『篁村遺稿』から見る漢学者・島田重礼」東京大学大学院人文社会系研究科２

019年3月）と紹介しています。

三島毅（1831‐1919）は本名、号は中洲。明治10（1877）年に大審院判事を辞任して漢学塾二松学舎（現二松学舎大学）を創立しました。明治14年に東京大学教授に任じられました。三島中洲の学問の標準は義利合一説です。故石川梅次郎は次のように整理しています。

「誰にも利欲の心はあるのであり、聖人君子も、みなあるのである。・・・荀子がこの利欲の心を見て、人の性は悪であるといったのは一面にとらわれた言であるともいっている。また『孟子』が『善悪の心は人みなこれあり』といっているのは正しいが、義の心が自然にあるのを見て性善説を唱えたのは、これもまた一偏の見というべきである。義も利も本来一心にあるので、元来義利は合一のものである。」（『山田方谷・三島中洲』明徳出版社、平成八年、198頁）。そして「義利合一説」の、利は義から生まれる結果であるを参考にしたのが、渋沢栄一の「論語と算盤」です。中州逝去後、渋沢は二松学舎の舎長に就任しました。

（26）山口靜一『フェノロサ・上―日本文化の宣揚に捧げた一生』三省堂、1982年、88頁。
（27）山口靜一編『フェノロサ社会論集』思文閣出版、2000年、22頁。
（28）久我なつみ『フェノロサと魔女の町』河出書房新社、1999年。
（29）山口靜一『フェノロサとビゲロウの物語』官帯出版社、2014年、62‐63頁。
（30）山口靜一『フェノロサとビゲロウの物語』140頁。
（31）井上円了「日本仏教」『第6巻』86頁。
（32）井上円了「仏教通観」『第5巻』164‐165頁。
（33）宇井伯寿・高橋直道訳注『大乗起信論』岩波文庫、2007年、25頁。
（34）竹村牧男『大乗起信論読釈』山喜房佛書林、平成5年改訂、124‐126頁。
（35）鈴木大拙『禅思想史研究　第三』岩波書店、1987年、10頁。
（36）宮本又郎編著『渋沢栄一　日本近代の扉を開いた財界リーダー』PHP研究所、2016年、67頁。
（37）高橋昌郎『中村敬宇』吉川弘文館、昭和63年、117頁。
（38）井上円了「仏教活論序論」『第3巻』333頁。
（39）井上円了「哲学一夕話（第二編）」『第1巻』48‐49頁。
（40）井上円了「仏教活論序論」『第3巻』337頁。

（41）井上円了「奮闘哲学」『第2巻』238頁。
（42）金谷 治訳注『韓非子』難一 第三十六、岩波文庫第三冊、256頁。
（43）井上円了「哲学の必要を論じて本会の沿革に及ぶ」『第25巻』747頁。
（44）井上円了「哲学新案」『第1巻』288-289頁。
（45）三枝博音『日本の思想文化』中公公論社、昭和53年、230頁。
（46）高田真治・後藤基巳訳『易経（上）』岩波文庫、１９６９年、74頁。
（47）「論語の新研究」『宮崎市定全集4』岩波書店、１９９３年、258-259頁。
（48）高田真治・後藤基巳訳『易経（下）』岩波文庫、277頁。
（49）金谷 治『易の話』講談社、２０１８年、43頁。
（50）高田真治・後藤基巳訳『易経（下）』277-278頁。
（51）大濱 晧『中国的思惟の伝統―対立と統一の論理』勁草書房、１９６９年、198頁。
（52）大濱 晧『前掲』123-124頁。
（53）末木剛博『東洋の合理思想』増補新版、法蔵館、２００１年、232頁。
（54）デレク・ユアン 奥山善光訳『新説 孫子』中央公論社、２０１８年、258頁。
（55）柳生宗矩 渡辺一郎校注『兵法家伝書-付新陰流兵法目録事-』岩波文庫、２０１２年。15・32頁。
（56）姜尚暉『ヘーゲル大論理学精解 中巻』ミネルヴァ書房、１９９０年、97頁。
（57）松村一人訳『小論理学（上）』岩波文庫、１９８８年、294-295頁。
（58）和田 勉『吉井由論』１９９９年、おうふう、39頁。
（59）篠田英雄訳『純粋理性批判（中）』岩波文庫、２００２年、106・115・125・134頁。
（60）篠田英雄訳『前掲』205頁。
（61）ヘーゲル 藤野 渉・赤沢正敏訳『法の哲学Ｉ』中央公論新社、２００１年、24頁。
（62）寺沢恒信訳『ヘーゲル 大論理学2』以文社、１９６３年、91-92頁。
（63）寺沢恒信訳『前掲』284頁。
（64）井尻正二『弁証法の始元の分析』大月書店、１９９８年、87頁。
（65）井上円了「仏教活論序論」『第3巻』361頁。
（66）茅野良男『弁証法入門』講談社現代新書、昭和44年、262頁。

（67）三宅雪嶺「哲学涓滴」明治22年、『明治文学全集33　三宅雪嶺集』筑摩書房、189頁。
（68）三宅雪嶺「哲学涓滴」（『前掲』）198頁。
（69）井上円了「哲学要領（前編）」『第1巻』126頁。
（70）井上円了「奮闘哲学」『第2巻』239頁。
（71）円了が使用する用語、「循化」はさらにわかりにくい言葉です。類似する言葉に、春夏秋冬の季節の循環があり、生態系の物質循環があり、仏教の輪廻転生があり、哲学者ニーチエ（1844-1900）の永遠回帰の思想があります。円了は「世界の一進一退、一開一合するは、その体に固有せる活動の力によること論を待たず。・・・星雲の初めは前界の運動の潜伏するときにして、ようやく開発するに及び、その勢力が次第に顕力となり、新たに世界万有を構成するに至るなり。」（「哲学新案」『前掲』301頁）と述べたり「輪化遺伝説」と述べたりしています。つまり「弁証法」の言葉を使わずに、運動・変化を説明しようと苦心しています。これには倉片俊輔が建築家伊東忠太（1867-1954）について述べていることが、一つの解答になるでしょう。

すなわち「実際は違った。伊東はコンドルからじかに教わっていたし、その講義の特徴は伊東の作風にも無縁ではない。・・・日本やアジアの伝統建築を、わが物にするためには、克服しなければならない『敵』がいた。西洋のオリエンタリスト（東洋学者）たちだ。・・・学んだが、隠したい。その結果としての『沈黙』だったのではないか。」（鈴木博之編著『伊東忠太を知っていますか』王国社、２００３年、222頁）。

思うに、円了も51歳となり、フェノロサらの言説を隠して、西人未発の新見を述べたのだとおもいます。というのも円了の教師フェノロサは、西洋哲学から仏教徒として仏教哲学研究へ、そして東洋美術研究家へと転向したオリエンタリスト（東洋学者）でした。一方、円了は仏教界から哲学へ、そして東西哲学を融合した独自の視点（総合的大観）から日本の哲学を構想しました。これは近代の啓蒙家やオリエンタリストをのりこえたいと希求した明治第二世代の課題でした。しかし、執筆の意図は理解できますが、一気呵成の執筆でしたので内容的には必ずしも成功しているとはいえません。また、仏教用語が使用されていることから仏教学者は円了の根底には天台・華厳思想の大乗仏教があるなどの説明があります。仏教はたしかに円了哲学の源泉の一つですが、唯一ではありません。「循化」に戻ります。

循化の化は『易経』の万物生成化育。『荘子』の「すでに化して生まれ、また化して死す。」（岩波文庫第三冊、知北遊篇159頁）「古の人は、外化して内化せず、今の人は、内化して外化せず。物と化する者は一も化せざる者なり。」（『前掲』178頁）を想起させます。ともあれ、循化は事実が静止でなく、流動的なもの、変わりゆくものの表現です。筆者は、「循化」を弁証法と解釈しました。

また、「相含」に類似した言葉に、江戸時代の思想家三浦梅園（1723–1789）の概念「反観合一」があります。梅園は、江戸時代のもっともすぐれた思想家の一人です。

梅園哲学の研究者田口正治（1898–1978）は梅園哲学は条理の学であり、条理とは人が物を認識する標準をいい、条理学の根幹をなすのが反観合一であると述べます。反観合一とは「条理を取って物を観るとは、ここに一物を得れば必ず相反するものを探し、それが反するが故に必ず合するもので、その合一なるもの、また、これに反する物を求め、かくて源に遡るのである。これを反観合一という。」「ヘーゲルが正反対立において、矛盾との区別を力説し、矛盾の統合をいうのであるが、梅園は対に反比ありといい、反を正対とし、比を傍対といって区別する。反観合一はその正対すなわち反するが故に合するところを観るのである。」（『三浦梅園』吉川弘文館、昭和42年、319－320頁）と説明しています。

梅園自身は「贅語（ぜいご）自序」で「もともと私は、天地を住みかとし、陰陽により成り立ち、善悪の道を判断し、自然と人為〔天人〕の境界に遊んでいる。これらを取り上げず論じなければ、道理に暗くなるだけだろう。そこで、天地、陰陽、善悪、および自然と人為の四主題の綱要〔訓〕を著した。」（日本の名著第20巻『三浦梅園』中央公論社、昭和57年、413頁）と述べています。

科学史家山田慶児は「梅園の哲学大系の大きな骨格は、理論的な側面が『荘子』と『易』、それに『老子』によって、実践的な側面が、『論語』はべつとして、とりわけ『孟子』と『礼記』（中庸をその一篇としてふくむ）によって、かたちづくられている。」（「黒い言葉の空間　三浦梅園の自然哲学」『前掲』294頁）と解説しています。「反観合一」は、大分県国東半島の山中において、梅園が自分の頭で考えた独創的な真理の解釈であり、その源泉は儒学です。儒学には深い哲理があります。

筆者は円了哲学の出発点を「易論」と考えますので「相含」は儒学から解釈できます。しかし、円了の「相含」は東洋と西洋の弁証法の総合結成を志向したものです。筆者は儒学、仏教学の解釈から解放して、「相含」を両義性と解釈しました。整理します。「循化相含」は円了が創作した四字熟語と筆者は考えますが、井上円了の哲学を現代に活かすため「弁証法的両義性」の言葉に置き換えて解釈しました。

（72）弁証法的両義性という言葉は、山口昌男『文化と両義性』（岩波書店、１９８０年）、鯨岡 峻『両義性の発達心理学』（ミネルヴァ書房、１９９８年）、ケヴィン・アンダーソン 小原耕一・竹下睿騏・高屋正一訳『ヘーゲル弁証法と哲学的両義性』（社会評論社、２０２０年）、W.ジェイムズ 伊藤邦武『純粋経験の哲学』（岩波文庫、２０２１年）から学習しました。御礼申し上げます。

（73）井上円了「奮闘哲学」『第２巻』223頁。

（74）務臺理作『哲学概論』岩波書店、昭和47年、186頁。

（75）平野耿・駒井義昭・柴田隆行・田村慶一『思考の回路 論理学ABC』富士書店、１９９５年、204-205頁。

（76）小坂国継編『大西 祝選集Ⅱ』岩波文庫、２０１４年、27-28頁。

（77）小坂国継『明治哲学の研究―西周と大西祝』岩波書店、２０１３年、335頁。

（78）小坂国継『前掲』340頁。

（79）上田閑照編「弁証法的一般者としての世界」『西田幾多郎哲学論集Ⅱ』２０１６年、137頁。

（80）上田閑照編「論理と生命」『前掲』263頁。

（81）上田閑照編「行為的直感」『前掲』313-314頁。

（82）上田閑照編「人間的存在」『前掲』339-340頁。

（83）上田閑照編「絶対矛盾的自己同一」『西田幾多郎哲学論集Ⅲ』２０１６年、21頁。

（84）上田閑照編「絶対矛盾的自己同一」『前掲』34頁。

（85）上田閑照編「デカルト哲学について」『前掲』297頁。

（86）上田閑照編「場所的論理と宗教的世界観」『前掲』329頁。

（87）折衷主義を手元の辞書で引いてみましょう。「種々の哲学・思想体系から相互に調和できる考えだけを選び取って、まとまった形に作り上げる態度。殊に古代哲学の末期に有力となり、キケロはその代表者。」（広辞苑）とあります。折衷主義はわが国では節制がない、一貫性がない、という好ましくないイメージがあります。しかし十八世紀、フランスで編纂された『百科全書』にはこう定義されています。「折衷主義者とは、次のような哲学者のことである。すなわち、偏見、伝統、古さ、普遍的合意、権威、つまりひとくちに言って、多くの精神をおさえこんでいるあらゆるものを踏みにじることによって、自分自身で考えることや、もっとも明白な一般原理に立ち帰ってそれを検討し、議論することや、また、自分の体験と理性の証言にもとづくもの以外は認めないことなどを敢行するもののことである。」（ディドロ著作集／第２巻『哲学Ⅱ』監修 小場瀬卓三／平岡 昇、法政大学出版局、１９８０年、７頁）、そして懐疑主義者との比較、混合主義（シンクレティズム）と混同してはいけないと記しています。混合主義とは「それぞれの軍旗のもとに編入された兵のようなもので、自分の軍旗から離れ去ろうなどとする気はないのである。彼はひとりの指導者を持ち、その名を彼はかつぐのである。」（同著9頁）、では、執筆したディドロは哲学者をどう考えていたのでしょう。こう述べています。「哲学者は無数の個別的な観察にもとづいて、自分の原理を作り上げる。一般の人は、どういう観察がそれを生みだしたかを考えずに、原理を採用する。」（同著241頁）。

（88）下村寅太郎編『西田幾多郎―同時代の記録』岩波書店、1977年、282頁。

（89）上田 薫「京大にはいったころ」下村寅太郎編『前掲』293頁。

（90）井上円了は哲学には向上門と向下門との二道がある。向上門は宇宙の真理に向かって昇進する方向にして、向下門は世間の実際に向かって応用する方面である、と述べています。この言葉は仏教の教えに類似しています。仏教の「上求菩提 下化衆生」の上求菩提とは修行者が自己の悟りを求め日々の修行に励むこと。下化衆生とは、仏の道を迷える衆生に説き済度することです。

　また、ドイツの哲学者フィヒテ（1762-1814）は「学者は知識を自分のために所有しているのではなく社会のために所有しているだからである。・・・学者は社会のために得た知識を今や実際に社会の役に立つようにもちいねばならない」「人間各個人ならびに全社会の最後の目的、したがってまた学者が社会のためにはたらく最後の目的は全人の道徳的向上ということである。」（『学者の使命 学者の本質』岩波文庫、2017年、76・79頁、現代表記にしました。）と述べています。向上門と向下門は東西の哲理を合した、円了の表現でしょう。人と人の間で生きる人間の使命を表わしています。

（91）井上円了「破唯物論」『選集第7巻』527頁。

（92）エピクテートス 鹿野治助訳『人生談義（上）』岩波文庫、2002年、16頁。

（93）井上円了「仏教活論序論」緒言、『選集第3巻』328頁。

（94）井上円了「仏教活論本論第二編顕正活論」『第4巻』217頁。

（95）井上円了「前掲」220頁。

（96）井上円了「前掲」243頁。

（97）『井上円了の教育理念』平成28年、井上円了研究センター、64頁。

（98）『井上円了・妖怪学全集第6巻』柏書房、2001年、13頁。

（99）板倉聖宣「解説—２００１井上円了の妖怪学の歴史的意義」『前掲』445頁。
（100）井上円了「真怪」『井上円了・妖怪学全集第５巻』柏書房、２００１年、348頁。
（101）井上円了「前掲」507頁。
（102）井上円了「前掲」348頁。
（103）井上円了「破唯物論」『第７巻』521頁。
（104）三枝博音『日本の唯物論者』英宝社、昭和51年、276頁。
（105）井上円了「哲学要綱」前編『第１巻』157－158頁。
（106）井上円了「奮闘哲学」『第２巻』437頁。
（107）唯物弁証法とは、ヘーゲルの観念弁証法と対立するマルクス主義の弁証法です。フリードリヒ・エンゲルスは『自然の弁証法』の〔計画草案〕のなかで、発展の螺旋的形式。と記述し「自然および人間社会の歴史からこそ、弁証法の諸法則は抽出されるのである。これらの法則は、まさにこれら二つの局面での歴史的発展ならびに思考そのものの最も一般的な法則にほかならない。しかもそれらはだいたいにおいて三つの法則に帰着する。すなわち、量から質への転化、またその逆の転化の法則、対立物の相互浸透の法則、否定の否定の法則。これら三法則はすべて、ヘーゲルによって彼の観念論的な流儀にしたがってたんなる思考法則として展開されています。」（『マルクス＝エンゲルス全集第20巻』大月書店、１９７４年、379頁）と述べています。進化論的弁証法です。一般に普及している弁証法の解説です。
（108）井上円了「破唯物論」『第７巻』525－526頁。
（109）『草枕』角川文庫。夏目漱石は、井上円了が東京大学在学中、主唱し創立した「哲学会」（明治17年１月）の機関誌『哲学雑誌』の編集委員を明治24年７月から明治26年１月まで努めました。帝国大学二年次の漱石の論文は「老子の哲学」です。漱石も西洋哲学と東洋哲学の融合化をめざしていました。
（110）井上円了『修身教会雑誌第１号』明治37年２月11日発行。
（111）井上円了「円了講話集」『第25巻』577頁。
（112）井上円了『修身教会雑誌第３号』明治37年４月11日発行、148－150頁。
（113）井上円了「哲学茶話」『第２巻』161頁。
（114）井上円了『人生是れ戦場』弘學館、大正３年、国立国会図書館デジタルコレクション、145－146頁。
（115）真下信一『時代に生きる思想』新日本出版社、１９７１年、203頁。

（116）井上円了「奮闘哲学」『第２巻』347頁。

円了の事業経営は、礼記の「入るを量りて出づるを制する」が基本です。また、すべての実業の発展には勤倹の私徳と真義の公徳とを外に、その私徳も公徳も共に忠実と自彊との精神を欠きては成立するものではない。そうして、自彊不息は公徳と私徳とを問わず、文と武とを論ぜず、すべての事業に共通せる要素であると述べています。自彊不息（じきょうふそく）とは、みずからつとめはげむ努力を怠ってはならぬこと。易の思想です。中国哲学者 高田真治・後藤基巳は「宇宙精神を体して自彊不息の努力と修養を努めることが、易の思想における道徳に対する理想である。」（『前掲（上）49頁』）と解説しています。

（117）井上円了「哲学上における余の使命」『東洋哲学』第26編、１９１９年。

（118）井上円了「哲学新案」『第１巻』287頁。

（119）四聖堂には「釈迦涅槃像」が安置されていますが、本来、別な場所に安置される予定でした。四聖堂は世界的四哲人を奉祀する場所です。円了の設立趣旨と異なる「釈迦涅槃像」は釈迦が特別な存在だと誤解されないよう、別な場所に安置されなければなりません。

（120）円了は「余が約二十年間種々工夫の結果、哲学の向下門は此の唱念法によるより外なきを自覚したる所である」（「哲学の極知」『東洋哲学』第26編、１９１９年、66頁）と述べています。筆者は唱念する姿を含めて哲学的祈りという言葉で表現しました。

（121）西田幾多郎『哲學概論』岩波書店、２０１０年、47頁。

（122）西田幾多郎『善の研究』岩波文庫、１９８２年、89頁。

（123）井上円了『東洋哲学』第26編、１９１９年。

第2章　日本の経営コンサルタント

―実学の本流と主流

1. 経営の連続性

哲学の応用としての経営知を考えるにさいし、筆者が職業としている経営コンサルタントの哲学史から始めます。とはいえ明治前期、フランスに留学した中江兆民が、我が日本、古より今に至るまで、哲学なしと断案していますので、明治維新以前は思想の言葉を使用します。

1・1 前史

さて、わが国の経営学が成立した時期について経営学者故山本安次郎は『日本経営学五十年』のなかで、1926（大正15）年7月10日に開催された日本経営学会の創立をエポック・メーキングな出来事と述べて、前史は日本経営学会の創立をもって終わり、本史は日本経営学会の成立をもって始まると述べています。(1) この説明について筆者は異を唱えるものではありません。さりながら前史といっても経営学があって、経営が行われていたわけではありません。経営学という言葉を知らない、遥か昔の人々も生産性と共同行為について、悩んだり考えたり、喜んだり悔やんだりしていたのです。それは国語の文法が整備されるずっと以前から人々が言葉を使っていたのと似ています。人間の長い時間のなかで意欲し行動し連帯することを生産性と共同行為に結び付ける考え方が自然に育まれました。そうした考え方と行為から経営の学が認識されて経営学が成立してきました。同時に、生産活動なしに利潤を獲得しようという投機も周期的にくりかえされてきました。今日のヘッジファンドや機関投資家はこの流れです。重要なことは経営学がいつ成立したかではなく、経営と人間の生活は切り離すことができないということです。経営思想は歴史的に伝承しているということです。歴史を顧みると石器や弓矢を用いた狩猟・漁撈・植物採取労社会（縄文時代）から農耕社会（弥生時代・封建時代）へ、そして手工業、機械工業社会、情報社会（資本制時代）への発展のなかで合理的、効率的な経営の知を進化させてきました。それはまたわが国の遺伝子ともいえる日本らしい経営思想の発展過程でもありました。

1・2　経営思想の歴史的連続性

いつの時代も支配者は思想を重視します。それは支配者が威嚇や法律に頼らなくとも、民の服従が期待できるからです。農耕共同体を基盤としたわが国の最初の政治・経済体制を定めたのは「十七条憲法」（６０４年）です。この時期は中国継受法時代といわれます。中国の儒教、仏教をあるべき姿として国づくりが行われたからです。その後、律令制は封建制へと移り、中国から輸入された儒教、仏教も日本的な思想―神仏儒の三法を敬う思想へと変容していきました。それが大きく転換したのは明治維新です。天皇制とその神格化による中央集権国家体制は「大日本帝国憲法」（１８８９年）によって制度化されました。この時期はヨーロッパ大陸法継受法の時代といわれますが、とりわけドイツ法の影響が強くありました。その後、第二次世界大戦に降伏したわが国は、連合国最高指令官総司令部（ＧＨＱ）の指示のもとで「日本国憲法」（１９４６年）が制定されました。以後、アメリカの思想・文化・習俗が模倣されて人々の社会生活を律しています。

中国継受法時代は儒教や仏教が中国から輸入されましたが、そうしたなかに『礼記』があります。『礼記』王制第五には、こう記してあります。

地の小大を用て、年の豊耗を視、三十年の通を以て國用を制す。入る量りて以て出すを為す。

この意味は「その国の大小、毎年の収穫を考え、三十年間の平均収入に基づいて、費用を定める。これが、収入をよく見定めてから支出を行う」[(2)]ことです。ここに記されている「入る量りて以て出すを為す。」は、明治維新の政治家西郷隆盛の遺訓にも「會計出納は制度の由て立つ所ろ、百般の事業皆な是より生じ、經綸中の樞要なれば、愼まずばならぬ也。其大體を申さば、入るを量りて出づるを制するの外更に他の術数無し。[(3)]」と記されています。

かくして、わが国の経営思想は、律令制の時代から近代社会の入り口まで中国文化の影響を受けてきました。しかし、明治維新後はドイツ法の影響を受けて、わが国の政治体制が構築されると、学問もドイツの影響のもと展開されました。しかしながら、ドイツ法以外にもボワソナード（フランス法）の東京法学社（現法政大学）や英吉利法律学校（現中央大学）が存在したように、ドイツ経営学主流のなかでも、アメリカから科学的管理法が紹介されて実業界で実施されていました。第二次世界大戦後は、戦勝国アメリカの影響を受けて、アメリカ経営学の影響を強く受けてきましたが、労使共同経営などドイツ経営学からも学んでいます。こうしてみると、わが国の経営思想は外来文化の影響下での重畳性・折衷性が特徴といえます。

ところで、経営知が学として意識されるようになったのは18世紀半ばから19世紀にかけて起こった産業革命からです。産業革命とは、技術革命がもたらした産業の変革と資本制社会への改革をさしています。わが国の産業革命は明治維新後です。とはいえ、日本らしい経営思想の省察は、中国から儒教や仏教思想が輸入されて融合し、わが国らしい思想・文化・習俗が定着した江戸時代から考察しなければならないとおもいます。本章では、江戸時代から明治維新を経て第二次世界大戦後まで、わが国の代表的な経営コンサルタントをとおして、わが国らしい経営思想を考察します。筆者が選んだ10人は、江戸時代封建制下の鈴木正三、中江藤樹、石田梅巖、細井平洲、海保青陵、二宮金次郎、大原幽学ら7人、明治維新後、資本制経済下の上野陽一、荒木東一郎、森川覚三ら3人です。順次、スケッチふうに紹介しましょう。

1・3　江戸時代の思想

江戸時代とは1603年3月、徳川家康が征夷大将軍となって江戸（現在の東京）に幕府を樹立してから1868年5月、江戸が無血開城されるまでの265年間をいいます。家康が開府した徳川幕府は土地制度にもとづく封建制社会でした。それは土地と人間労働を対象とした四公五民、六公四民という年貢を基礎とし、自然経済を理念とした制度です。農業生産力は幕藩体制の確立によって発展し生産品の流通を担う商業も発達しました。商業すなわち町人は後期になると、大阪の豪商ひとたび怒って天下の諸侯おそるるの感あり、と言われるほどになり、現実は豪商・豪農による商品経済下となりました。自然経済を理念とした封建制度と商品経済の発展は矛盾を拡大させて武士や農民の生活は困窮していきました。矛盾を解決するため徳川幕府は、たびたび改革を断行しました。とりわけ三大改革といわれる享保の改革（徳川吉宗）、寛政の改革（松平定信）、天保の改革（水野忠邦）は有名です。しかし、いずれも成功したとはいえまません。それはこういうことです。

徳川幕府は、いっさいの政治権力を握り、各大名に領知をあたえました。幕府の経済基盤は直領の税収、主要な都市、鉱山の直営や貨幣の鋳造権などでした。各大名は領知に対して、将軍に忠節をつくし、幕府の法令にしたがい、参勤交代、軍役（人馬武器など）と公役（河川堤防の修築など）その他の義務をはたしました。しかし経済活動は各藩の独立した政策のもとで行われましたので、藩主の経営力によって、豊かな藩や破綻する藩が存しました。たとえば、仙台藩では、商人升屋の片山蟠桃（江戸時代のもっともすぐれた思想家の一人）が相談役となって財政立て直しを行い成功しています。そのため徳川幕府主導の改革には大藩ほど抵抗がありました。大藩の抵抗を避けて行った改革では、天保の改革において、小藩や旗本領に小分割されていた近江地方に着眼して検地（面積と生産高の査定）を行い年貢の増徴を図る計画が行われました。そこでは測量用具の間竿の目盛りを従来の目盛りより短く設定し、それを用いて実測すれば自動的に余剰面積が増加することになっていました。しかしそれが露見しました。計画途中で、甲賀・野州・栗太の三群、四万の農民の大一揆が起きました。本陣を取り囲んだ状況下で行われた交渉の末、幕府派遣の見分使は「見分十万日延期」の証文を出しました。大藩の抵抗を避けるために行った小領からの増収策は、農民の抵抗によって中断しました。(4)

職業区分と家父長制も改革を難しいものにしました。職業区分とは、士・農・工・商の区分です。武士はそもそも軍事のさいの戦闘員でしたが、徳川幕府の平和な時代になると、改めてその存在意義が問われることになり、武士道が提唱されました。武士教育の教科書として、江戸時代を通じてもっとも広く読まれたのが『武教小学』です。著者の山鹿素行（1622-1685）は「士は・・・農・工・商の三民が、人のなすべきことをすこしでもみだすならば、それをすみやかに罰し、それに天の道が正しく行なわれる備えをなすものである。だから士には、文武の徳知がなければならない」[5]と述べて、武士の職分は社会秩序の指導にあると位置づけました。その一方、商業は利益を追求し、欲望を生み出し人間を堕落させる方向へ向かわせるものとして否定的に捉えられました。時代劇映画にでてくる「越後屋、お主も悪よのう」のセリフはそうした思想をイメージしたものです。また、当時も拝金主義者の相談役として、小賢しい手段をアドバイスした人間もいたことでしょうが、記録もなく消え去りました。ただ、宝永の頃、松波勘十郎（1644?~1709）という今日でいう経営コンサルタントがいたことは百姓一揆の記録に残っています。

　歴史学者林（はやし）基（もとい）の30年に亘る研究（未完）によると、[6]松波勘十郎は美濃鶉村出身。美濃加納宿庄屋を務めた後、渡り奉公あるいは勘者として各藩の、わかっているだけでも藩領四、旗本領一の藩政改革にたずさわったといいます。松波勘十郎の増徴政策は検地による打出しとその定免化、年切皆済が主たる政策でした。そのため勘十郎が関係したすべての諸藩で領民の抵抗があったということです。勘十郎が水戸藩の財政改革に参画したのは62歳頃(?)といわれます。常陸の涸沼から巴川への運河開墾事業による改革を図りましたが、領民3千人による江戸藩邸出訴（宝永闘争）により追放、のち勘十郎は二人の子息とともに逮捕されて獄死しました。為政者が農民の抵抗を恐れたためといわれます。水戸藩の記録からも抹消されて、いまは運河開墾の跡が勘十郎堀として残っています。

もう一つの家父長制とは、家業（家産）の相続が中心であり、相続人も男子に限られた世襲制のことです。そのため、家長に家族の支配権が集中しました。こうしたことが、徳川幕府下での財政（経営）改革を困難なものにしていました。

徳川幕府の教育政策は最高学府昌平黌を頂点とし、それにつらなる各藩の藩校を正学として朱子学が教えられていました。いまでいう教養を学ぶことです。他方、平民（町人・農民）の教育は寺子屋や私塾にゆだねられていました。農民の子には「百姓往来」、大工の子には「番匠往来」、商人の子には「商売往来」などを教材とした、実利・実用・実学を志向するものでした。私塾の経営者には、今日でいう経営コンサルタントが多くいました。経営コンサルタントとは、経営の相談にあずかって助言をする人、あるいは必要に応じて、経営者の権限の一部を代行して経営改革を行う人などのことです。

2. 江戸時代の経営コンサルタント

2・1 鈴木正三（すずきしょうさん）

鈴木正三（1579–1655）は旗本鈴木家の長男として生まれました（以下、正三という。）。関ヶ原の合戦（１６００）、大阪冬の陣（１６１４）、夏の陣（１６１５）参戦後、出家（42歳）して曹洞宗の修行生活に入りました。しかしその活動は「道元和尚杯ヲ、隙ノ明タ人ノ様ニコソ思ワルラン、未仏境界ニ非ズ。(7)」すなわち、道元禅師は欠点のない人だと思うだろうが、しかしまだ悟りの境地に達したとはいえないと述べたり、念仏の功徳を説いたり、僧侶としては教団と距離をおいた活動を行いました。

島原・天草地方はもともと耕地が少ないうえに税収の過大評価（石高）がありました。それに数年来の異常気象と飢饉がくわわり、領主の過酷な徴収がありました。また、島原・天草地方の前領主がキリシタン大名であったことから家臣（のち庄屋・浪人）・領民にはキリシタンが多かったにもかかわらず、領主がキリスト教の改宗をきびしく迫ったことなどが複合して、天草四郎（16・17歳）を救世主とする武装蜂起がおこりました。乱は4ヶ月後、原城に籠城した3万7千人が戦死し終了しました。しかし田畑は荒れ、労働力が激減したうえ人心が荒廃しました。復興が課題となりました。

天領となった天草の初代代官が正三の弟鈴木重成、二代目代官重辰は正三の実子でした。重成は移民政策、キリシタン政策、生産性向上策を実施しながら税収の軽減（石高半減）に取り組みました。幕府へ嘆願書を2度提出しました。3度目となった将軍への上表文を書いた後、重成は自刃しました。石高半減はそれから6年後に実現しました。鈴木三公（重成公、正三公、重辰公）を祀る鈴木神社には、いまも感謝と敬慕の念がよせられています。

正三は天草に2年余り滞在しました。代官の政策助言者としてキリスト教を批判し、社寺を復興・創建して人心の復興に努めました。私事ですが筆者の曽祖父が生まれたのが、天草市有明町上津浦です。[8]キリシタン布教の中心であった上津浦の正覚寺（南蛮寺跡地）を訪ねたさい、そのうっそうとした林のなかで正三の思想闘争に思いをはせたことがありました。

正三が今日も評価されているのは死者儀礼の宗教ではなく、世の中を経営するための仏教思想を説いたからです。仏教学者中村元（1912–1999）は、こう述べています。[9]

> 世俗的な職業生活に励むこと以外に仏教の実践はあり得ない。
> 世俗の職業生活は仏教と矛盾しないどころか仏教そのものです。
> 座禅をしないようにと公然と人々をいさめた禅僧はおそらく彼が最初であったであろう。

正三の仏教思想は『万民徳用』に表れています。「武士日用」「農人日用」「職人日用」「商人日用」を記し「比外所有（あらゆる）事業、出来て、世のためとなる。天地をさしたる人もあり、文字を造出たる人も有、五臓を分て医道を施人もあり、[10]」と述べ、あらゆる職業のなかに仏性（真理）が在るという。すなわち、働くことは仏道修行である。働くことを通して人間は成長し幸福になることを提唱しました。徳川幕府の自然経済・家父長制度下では生産性は低く精神の自由は抑制されていました。正三は、心の救済と労働を表裏一体・一体両面と解して、支配者に服従していた労働から自己意識の労働へと解放していったといえましょう。

日本型経営あるいは日本的経営という言葉を側聞しますが、そこでは終身雇用、年功制、企業別労働組合、合意による意思決定、あるいはタテ社会、集団主義、イエ型社会が特徴といわれます。しかしそうした事象から日本の経営を観るだけでなく、日本の思想から考察することも大切です。なぜなら、わが国では聖徳太子（574–622）が仏教と儒教をとおして国づくり（十七条憲法）を行ったように、いずれの国でも国家の経営は思想を基調として行われてきたからです。ともあれ、正三の仏教思想は働くことに独自の意味を見出しました。仕事は聖職となり、わが国の勤勉思想の源流となりました。以後、日本らしい経営を支える思想としてわが国の労働観に影響を与えました。

2・2 中江藤樹（なかえとうじゅ）

中江与右衛門（よえもん）（1608–1648）の居所には大きな藤の木がありました。そこで門人たちは藤樹（とうじゅ）先生と尊称しました（以下、藤樹という）。藤樹が生まれる2年前、徳川家康は征夷大将軍となり江戸に幕府を開きました。しかし、大阪には豊臣秀頼が健在で世の中はいまだ戦乱の風潮にありました。高島郡小川町に生まれた藤樹は9歳で祖父吉長の養子となり、米子に住みました。10歳のとき藩主の転封により伊予国大洲に移り、15歳のとき出仕しました。27歳のとき辞職願を提出して脱藩。小川町に帰省し年老いた母と暮らしました。酒を売り、農家に低利の金貸を行い、生活を営みながら私塾を開設しました。江戸幕府は朱子学でした。藤樹も朱子学を学びました。こう述べています。

そもそも学問は、心の汚れを清め身の行ないを善くすることを本来の実体とする。・・・その心が清らかで行いを正しくする思案工夫のある人は、書物も読まず一文字もわからなくても学問する人なのである。(11)

また、藤樹は、孝の一語を世界観・人生観の根本において、こう述べています。

家を興すのも子孫である。家を破るのも子孫である。・・・まず、道を教えて、本心の孝徳を明らかにすることを、教えの根本にする。才芸が衆人よりすぐれ、めぐりあわせが非常によくて、人間として栄誉を得られても、その心がねじれていて本心の孝徳のない者は・・・一時は栄華に誇っても、必ず一代か二代のうちに子孫は絶滅するものである。(12)

藤樹の〈孝〉の思想には、正心誠意の精神と家業への専念・継続の精神が包摂しています。

思えば、人は生きるために目的・目標を持てといいます。しかし、この世に生まれたのも、どの親から生まれたいかも、自分の意思で選択したものではありません。また、いつどこで死ぬかも自分の意思で選択できるものではありません。孝とは、生まれたことの不思議を想い、己の良心を大切にして生きることです。藤樹のもとへは多くの平民（農民、町人）や浪人、武士が集まりました。そうした人たちが求めたのは学者になるための学問ではなく、人間の生き方を学ぶ、心の学問でした。こういうことが伝えられています。

大洲藩より生まれつき「愚魯鈍昧」な大野了佐が医者になりたいといって訪ねてきました。医書を2・3句教えるのに2百遍くりかえして、ようやく書くことができましたが、夕食後、ふたたび先の2〜3句を復習すると、みな忘れてしまった。藤樹は、ほとんど精根を尽くすまで教えたといいます。了佐はのち医者になりました。また、加賀の飛脚が金子2百両をなくしたことがありました。これを拾った馬子が旅篭までとどけてやり、その礼金さえも受け取らずにこう言って帰ったといいます。

与右衛門という人おわして夜ごと講尺ということあり、某も折ふし行きて聞侍りしに「親には孝をつくすべし。主人は大切にする者也。人の物は取らぬもの也。無理非道は行うべからず」などという事、常々語り玉うにより「今日の金子も我物にあらざれば取るべき理なしと心得し迄のことなり」(13)。

この小話は、のちに備前岡山藩の藩政改革を担った熊沢蕃山が、藤樹との邂逅となったことでも知られています。

藤樹は〈良知〉を大切にしました。良知とは「五事を正す」ことです。筆者が「良知館」を訪ねたさい手した「藤樹先生 生誕400年祭」パンフレットには、五事とは、人間活動全体のことで、貌・言・視・聴・思のことです。貌とはなごやかな顔つきのこと。言とは思いやりのある言葉で話しかけること。視とは澄んだ眼で ものごとを見つめること。聴とは耳を傾けて人の話を聴くこと。思とはまごころをもって相手を思うこと、と書いてあります。そうしたことが身に備わっている人を聖人といいます。藤樹は近江聖人と敬称されました。

しかしながら、道徳は個人的なもので他人から強制されるものではありません。必要最小限の規範は法律があれば十分であると考える人も多いでしょう。しかし、法律は個人の所有欲、名誉欲、性愛を禁じてはいません。それゆえ、社会正義を掲げる弁護士も罪を犯します。

大切なことは、その国の民主主義のレベルは、ひとり一人が道徳（モラル）を遵守する精神によって保証されていることの自覚です。４００年ほど前、戦乱がつづき人々の心が荒廃した時代にあって教育者・経営コンサルタントとして周りの人々を感化し、正心誠意の心を育んだ藤樹の〈良知〉は日本らしい実学思想として、わが国の規範意識に影響を与えました。

2・3　石田梅岩

石田梅岩（1685–1744）の本名は勘平、梅岩は号です（以下、梅岩という）。梅岩は京都に近い山村

（丹波桑田郡東懸村）の中百姓の二男として生まれました。その頃は、徳川幕府創設時の基礎固めが終り、絶大な権力と鎖国政策のもとで文芸・芸術運動の勃興など、いわゆる享楽主義が発展して、町人の活躍が目立つようになりました。その一方、農業重視政策と貨幣経済の矛盾が表面化し、武士・農民の困窮が始まっていました。

今日、梅岩は商人道をたてた人として評価されていますが、商人道はすでに井原西鶴の『日本永代蔵』『世間胸算用』や西川如見の『町人嚢』、三井高房の『町人考見録』などでも論じられていました。たとえば『日本永代蔵』のサブタイトルが「大福新長者教」とあるように、新しい新長者教を示すことを企図し、全国の成功例、失敗例をえがいたものでした。つまり、いかに成功するかの処世術としての商人道でした。しかし梅岩の商人道は、武士に武士道があるように、商人には商人道があるという、四民平等の心の世界を提唱したものでした。

梅岩は、当時の農家の慣習に従い11歳のとき京都の商家に丁稚奉公にでました。『石田先生事蹟』によると、将来の進路は神道の布教にあり、もし聞く人なくば鈴を振り町々を廻りてなりとも、人の人たる道を勧めたいと願ったとあります。42・43歳のころ呉服商黒柳家の奉公を辞めて独立。45歳から私塾での講釈をはじめました。聴衆は、梅岩が講席をはじめて3日目に1人ありました。講席に集まったのは晩年に至っても40人から50人だったそうです。

梅岩は独学独習でした。はじめに神道、ついで儒教を学び、40歳の頃、鈴木正三の弟子といわれる小栗了雲から仏教を学びました。梅岩の特色は神・儒・仏の三教を融合した思想です。アメリカの社会学者ロバート・N・ベラーは『徳川時代の宗教』のなかで神・儒・仏の三教を融合したものが日本宗教であり、梅岩の日常生活は日本宗教を具現化したものであったと述べています。[14]梅岩は士農工商を身分でなく、社会的機能と解しました。この考えは山鹿素行の思想と同じです。梅岩はこう述べています。[15]

士・農・工・商は世の中治まるために役立ちます。その一つでも欠けるとどうしようもないでしょう。商人の利益も公けに許された俸禄です。武士は君主のために生命を惜しまなければ士とはいわれないでしょう。商人もこれさえ知っていれば自分の道がはっきりわかります。

教育史学者石川謙（1891–1969）は梅岩の商人道は「身をつつしみ、義を以て君を貴び、仁愛を以て父母につかえ、信をつくして友と交わり、ひろく人を愛し、貧しい人に同情し、功あれどほこらず、衣類や諸道具まで簡素にして華美を避ける。そうして家業に精通している。収入を見通して支出を計画的にし、国法を守って家を治める。[16]」ことであったと述べています。経営学者竹中靖一（1906–1986）は、梅岩の思想は倹約に帰一できるので、これを倹約の哲学と名づけても差し支えない。私心私欲なく、ありべかゝりの正しい―すなわち、それが生まれながらの正直の心ですが―から行われるところにあると解説しています。[17]

日本倫理思想史研究家今井 淳は、梅岩の倹約について、心がまえとその具体的な実践を検討したうえで「ここでいう倹約は、たしかに物を真に生かすことを意味しています・・・倹約は『我為ニ物ゴトヲ吝クスル』のではなく、『世界ノ為』また『天下ノ為メニナスコト』という目的意識から倹約を意義づけています」[18]と述べています。つまり、経営の目的は公益であり、倹約は手段ということです。

梅岩は自らの思想を学あるいは性学といいました。二代目手島堵庵が梅岩の学を「心学」と称し平易なものにしました。その後、中沢道二、柴田鳩翁らが全国の諸侯、旗本にも広めていきました。また、陽明心学と区別するため「石門心学」と呼ばれるようになりました。しかしその内容は処世術としての実用主義と結びついて徳川幕府を下支えする御用思想へと変容していきました。

今日、梅岩が世界の研究者から注目を集めるようになったのは、前記ベラーが「心学とその創始者、石田梅岩」を発表してからです。ベラーは「心学開講270年記念シンポジウム」（2000年）に出席して今日の問題点について次の発言をしました。[19]

近代化には常に目的と手段を取り違えてしまう危険性、手段を目的としてしまう危険性があり、これがまさに近代化の病の原因となっています。
近代になると手段ばかりを考えていると思います。戦略や戦術、もちろん物事のやり方を知らなければなりませんし、科学の発達、技術の発達、コミュニケーションの発達のいずれも重要ですが、それだけでは実質、内容、すなわち倫理的な、道徳的な内容が伴わないと思います。

心学は今日でいうモラル・フイロソフイです。[20] 梅岩は、徳川幕府興隆期といえる元禄から宝永・享保の時代に生きた教育家であり、経営コンサルタントでした。

2・4 細井平州（ほそいへいしゅう）

細井平州（1728–1801）が生きた江戸中期から後半にかけては、全国３００諸侯の藩経営が行き詰まり、各藩の経営力によって、豊かな藩と破綻する藩の格差が歴然とした時代でした。米沢藩（山形県米沢市）は藩の経営に失敗して上杉弾正大弼と書いた紙札は鍋釜の金気を去るとまで言われました。しかし、上杉家第十代藩主上杉鷹山によって再建されました。アメリカ第35代米国大統領ジョン・F・ケネディが就任したさい、日本の新聞記者が最も尊敬する日本の政治家は誰かとの質問にたいし、ケネディが即座に、上杉鷹山の名前を挙げたので驚いたと言われます。鷹山公の経営コンサルタントが細井平州です。

細井平州は尾張藩、紀伊藩、人吉藩、西条藩、郡山藩、米沢藩などの藩主に経営の原理原則を説き、廻村講話をとおして平民の教育を行いました。

細井平州は尾張国知多群平島村荒尾の豪農の二男として生まれました。本名は甚三郎。平洲は号です（以下、平州という。）。平州は10歳のとき、名古屋の医者のもとで儒学を学び、16歳のとき京都に遊学しました。京都に両親が様子を見にいって、みすぼらしい暮らしに驚き金50両を与えたところ、その金を書籍に投じて2頭の馬に積んで帰郷したといいます。その後、名古屋の中西淡淵との出会い、生涯の師と仰ぎました。中西淡淵は学派を立てず、学閥を作らず、温厚な人格をもっておのずから弟子の活動をうながし、期せず人材を集め一大学団を形成した、天性の教育者であったということです。[21]

平州は24歳のとき師を頼って江戸にでましたが、翌年、淡淵が亡くなりました。平州は師の塾を継いで「嚶鳴館」を開きました。嚶鳴とは詩経にあることばで、鳥が友を求めて鳴くという意味です。塾経営は苦しく辻講釈を行いました。辻講釈を聞いた米沢藩医藁利松伯が平州と上杉鷹山を結びつけました。やがて平州のもとに学問を志す者が集まり、諸藩の子弟も増えて門弟は1千人を超したといいます。仕官の勧めに対し、平州は仕えなくとも賓師(ひんし)をもって諸侯に説き大道大儀を天下に敷くことができるといって断りました。平州の学問は一流一派の解釈にとらわれることなく、自分で学んで判断することを重視しました。平州は、幸い、自分はいろいろと恵まれて学問を続けることができたが、このように学問が続けられなかった人びとに対して、自分の学んだことを伝え、人としての正しい生き方を説かねばならぬ。[22]と述べています。

平州は君主（経営者）にたいし『嚶鳴館遺草』を書きました。この書は全六巻で構成されています。巻之一は藩経営のあり方について。巻之二は藩主のあり方、重役のあり方について。巻之三は教育のあり方、後継者の教育のあり方について。巻之四は『管子』牧民の国字解について。巻之五は君主の質問に対する回答となっています。本節では、渡邉五郎三郎訳編の現代語訳『細井平州将の人間学』[23]から、平州の思想がよくわかると思われるところを筆者が要約して紹介します（ルビ同書）。

巻之一の「野芹」では、国家の財政は、土地と民の力の二つが根本にあって生じるもので、それ以外に生じるところはありません。財力の使い方は「入るを量りて出るを制す」と申しますが、入るとは、年内に藩内でできる生産高を言い、出るとは、それを使うことを申します。入ってくる生産高に応じて、使い高を決める以外に、財政運用の方法はありません。

巻之二の「上は民の表なり」では、君徳について、お身分が尊いということも自慢されず、国家の財政が豊かだということで生活を贅沢にされず、君主は領民の父母にならねば天から預けられた職分を全うせず、祖先から受けついだものに対する孝行の道に背くということを寸時も忘れず、ひたすら領民のことだけを心配され、ご自分の修養に努められ、藩士領民の生活をゆたかに、正直で性質に飾り気のない家来を大事にされ、真心のこもった諫めの言葉を受け入れ、弱々しくて心がねじけ阿る家来を遠ざけ、媚びへつらう言葉は聞き入れず、先祖の功績を傷つけぬように子孫のあり方を考え、老人を敬い、幼いものを不憫に思い、親に尽くし目上の人に仕えた人を賞し、身寄りのない貧しい民を保護し、諸役人の仕事振りを明らかにして、小さな過ちは大目に見、成功したものは褒め励まし、領内風俗の善悪を自分の責任と思われ、怠ろうとする心を一日中持たれないのを君徳というのです。

巻之五の君主の質問に対する回答では、人と人との交わりは、貴賤、老少、知愚に関係なく「先施」という道があります。先施とは、まず施すということで、相手の出方を待たず、自分のほうから仕掛け、仕向けることです、といいます。

経営は経営者の人生観・世界観の発現です。平州の教えに上杉鷹山は、なせばなる　なさねばならぬ

何事も 成らぬは人のなさぬなりけり、と愚直に貫きました。筆者は東京浅草を訪れたさいは、天嶽院の平洲のお墓に手を合わせています。

2・5 海保青陵（かいほせいりょう）

海保青陵（1755–1817）は丹後宮津藩青山氏の家老角田市左衛門の長子として江戸に生まれました。青陵は号、著述では鶴と記しています（以下、青陵という。）。22歳のとき角田の家督を弟に譲って祖父の海保を名乗りました。30歳ごろ儒者として仕えていた青山家を辞めて浪人となりました。以後京都居住を中心に丹波、紀州、讃岐、備中、江戸、越後など、各地の豪商・豪農を訪ね教授にて飢寒を凌いで生活しました。前節で紹介した細井平州が大病したときは、青陵が代って尾張藩で儒者を勤めました。青陵は自らのことを無智不才であって、何一つ役に立つことを考えあてたことがない。しかしながら、とかく合点のゆかぬことを合点のゆくまで考えてみたい癖があると述べています[24]。青陵はいいます。理のないことは信じないのがよい。理とは物事を論理的に考えることであると。晩年の青陵は妻子なく、富貴を希求せず、清貧に甘んじ蓄財を意に介さない老書生であったということです。

青陵の経営思想は収入と支出の均衡を保ち、そのうえで収入増加策を計ることでした。青陵はいいます。

わが国では貴人・武人は利を捨てるものということになっている。この利を捨てるということが、どうものわけのわからないことである。田も山も海も金も米も、およそ天地の間にあるものは皆しろもの（経済的財貨）であり、しろものがまたしろものを生むのは理である。田から米を生ずるのは、金から利息が生まれるのと何もちがったことはない。山が材木をうみ、海が魚塩をうみ、金や米が利息をうむのは天地の理である。・・・むかしから君臣は市道（売買の関係）であるといっている。君は臣へ知行をやって働かせる。臣は力を君に売って米をとる。君は臣を買い、臣は君へ売って、売買の関係なのである。売買はよいのだ。売買は悪いことではない。およそ売買のことは、君子のすることではないというのは、みな孔子の利を厭う教えを丸のみにして、呑みそこなったものである。君臣の関係は、売買の関係ではない、といったことから、食いつぶしと骨折り損とがたくさん生じた[25]と述べています。そして「藩営商業」と「藩専売制」を提唱しました。「稽古談」には、こういう事例紹介があります。

丹波の園部藩（二万石）では財政状態がよくないので、いろいろとあちこち財政たて直しの世話をやいてみた。家中の武士のなかになかなかの才物がいて、この男がとくと考えてみると、武士の論はいっこうに道理に合わないので、武士論に拘泥しないで面白い独自の経済の工夫をして、京都屋敷において園部の産物うりさばきということを始めた。園部は煙草、菜種から松茸、青物までとれるので、才物の武士は園部の百姓と相談して、煙草のたぐいをずっとみな園部の荷物にして京都の屋敷にまわして、さて仲買どもを呼びよせて、屋敷で売りさばいた。そうしたら藩の財政状態も、この産物売りさばきの仕事の成功に応じて、今はだんだんとよくなった。また、国の総体の収入を計算して、その総収入の3分の2で国の経費をすませるようにして、3分の1を残しておいて貯蓄しておくこと、これが冢宰（ちょうさい）の役目である。

青陵の思想は封建体制を超えるものではありません。しかしやがては封建体制を揺るがし、新しい資本制社会を準備していくことになりました。

青陵はいいます。およそ国が貧しくなるのは政治の仕方が理にたがったことがあるから始まるにちがいない。天下じゅうのしかけが合理的であるならば、民は理がくせになるから、理にかなったように自然に心が動くくせがつくのである、と。青陵が活動した頃、農村では豪農と貧農の二層分化がすすみ、大名をはじめ諸藩は商人からの借入金が膨らみつづけていました。もはや統治者（経営者）の仁（慈愛）による政策や農民・商人らに勤勉・倹約を説くだけでは限界でした。青陵は積極的な収入増加策を提唱しました。今日、青陵は重商主義的近代経済思想の先駆者と評されていますが、しかしそれは一攫千金を夢見る投機的なものではありません。青陵は経営コンサルタントとして、着手にさいしては慎重性・計画性をもとめたということです。

2・6　二宮金次郎（にのみやきんじろう）

二宮金次郎（1786–1856）は足柄郡栢山村東栢山の農家の長子として生まれました。金次郎は本名、幕臣への登用を機に尊徳（たかのり）と称しました（以下、金次郎という。）。金次郎の生涯は、少年期の一家離散から二宮家の再興、家老服部家の財政再建、小田原藩分家桜町の再建、幕府登用後の日光再興のことなどがよく知られています。しかし、二宮総本家の長男二宮康祐によると、よく知られている金次郎のイメージは明治政府の国定修身教科書によって作られたもので虚飾が混在しているということです。たとえば、薪を背負って本を読みながら歩く少年金次郎像や初夏、食したなすが秋なすの味がしたことから冷害がくることを予想したこと、などの逸話は後人によって創作されたものだそうです。宮内庁が求めていたのは「報徳思想」の金次郎ではなく、国民の模範としての「金次郎」像であった[26]と述べています。

金次郎の高弟富田高慶の指揮のもと相馬藩御仕法掛代官席の斉藤高行（1819-1894）は、藩主からの職も録も辞退して復興に尽力し、晩年、大原山人と称し自らの衣食住はきわめて倹素で座右の畳も破れたままであったといいます。今日、経営コンサルタントといえば、外資系コンサルタントでイメージされる、偉そうなふうをして、高額報酬を得たり、ゴルフをしたり、高級車を買ったり、などの印象があります。しかし経営コンサルタントの基本は無心・無欲です。自己利益を優先すると正しい助言ができなくなるからです。それゆえ、斉藤高行は経営コンサルタントの鏡と言ってもよい人物です。その斉藤が報徳思想についてこう述べています。

報徳の道は分度によって行われる。分というのは天分のことであり、度というのは人道のことである。分度が定立して譲道が生ずる。譲こそは人道の枠である。一身でも一家でも国家でも天下でも、譲道を失って衰えないものはなく、分度を失って滅びないものはない。[27]

経営の基本は、入る量りて以て出すを為す、です。金次郎は〈入ると出る〉の基準を分度として位置づけ、それを調査によって客観的に明らかにしました。こうした基準づくりは米国の科学的管理法を先取りしたものです（金次郎逝去の年にテイラーが生まれました）。再建に成功したといわれる桜町領で見てみましょう。

桜町領の禄高は４０００石でした。しかし調査（10カ年間）を行ったところ平均実収は９６２石しかありません。仮に４０００石を基準にすると、農民が荒地を開墾し生産性が向上しても、農民には４０００石に対する貢納（四公六民）が待っていました。これでは農民の生活はいつまでたってもよくなりません。領主の取り分（収奪）を固定することが必要でした。金次郎は桜町の領主宇津釩之助に１００５石を分度とすることを提案して承認をえました。そのうえで生産性向上による余剰分を荒地開発、表彰による勤労意欲の向上、窮民救済策、インフラの整備などに投下し好循環をもたらしました。

しかし君主に仁政を求め、農民を豊にする仕組みづくりは難しいものです。分度を遵守したのは門人富田高慶・斉藤高行が再建にたずさわった相馬藩藩主相馬充胤だけでした。多くは分度を定めることなく仕法の実施を要求するか、あるいは分度を定めても、財政が好転に向かうと分度を中断しました。改革（再建）には痛みがともないます。その痛みを、松波勘十郎は領民に求めましたので各地で激しい抵抗運動がおこりました（77頁）。金次郎は、その痛みを領主に求めましたので支配者の怒りをかいました。郷土小田原藩は金次郎の仕法を中止しただけでなく、領民との交流を禁止し、二宮家の墓参りすら許さないという冷酷な仕打ちを行いました。

今日、企業を渡り歩くプロ経営者（カルロス・ゴーンなど）の多くは松波勘十郎型であり、金次郎型は少ないといえましょう。金次郎には他に抜きんでた金儲けの才能がありましたが、評価されているのは金儲けの才能ではなく、金次郎の思想です。門人福住正兄が筆記した『二宮翁夜話』の冒頭の文章が、金次郎の思想をよく表しています。

翁曰く。誠の道は、学ばずしておのずから知り、習わずしておのずから覚え、書物もなく、記録もなく、師匠(教師)もなく、しかも人々自らそれを知って忘れず、これこそ誠の道の本体である。・・・・書物の上に道を求める学者たちの論説は取らざるなり。[28]

右は現代表記したものです。誠の道とは真理のことです。金次郎は単なる経験主義者ではありません。現場の体験を整理し、根本原理を体系化した思想家でした。金次郎の主著『三才報徳金毛録』は、一円の図と簡単な文章から構成されています。歴史学者奈良本辰也（1913-2001）は一円融合について「対立する概念を追究して、その本質にせまるという努力であり、その把握でもあったということだろう。尊徳は、そこに対立を超える一元を把握していた」[29]と述べています。

晩年、金次郎は幕臣に登用されました。しかし、与えられた住居は風雨のため肌が凍るような破れ寺でした。金次郎は不満を述べることもなく「一円融合」の仕法を普遍化する好機ととらえ、次のように述べて、日光の村々の再建計画づくりに二年二ヶ月、集中しました（ルビ同著、一部引用者が修正しました）。

此書一度全備する時は假令道行はれずといふとも仕法の仕法たる所以は萬世に及て腐朽すべからず。孔子一世道を行ふことあたはざるも其書永世に朽ずして道益明らかなり。[30]

思えば、士農工商の秩序は支配者（武士）と被支配（農工商）の対立の上にありました。しかし、金次郎は士農工商を職能（機能）として一円融合の関係、すなわち協力・共同の関係を構築しました。挙藩一致の改革例について、前記二宮康祐は、農民はいうに及ばず町人や武士をも巻き込んだ荒地開墾が行われた烏山藩に見られると述べています。金次郎の経営仕法は相模・下野を中心に600ケ村余に実施されました。

2・7　大原幽学

大原幽学（1797–1858）はペンネームです。幽学の本名や出身地、どうして流浪人になったかは、いまもわかっていません。ただ、門人に語った言葉や残した日記によると、出身地は名古屋。出身は武士。18歳のころ果たし合いで相手を殺してしまったこと。父親に勘当されたことなどが伝わっています。浪人・無宿人取締政策によって一箇所に長く留まることは許されません。無宿の旅はいわゆるホームレス生活です。三日、食べないこともありました。京都、大阪など近畿圏を転々とした後、上田、小諸を経て江戸、鎌倉に遊び、せっかくだからと勧められて房総へと足をのばし干潟村長部を訪れました。長部村の名主遠藤伊兵衛は嗣子良左衛門が浄瑠璃・三味線・色欲に身を持ちくずしていたのを心配して、幽學を家庭教師にしました。遠藤家の書院が居宅として提供され幽學の漂白の旅はようやく終わりました。46歳でした。長部村は関八州（上野・下野・常陸・上総・下総・安房・武蔵・相模）と呼ばれた地域で、天領や旗本・寺社領が多く複雑に入り組んでいました。近くの銚子は漁業と醤油醸造の町で、農村から労働力が流入し賑わっていました。同時に、銚子の五郎藏、飯岡の助五郎、笹川の繁蔵などの博徒の縄張り争い（天保水滸伝）によって、精神的風土は荒廃していました。

天保11（１８４０）年、干潟村長部の農民を中心に先祖株組合が結成されました。世界最初の産業組合です。先祖株組合は、組合の加入者が所有地のうち一株金五両分の田地を提供し合いそこからあがる利益を無期限に積み立て、一軒分の積立金が百両以上になったとき、組合員の相談でその半分を救済にあて、残り半分は子孫のために積み立てておくこと、つまり村の共有財産づくりでした。幽學が行った農村改善について、千葉縣内務部編纂によると、彼が特に農民に説きたる道徳は、家内の和合勤労の尊重、分相応を守ること、子孫三代の後を目的とすべきこと、物事の目論見を定め置くこと等にして、農村改良の為になしたる施設は先祖株積立、共同購入、耕地整理、家屋移転、正條植二毛作の奨励、農業改良等なり[31]と記しています。また門人（道友という。）は誓約書を提出し、博奕・不義密通・諸勝負・女郎買・狂言・手踊・浄瑠璃・長唄・三味線類・強欲・謀計・大酒をしないこと、分に応じた生活をすることを約しました。共同購入は、農具・肥料・種など農業の必要品から綿・反物・手拭・くし・かんざし・下駄・膳・茶碗・湯呑など日用品まで行っていました。

かくして長部村では、モラルの問題（禁酒・粗衣・粗食・早起き）と、仕組みづくりの両面から村ぐるみのアソシエーションづくりが行われました。先祖株組合が結成されてから10年後の1848（嘉永元）年、長部村の復興を賞して領主清水家より褒美が与えられました。また領内の村々にも模範とすべきことが命じられました。長部村に学びにくる人々の数は増えました。幽學はさらに二つのことを行いました。一つは住居の前面に水田が広がる理想的な宿内集落の造成（コミューンづくり）です。もう一つは教場改心桜の新築です。

しかしそれに「徒党」を組んでいるとの嫌疑がかかりました。関東取締出役は十手持ちの博徒飯岡の助五郎の手下を使って争いを起こしました。江戸での取り調べは6年もつづきましたが、幽學は無戸籍居住という点だけが有罪とされました。裁判を終え長部村に戻った幽學は身辺整理を行い、遠藤家の墓地で自刃しました。父親から勘当されたさいに与えられたという金三両は割腹した傍らにあり、短刀には「難捨者義也」の文字が刻まれていました。自刻「捨てがたきは義なり」の義とは正義のこと。正義の大義に殉じた幽學に武士として善く生き抜いたという矜持が感じられます。

幽学は自らの思想を心学とも性理学とも述べています。歴史学者中井信彦（1916–1990）は「幽學の思想は、『微美幽玄考』の冒頭数行にとどまるといっても過言ではないと思う。[32]」と記しています。それは幽学の著書が『中庸』を中心とした通俗的なものであったからです。

筆者は、幽学が自刃した場にしばし座して、幽学が行った経営仕法の今日的な意味を考えました。一つは、革命家K・マルクスが生涯をかけて研究し到達した制度の理想像、すなわちコミューン（共同社会）やアソシエーション（協同社会）が、封建道徳の実践から生まれていたことです。道徳的活動主義の成果です。これは経済評論家内橋克人（1932–2021）が「むきだしの企業エゴがまかりとおるところ、市民の自衛組織、対抗勢力の台頭は必然の帰結ということになるからである。そして、いま、この現代日本に本格的な『使命共同体の時代』が到来しようとしている。(33)」にも通じるものでしょう。もう一つは、幽学の教育について、遠藤良左衛門は、大原うし、人を導くに、初め一とせ二年の中は、先ず情を施して、その情の能く通る時に至りて後ち理を学ばしむるなり、の対面交流による自由討議によって行われていたことです。幽学自刃の10年後、江戸が無血開城されて徳川幕府は崩壊しました。

3. 近代の経営コンサルタント

3・1. 近代経営コンサルタントのはじまり

１８６８（慶応３）年１２月９日、王政復古が宣言されて明治政府が発足しました。明治政府は天皇を頂点とする中央集権的統一国家をめざして廃藩置県、産業・交通の統制の撤廃、士農工商という職業区分の廃止を推進する一方、官営工場や施設の設置、鉄道・電信の敷設を実施しました。これは土地生産性の基本とした封建制から、近代産業を生産性の基本とする資本制への転換でした。この急速な近代化と殖産産業政策の推進に寄与したのは外国人技能者でした。わが国の最初の近代的工場は横須賀製鉄所です。徳川幕府下の将軍徳川慶喜のもとでフランス人の経営によって横須賀製鉄所を建設し、日本人技師を養成する教育を行いました。経営組織は益頭駿次郎を総取締役にして日本人が行いましたが、工事半ばにして明治政府へと引き継がれました。１８７２（明治５）年には富岡製糸場（２０１４年６月21日、世界文化遺産に登録）がフランス人技師ポール・ブリユナの指導によって設立されました。近代的な工場は総括尾高惇忠のもとで日本人が行いました。近代的企業は１８７０年代後半から機械製糸工場と銀行業を中心に発展しました。同時に、急速な近代化は多くの労働者を生みだしました。

文筆家細井和喜蔵（1897–1925）は女工募集を三期に分けました。第一期は明治10年から27・8年日清戦役の頃までの「無募集時代」。第二期は日露戦役の明治37・8年くらいまでの「募集難」時代。

第三期は「募集地保全時代」です。そして時代が進むほど、紡績工場の恐ろしいことが知れ渡り、女工募集が誘拐のような手口まで使われたと記録しています。[34]

労働者の増加は必然的に労働運動を生みだしました。１９８０（明治13）年頃から工場法の必要性が意識されるようになりました。社会政策学会でも労働者保護が討議されるようになり、次第に工場法制定の機運が高まりました。１９１１（明治44）年、第27帝国議会において「我国ノ工業ノ発達ヲ計画スルト同時ニ婦女子幼年者ノ健康ヲ保護シ熟練工ヲ養成シ我国ノ工業ノ発展ヲ図ル」ための工場法が成立しました。わが国初の婦人工場監督官谷野せつ（1903–1999）は当時を振り返ってこう述べています。「現在の労働基準法があらゆる事業場に適用されているのと比べるときわめて素朴な労働法といわなければならない。けれども小学校も卒業していない幼い子どもたちや年若い少女たちが、成年男子と同じ条件で働かされていた状態に、はじめて歯止めがかけられたのですから、当時としては驚くべき進歩的な法律であったというものであった」[35]。監督制度が工場法に規定されたのも特色でした。工場法の成立は、わが国の産業界に工場管理のあり方の反省を迫り、生産性向上が課題になりました。工場管理のあり方で注目されたのが科学的管理法です。

科学的管理法の創始者テイラー（F. W. Taylor）の『工場管理』（Shop Management）は１９０３（明治36）年。『科学的管理の原則』（The Principles of Scientific Management）は１９１１（明治

45）年に発行されています。経営学者佐々木聡は、工場法制定の年（明治44年）に安成貞雄が「世界の実業界を革新するに足る科学的操業管理法の案出」（『実業之世界』誌第8巻第5号）ならびに「科学的操業管理法の神髄」（第8巻第6号）と題してテイラーやF・B・ギルブレス（F.B.Gilbreth）の業績を紹介しており、これが現在のところ確認されている限り最初の情報提供とされていると述べています。[36] 横河民輔の『科学的経営法原理』（非売品、大正元年）、星野行則のテイラーの翻訳題『学理的事業管理法』（大正2年）などの翻訳書・解説書が出版されました。工場管理に従事していた専売局淀橋煙草工場技師神田孝一も『実践工場管理』を大正元年に発行（杉本光文館）しました。神田は大正8年に発行した『日本工場法と労働保護』の序で「謂ゆる労働問題なるものは我国にても既に學者の論壇より離れて今や國民の實生活と緊密に接觸するに至れり。されば若しも斯の問題を不穏に解決し得る方途ありとせば、そは資本側の公徳的覺醒と労働側の自助的訓練と、更らに国家の周到なる労働保護に待たざるべからず。」（同文館）と述べています。いずれも科学的管理法は実践的合理的なものとして紹介されて受容されました。池田藤四郎の『無益の手数を省く法』（實業之世界社、大正2年）は太郎という14歳の少年が新職業の能率技師をめざす物語です。読者は主人公の成長する姿を通して科学的管理法が学べるように描かれています。池田藤四郎は大正6（1917）年にエフィシエンシー研究会を主催し「エフィシェンシー」誌を発行しました。新職業としての能率技師（現在の経営コンサルタント）は大正12（1923）年から大正13年にかけて、能率増進・優良品期成委員会の主催の下、前後5回の臨時能率技師養成講座が開催されて451名の能率技師が養成されました。

大学でも、東京帝国大学（大正８年開講）、慶応義塾大学（大正10年開講）、東京商科大学（大正11年開講）、明治大学（大正11年開講）など科学的管理法に関する学科が15校で開講しました。わが国最初の経済学教科書は、イギリスの経済学者ウィリアム・エリスの『Outlines of Social Economy』を翻訳した神田孝平の『経済小学』（1867 年）です。商業経済では、祖山鐘三『内外商業大意』（明治31年）、関 一『商業経済大意』（明治31年）、三浦新七『商業学本論』（明治36年）、金井 延『社会経済学』（明治35年）が出版されています。経営学ではドイツに留学した伊藤清藏『農業經營學』（明治41年）、前記の神田孝一につづいて上田貞治郎『株式会社経済論』（大正３年）、渡辺銕蔵『工場経営法』（昭和元年）が出版され明治42年には東京高等商業学校で上田貞治郎担当の商工経営の講座が始まりました。のち上田は『商工経営』（昭和５年）出版しています。

さて、わが国の近代経営コンサルタントの歴史が語られるときに必ず登場する人物が三人います。能率「学」の上野陽一、能率「技師」の荒木東一郎、能率「組織」の森川覚三です。以下順に紹介しましょう。

3・2 上野陽一（うえのよういち）

上野陽一（1883–1957）は東京芝南佐久間町に生まれました。12歳のとき父が亡くなり長崎の伯父上野彦馬邸に転居しました。哲学館（通信制）講義録を読んで心理学への興味がうまれ16歳で上京しました。苦学して東京帝国本科学哲学科（心理学）を卒業しました。卒業後は同文館に勤務し翌年、同文館から『実験心理学講義』（共著）、『心理学通俗講話』を出版しました。陽一は理論研究よりも実験心理学の方面に関心がありました。F・B・ギルブレスから送られた資料をもとに『人及び事業能率の心理』を出版しました。また、ライオン歯ミガキの部長と知り合い、ライオン歯ミガキ工場の能率を研究するようになりました。大正9年のライオン歯ミガキ工場の作業改善指導が日本におけるマネジメントコンサルティングの始まりです。大正11年秋から陽一は欧米視察（約10ヶ月）を行いました。

大正13年、首相加藤高明は内閣直属の課長会議で能率増進11項目をあげて訓辞しました。陽一は「この十一項目のエラ（ママ）ビ方は、専門的にみて必ずしも當を得ているとは思はない。しかし総理大臣が役所の事務について、能率主義を主張したことはこれがはじめてである。[37]」と述べています。大正14年に日本産業能率研究所設立、初代所長に就任。同年テーラー協会日本支部を設立。昭和2年に発足した日本能率連合会へ参加。月刊雑誌「産業能率」の編集発行。パリで開催された第4回CIOS大会に日本代表として出席。米国科学的管理のパイオニア　バース、エマソン、ハタウェイの来訪時の通訳など、わが国の科学的管理の普及に尽力しました。

第二次世界大戦中は次第に役職から遠のき立教大学経済学部教授（経済および経営学科の学科長）、横浜専門学校（現神奈川大学）などで教育に取り組みました。日本学術振興会から研究助成金をうけ、わが国最初の経営学辞典『能率ハンドブック』を編集しました。こうしたことが日本能率学校（現産能大学）の創立（昭和17年）へと結実していきました。

第二次世界大戦後の最初に発刊した『新能率生活』（光文新書）序で「私は終戦によって急に従来の

態度や諸説をかへる必要を認めない。戦前、戦時から戦後にかけておなじ道を歩んで日本のために盡し得ることを幸福におもっている。本書は終戦後、社会におくる第一聲である」と述べているのが新鮮です。GHQ（連合国最高指令官総司令部）より人事院の人事官を要請され、3年間従事しました。その後、日本能率学校再開。昭和24年全日本能率連盟の結成にあたっては会長に就任しました。また、経済安定本部長官の要請にもとづいて設立された日本経営士会（昭和26年）の設立発起人にも参画しました。日本能率学校は昭和25年産業能率短期大学へと昇格し、昭和53年産業能率大学へと発展しました。陽一は能率についてこう説明しています（引用者がカタカナをひらがなに直し適宜漢字を加えました。）[38]。

「能」とは人の能力とか、機械の性能とかいうばあいの能であって、そのものの固有するもちまえをいう。「率」とは比率の義である。よって字義からいえばすべてのものの、もちまえの能力または性能がどの程度に利用または活用されているか、そのもちまえが実現されている程度を能率という。またはそのもちまえが全部実現されている状態を能率ということもできる。これは英語のefficiencyを訳したものではあるが、いつ、だれが使いはじめた訳であるかはわからない。

要するに能率とは中を発見してこれをまもることであるといってよい。この考え方は人事万般いろいろなことに適応してみてすこしも誤ることがない。

では、能率の根底にある思想とはどういうものであろうか。①東洋哲学、②能率という言葉の解釈、

③能率の適用範囲の順で説明しましょう。

まず、①陽一の根底にある思想は東洋哲学とりわけ仏教です。死後、出版された『シャカの教えとその一生』のあとがきでこう記しています。「現在の寺院の多くはカナリ（ママ）原始宗教の手法を使って、収入をはかっている。商売繁盛のゴマをたいたり、安産のオマモリなどを発行しているところが多い現状である。・・・これらの迷信的なことが一切一掃されて、仏教そのものの本質がつきとめられるようになったときに、はじめて仏教が現代人の仏教として受け入れられるであろう。[39]」。陽一は、仏教の中道的生き方を生活の基本、経営の基本にしました。

②能率（efficiency）という言葉は、ハリントン・エマソン（1853–1931）の『能率の12原理』などで知られていました。エマソンは自ら社会主義者から能率主義者に転向したと述べて支配者から被支配者に対して、また各個人が自己に対して所持しなければならない7つの義務または道徳を列挙し、そのなかにムダをしない、能率の道徳があると述べています。[40]陽一は、かんたんに科学的管理法とは能率的に仕事を行う方法ですと述べていますが、エマソン、テイラーの思想と、仏教を基礎にした東洋思想とを融合させた独自な解釈だといえます。

③能率の適用範囲については『能率概論』の目次を紹介しましょう。[41]第1編 能率の原則、第2編 個

人の生活、第3編 家庭の管理、第4編 会議の指導、第5編 工場の能率、第6編 商店の経営、第7編 事務所の管理、第8編 団体の管理、第9編 役所の能率、第10編 国民経済の科学的管理、第11編 国民生活の合理化、第12編 人生の能率、第13編 日本人と能率、です。目次から、陽一が単に企業経営のマネジメントという狭い視点からではなく、正しい個人の生活の仕方、正しい仕事の仕方という広い視点からマネジメントを理解していたことがわかります。

そのうえで、上野は能率を術でなく、茶道のように道まで進まなければならないと、能率道を提唱しました[42]。能率五道とは、①正座、②正食、③正学、④正信、⑤正語、です。したがって、陽一にとって能率や科学的管理は、枝葉末節の方法論ではなく、人の人たる道の道徳的実践活動であったといえます。しかし、実証科学中心のマネジメント・コンサルタントのなかにあって、上野の能率道を支持する人は少なかったと聞きました。

3・3 荒木東一郎（あらきとういちろう）

荒木東一郎（1895–1977）は父母が経営する旅館玉名館の一室で長男として生まれました。その系譜は戦国武将荒木村重につながるということです（以下、東一郎という。）。東京高等工業学校（現東京工業大学）卒業後、藤倉電線に入社しました。25歳のとき研究部長を拝命して上海への輸出を担いましたが、アメリカ製品に惨敗しました。その原因を探すため、大正7年、アメリカ農商務省留学生としてオハイオ州アクロン大学へ留学しました。まもなくシモンズ博士の実験助手になりました。そこで東一郎は考えました。「われわれは、技術的には決してアメリカ人には負けていない。問題は、われわれの技術では解決のできない何モノかがあるんだ」。調べた結果「科学的管理法、つまりインダストリアル・エンジニアリングという特殊な講座が16の大学に置かれていることがわかった」「日本にはそんなものはない。それが結局、日本産業の弱体の原因だ。経済学とか、商学とか、工業技術とかいう基礎的な学問がいくらできても、これらを総合的にまとめて、それを実務にアプライする科学的管理法という学問が足りないために、日本の電線が上海市場で外国製品に圧倒されるのだ、ということが痛感された」[43]と述べています。apply（アプライ）とは適用することです。基礎的な学問を料理の材料にたとえると、材料から美味しい料理を作るレシピのようなものといえましょう。以後、大学で聴講しながらテイラーやギルブレス、エマソンらに学んで大正11年に帰国しました。帰国後留学前の職場藤倉電線から復帰を望まれましたが、能率技師として生きていくことを選びました。近代的なプロ経営コンサルタント第1号の誕生です。

東一郎が帰国した頃、労使協調をめざしていた協調会のなかに産業能率研究所が設置されて上野陽一が所長でした。東一郎も協調会産業能率研究所の嘱託として参画しました。その一方、星製薬の顧問になりました。能率技師として始めての仕事でした。大正12（1923）年9月1日関東大震災が発生しました。この震災を機に産業能率研究所が閉鎖されました。東一郎は荒木能率事務所を設立しました。以来、戦前・戦後、一匹狼の経営コンサルタントとして数多くの企業の経営指導を行いました。しかしすぐに仕事がきたわけではありません。東一郎は、まだまだ日本人はそのような知識を買うという考え方が薄かったのだ。家内に靴下を編ませたり、みんなのワイシャツを縫わせたりして、お互いに安い月給で我慢するという形をとっていた、と回顧しています。

昭和3年、時事新報社主催による「世界一周競争選手募集」が発表されました。東一郎の妻俊子が勝手に新聞社に申し込んだそうですが、世間の注目を集めて仕事の受注を高めたいという気持ちが込められていました。東一郎は科学的管理法を応用する計画本部を設置しました。それまでの世界記録を破る工程が徹夜でつくられ、当時の世界記録33日16時間がうまれました。東一郎は一躍、有名人になりました。


東一郎の著書は自らのコンサルティング体験を記した『能率一代記―経営顧問五十年―』（日本能率協会、昭和46年）、『実践経営学―続能率一代記―』（同文館、昭和49年増補版）が代表です。同著は大正12年から昭和43年まで、東一郎が指導した数百社にのぼる経営診断、経営指導の記録です。はじめは工場の合理化問題が多く、次第に販売から組織問題へ、そして組織全体の合理化問題へと発展しています。指導理念については『実践経営学』「著者のことば」で「常に各企業の本質をつかみ、これにかなった科学的管理の原理を重点的に指導するユニークなやり方である。これはエマーソンが特に私に数年にわたって、日本に残していった教えである」と述べています。しかし、受託した仕事のすべてがうまくいったわけではありません。

東一郎の特色は、物事の合理的・効率的な思考習慣です。東一郎の三女荒木愛子は父の思い出をこう述べています。デューク大学のアンドルー・ゴードン教授が書かれた『荒木東一郎と日本の労務管理』という一篇がある。東一郎の業績を述べたものだがその中に「荒木は自らの家庭生活にも能率を中心にすえ、娘たちにはブラウスのボタンを下から上へかけるように絶えず注意していた。そうすることでかけ違いによるやり直しの回数が減るというのだ」とある。子供の頃は誰でも覚えがあるボタンのかけ違いさえうるさく注意する父親だった。時間の無駄、無駄な手数、無駄なおしゃべりなどは彼のもっとも嫌うところで、電話も長話をするとガチャンと切られてしまう。いかにノーリツよく生活をするかを私たちは毎日考えさせられたのである。[44]しかし、合理的でないことも行っています。戦時中、演壇上から「東条は国賊なり」と絶叫して拘置所に留置されたこと（昭和19年）。戦後、天皇こそは博愛にのみ生きてこられたとして、天皇制民主主義を主張したこと（昭和21年）。二人の女性を母屋と離れに住まわせたこと（妻妾同居）などです。

東一郎は『葉隠』を座右に武士の修養を説いて、その一節を折々にそらんじていました。儒学を尊び、弟子がさし出す色紙には『致知格物』と揮毫しました。[45]思えば、東一郎の思想を2階建ての家に例えると、2階はアメリカ式合理主義だが、1階は神儒仏の三教を融合した日本的な思考であったといえましょう。

3・4　森川覚三（もりかわかくぞう）

森川覚三（1896–1974）は京都の僧侶の三男として生まれました。京都帝国大学工学部機械工学科卒業後、三菱商事株式会社東京本社に入社。2年後、同社大連支店機械係主任となり、満州技術協会理事、撫順炭鉱採炭合理化委員、南満州鉄道株式会社運搬管理委員に就任しました。覚三は同支店の売上を3倍に伸ばした優秀なセールスマンでした。

覚三が1回目のドイツ三菱商事に転勤したのは昭和3（1928）年3月でした。その後、大連支店（機械課長）に戻り、再びドイツ三菱商事支配人として赴任したのは昭和13（1938）年5月のことです。ドイツで、ヒットラーの演説を聞いて興味をもった覚三は、ナチスを研究して昭和15年『ナチス独逸の解剖』（コロナ社）を出版しました。同著は文部省推薦図書となり、ベストセラーになりました。講演依頼も多く、覚三はドイツ通の売れっ子になりました。同年、三菱商事を退社。企画院勅任技師官叙高等官2等となり、内閣技術院の創設に参画しました。翌年（昭和16年7月）企画院第7部長に就任。昭和17年、社団法人日本能率協会理事長に就任しました。戦争中は軍需工場の生産能率に従事し、覚三が班長になって各地の工業診断をおこないました。日鉄釜石製鉄所の4割増産が評価されて、岸 信介商工大臣より感謝状が贈られました。また、豊川海軍工廠の25ミリの二連式高射機関砲の増産では目標の170％を達成しています。しかし、1945（昭和20）年8月、日本は敗戦しました。

日本能率協会は1942(昭和17)年3月に日本工業協会と日本能率連合会を発展的に解消して一つに統合した全国的産業能率団体です。役員は名誉会長岸 信介（商工大臣、戦後、内閣総理大臣）、会長伍堂卓雄（貴族院議員 陸軍主計中将）、副会長中山太一（貴族院議員）、同石川半三郎（陸軍主計中将）、理事長森川覚三、顧問賀屋興宣（大蔵大臣）、東条英樹（陸軍大臣）他でした。創立時の肩書きからわかるように戦争遂行のため政府主導によって設立された国家機関です。伍堂会長は次の運営方針を述べています。「1．日本的性格を具有する能率増進方策の創案完成に努むること。2．議論より実行を主とすること。3．総花主義を捨てて真の重点主義、並列主義を排して順位を重んずる従列主義にて進むこと」[46]。伍堂卓雄（1877-1956）は工学博士（東京帝国大学）であり、海軍技術将校（中将）の立場から工場現場を指導した能率技師です。[47]わが国はその頃、昭和16年12月、ハワイの真珠湾を奇襲して対米英戦争を開始していました。昭和17年5月頃まで、日本軍は東南アジア、西南太平洋一帯を占領して主導権をにぎっていましたが、同年6月ミッドウェイ沖の日本海軍機動隊を喪失してから連合軍の反撃を受けることになりました。覚三の秘書秋本トヨは「昭和16年12月8日、日米開戦の朝のことでした。この日の森川さんは出勤して開口一番『象のおしりに針一本さしたぐらいの成果を挙げて喜んでいたのではこれからどうなるのか』と慨嘆されました。」（傍点同著）と証言しています[48]。また、ナチスドイツについて講演したさい〝数は力なり〟で、かわいそうだがドイツは負けるだろうと私は思う、といったところ、これが憲兵隊の耳に入ってしまった。当時、日独伊三国は同盟を結んでいた仲だったので「けしからんことをいう」というので、東京へ帰ってきたとき外務省に呼び出されて、こっぴどく叱られ、また憲兵隊に呼び出されたこともあったということです[49]。覚三は日本能率協会の理事長に就任しました（昭和17年3月）。理事長就任にさいしてはドイツ通が大きく影響していました。

経営学者佐々木聡は、1920年代末から30年代初頭の日本では、金解禁と財政緊縮という背景のなかで産業合理化が緊急課題となっており、そのお手本として、アメリカよりもドイツの調査研究する方向に傾いていた。・・・政府主導で展開される科学的管理運動は、政府と財界の協力体制を基盤とした、ドイツ型の産業合理化運動の一翼を担う役割を期待されてスタートすることとなる[50]と述べています。覚三自身は、当時は上からの指名で人事をきめた時代であった、からと述べています。能率や合理化は手段であり、経営コンサルタントは手段から事業目的の実現をめざす職業です。覚三は手段に忠実に取り組み、誠意をもって実行した結果、国家の侵略主義、軍国主義に順応した生き方になりました。経営コンサルタントの陥穽です。

日本能率協会の設立にかかわった名誉会長岸 信介、会長伍堂卓雄らは戦後、戦犯として収監されましたが、覚三には戦争責任は及びませんでした。覚三はひきつづき理事長として日本能率協会の再生に取り組みましたが、日本能率協会は商工省（軍需省）からの補助金が打ち切られ、工場診断の対象であった軍需会社もなくなりました。覚三は能率協会の仕事は産業に直結しないと効果が上がらない。企業経営者と密着していなければならないと考えました。ただちに得意なセールス活動で、大会社の社長や重役に理事就任をお願いする運動を行い顧問先を増やしていきました。後年、覚三が取り組んだのは三つです。一つは、ＺＤ運動（ゼロ・ディフェクト：不良品や欠陥、ミス、事故などを徹底的にゼロにする運動）にみられる小集団活動です。二つは、ＭＩＣ計画、新ＭＩＣ計画です。ＭＩＣとは、Management of Indirect Cost の略語です。ミドルマネジメント（中堅幹部やホワイトカラー）の効率化です。三つはトップの経営哲学に関する精神修養の機会提供です。覚三は「トップマネジメント・フイロソフィ研究会」（ＴＭＰ）を創設しました。「一隅を照らす者、これ国宝なり」という言葉に感動したからだと述べています。こうした思いは幼少の頃から親しんだ仏教の教えにあります。「覚三」の名前の由来も、父親が経文の一節「自覚 覚他 覚行 円満」の三つの覚から取ったものであったということです。

3・5　経営コンサルタントの思想的遺産

本章では経営コンサルタントの立場から日本の代表的な経営コンサルタント10人の思想の変遷をふりかえってみました。経営コンサルタントの仕事は生産性と共同行為に関して、相談を受けたり助言したり、必要に応じて経営者の権限の一部を代行して経営改革を行う人です。別言します。そもそもコンサルティングは手段であり、手段から問題解決をめざす思考と技法を体得した人が経営コンサルタントです。それゆえ職業としての経営コンサルタントは技法習得が目標となり、何のため（目的）の手段であるのかを忘れてしまいがちです。

経営コンサルタントの思想史を約言すると、時代劇のセリフ「越後屋、お主も悪よのう」にイメージされる拝金主義と、それに対する道徳主義との戦いの歴史であったといえます。

経営コンサルタントの多数を占めたのは農民一揆を誘発した松波勘十郎型や長者教の助言者でした。しかし泡沫（うたかた）のように消えてしまいました。今日に伝わる経営コンサルタントは実学の本流、江戸時代の封建制下の経営コンサルタントでいえば、鈴木正三、中江藤樹、石田梅巖、細井平洲、海保青陵、二宮金次郎、大原幽学らです。これは井上円了のいう道徳的活動主義です。幕府の経綸は儒教、仏教でしたが、明治維新以後の経綸は、天皇制にもとづく中央集権国家体制下の経営コンサルタント活動へと変わり、実証科学主義（科学的管理法）のコンサルティングが主流になりました。そうしたなか近代の道徳的活動主義を、上野陽一に見ることができます。

上野は、人の道が能率であることを主張し、能率5道を提唱しました。上野が哲学館（通信制）講義録を読んで上京したことはすでに述べました。１９１５（大正４）年、上野（31歳）は和田山の哲学堂を見学しました。その時の様子を自叙伝編者は「この哲学堂は、井上円了先生が建設したもので、先生は現在の東洋大学の前身たる哲学館の創立者です。かれは少年のころ、その哲学館の講義録で学んだことがあるので、ことに興味が深かったらしい。[51]」と記しています。

経営コンサルタント個人の経験的思想・哲学を整理します。鈴木正三、上野陽一、森川覚三らは仏教を基礎としました。中江藤樹、石田梅巖、細井平洲、海保青陵、二宮金次郎、大原幽学、荒木東一郎らは儒学を基礎としました。

仏教は釈尊の最初の説法（初転法輪）を原点としそこで説かれた中道（八正道）を基本とします。儒学は孔子が儒を体系化したものを原点とし、論語の「子曰わく、中庸の徳たる、それ至れるかな」という中庸を基本とします。中道・中庸の思想がわが国に紹介されると神仏習合、本地垂迹思想となりました。経営の基本「入る量りて以て出すを為す」も中道・中庸の思想です。わが国らしい経営思想とは東洋の合理的思考「中」の概念です。ただし名称は仮称ですから「中」の概念は、矛盾、相含、両義性、統合、調和などと解釈されますし、上野陽一は、ムダ・ムリ・ムラと表現しました。近江商人の〈三方よし〉や、物心一如、物心両面、社員とお客様の幸せなど利己利他の精神としても解釈されています。

また、米国の哲学者ウイリアム・ジェイムズ（1842–1910）は「私はこの哲学（プラグマチズムのこと、引用者注）こそ諸君の要求せられる調停的な思考法です。[52]」と述べています。調停的思考法も「中」

の表現であり、米国民主主義の基礎理論です。この考え方は、経営にも底流しています。テイラーの科学的管理がそうであり、交渉学でいうWin-Win（ウィン ウィン）もそうです。そのうえでジェイムズは、チェスタトンの次の言葉を紹介しています（ルビ同著）。

> 下宿屋（げしゅくや）の女将（おかみ）が下宿人の品定め（しなさだめ）をする場合、下宿人の収入を知ることは重要なことではあるが、それにもまして重要なのは彼の哲学を知ることである。まさに敵と矛（ほこ）を交え（まじえ）ようとする将軍にとって、敵の勢力を知ることは重要ではあるが、しかし敵の哲学を知ることの方がよりいっそう重大なことである。[53]

事業活動では、戦略や組織・執行管理、ＡＩ（人工知能）などの方法論の根本にあって方法論を左右する経営指揮者の哲学が事業の要です。今日、議論されている民主主義、専制主義といっても制度設計の基礎は、生産性と共同行為です。そして制度の基盤は道徳的意思です。生産性の発展は共同行為の意識を変え、共同行為の意識は生産性を変えるからです。脚下照顧。石田梅巖、二宮金次郎（富田高慶、斎藤高行）、大原幽学、井上円了らの実学の本流が、経営コンサルタントの思想的遺産です。それゆえ、道徳的意思を優先する経営コンサルタントは尊敬される職業です。

〔注〕

（1）山本安次郎『日本経営学五十年』東洋経済新報社、昭和52年6・10頁。

（2）竹内照夫著『礼記（上）』新釈漢文体系27 明治書院、昭和46年、198頁。

（3）山田済斎編『西郷南州遺訓』岩波文庫、1983年、10頁。

（4）松好貞夫『天保の義民』岩波新書、2013年。

（5）「山鹿類語」『山鹿素行 日本の名著12』中央公論社、1998年、225-226頁。

（6）林 基『捜索松波勘十郎（下）「捜索の中締め」』平凡社、2007年。

（7）「驢鞍橋」、鈴木鉄心校訂・編『鈴木正三道人全集』山喜房仏書林、昭和37年、274頁。

（8）曾祖父藤木寅松は、柴田重左エ門・リオの二男として安政元（1854）年に生まれました。井上円了の5歳上です。熊本県山鹿市の藤木家の養子となり、西南戦争では熊本城に籠城しました。その後、三味線弾きとして旅芸人の一座にくわわり、宮崎で落ち着いたそうです。生母の姉（養母）は、よく山本周五郎の小説『虚空遍歴』を読むと、おじいちゃんを思い出すと話していました。わたしは今、わたしが東京で生きていること、これから死んでいくこと、同時に、どこかで新しい生命が生まれることの不思議を感じています。

（9）中村 元／春日屋伸昌編訳『日本思想史』東方出版、1997年、19・206・207頁。

（10）鈴木鉄心校訂・編『前掲』70頁。

（11）日本の名著11『中江藤樹 熊沢藩山』「翁問答」中央公論社、1997年、96頁。

（12）日本の名著11『前掲』64頁。

（13）『中江藤樹入門』近江聖人中江藤樹記念館、2006年、63頁。

（14）ロバート・N・ベラー 池田昭訳『徳川時代の宗教』、岩波文庫、1996年、28頁参照。ベラー教授は日本の宗教に共通している、いわゆる日本宗教を研究しました。神道は「人は八百万の神々を崇拝し、神々は森羅万象のうちにひそみ、人間のあらゆる営みを見守る。」、仏教は「仏性はあらゆる存在、人間、動物、山、川、瓦のかけらから道の塵にさえ存在する。」、儒教は「天地が人類の秩序と同じ秩序をもつと認められている。」と述べ、日本宗教を「慈愛の存在に対する感謝と存在の根拠との合一」と述べています。つまり、神・儒・仏の三教を融合したものが日本宗教です。梅岩の日常生活は日本宗教を具現化したものでした。

(15) 日本の名著18『富永仲基・石田梅岩』中央公論社、昭和59年、226・231・236頁。
(16) 石川 謙『石田梅岩と「都鄙問答」』岩波書店、1993年、82頁。
(17) 竹中靖一『石田心学の経済思想(増補版)』ミネルヴァ書房、1998年、337・340頁。
(18) 今井 淳『近世日本庶民社会の倫理思想』理想社、昭和50年、116-117頁。
(19) 心学参前舎編集『心学が拓く二十一世紀の日本』心学参前舎、平成13年、33・86頁。
(20) 公共哲学共働研究所長 金泰昌は「徳川期の日本では心学―『石門心学』と呼ばれました―であり、18世紀のスコットランドではモラル・フイロソフイであったと言えるでしょう。ちなみに『モラル』ということばは『心の』・『精神の』・『徳義の』という意味で常用されますから、『モラル・フイロソフイ』を『心学』と理解してもまったく的外れなことではないような気がするのですが、どうでしょうか。」と述べています(『公共する人間2 石田梅岩 公共商道の志を実践した町人教育者』東京大学出版会、2011年、26頁)。
また、哲学・倫理学研究者佐々木純枝はモラル・フィロソフィ(moral philosophy)について、「人間および人間精神、あるいは人間的・精神的価値にかかわることがらを包括する一般的な概念である。」(『モラル・フィロソフィの系譜学』勁草書房、1993年、3頁)と述べています。
(21) 鬼頭有一『細井平州・(附)中西淡淵』、明徳出版社、昭和52年、序。
(22) 『東海市民の誇り細井平州』東海市教育委員会、平成18年改訂。
(23) 渡邊五郎三郎訳編『細井平州将の人間学』致知出版、平成19年。
(24) 日本の名著23『山片蟠桃 海保青陵』「天王談」中央公論社、273頁。
(25) 「稽古談」『前掲』346-347頁。
(26) 二宮康祐『二宮金次郎正伝』モラロジー研究所、平成22年、29頁。
(27) 佐々井典比呂訳注『報徳外記』一円融合会、平成元年、139頁。
(28) 福住正兄筆記『二宮翁夜話』岩波文庫、1984年、19頁。
(29) 日本思想体系『二宮尊徳・大原幽學』岩波書店、1981年、426頁。
(30) 富田高慶述『報徳記』岩波文庫、2011年、217頁。
(31) 千葉縣内務部編纂『大原幽學復刻版』菅谷印刷、昭和63年、232頁。

(32) 中井信彦『二宮尊徳・大原幽學』岩波書店、1981年、475頁。

(33) 内橋克人『共生の大地 新しい経済がはじまる』岩波新書、1995年、4頁

また、P・F・ドラッカーは『非営利組織の経営』の日本語への序文で「彼らは、報酬を払われることはない。しかし、彼らは一般に、自らの時間の多くを自らが選択した非営利機関のために働くことに使っている。まさに、非営利機関は、アメリカにおいて最大の『雇用者』になっているのである。」(上田惇生＋田代正美訳、ダイヤモンド社、1991年)。「つねに『ここでは、自分が何をしているかがわかる。ここでは、私は貢献している。ここでは、私はコミュニティの一員である』という同じ答えを得る。非営利機関こそ、アメリカのコミュニティである。非営利機関は、個々の人間に対して、ますます成果をあげ、業績をあげる能力を与えている。ボランティアの人たちは、給与による満足を得ないがゆえに、まさに、自らの貢献からより多くの満足を得なければならない。」(同 序文)。

(34) 細井和喜蔵『女工哀史』岩波文庫、1993年、60頁。

(35)『婦人工場監督官の記録(上) 谷野せつ論文集』ドメス出版、1985年、12頁。

(36) 佐々木聡『科学的管理法の日本的展開』有斐閣、1998年、3頁。

(37) 上野陽一『新能率生活』光文社、昭和20年、59頁。

(38) 上野陽一『能率学原論―改訂版―』技報堂、昭和31年、1・162頁。

(39)『上野陽一選集. 3. 仏教』産業能率短期大学、1959年。

(40) 斎藤毅憲『上野陽一と経営学のパイオニア』産業能率大学、昭和61年、54・58頁。

(41) 上野陽一『能率概論』同文館、昭和18年。

(42) 上野陽一『能率道講話』技報堂、昭和31年。

(43) 荒木東一郎『能率一代記』日本能率協会、昭和46年、2頁。

(44) 荒木愛子編『ネバーギブアップ』四海書房、平成3年、250頁。

(45) 猪飼聖紀『合理の熱気球』四海書房、1991年、358頁。

(46) 日本能率協会編『森川覺三の世界一経営能率に賭けたその生涯』社団法人日本能率協会、92頁。

(47) 詳しくは、裴 富吉『伍堂卓雄海軍造兵中将―日本産業能率史における軍人能率指導者の経営思想―』三恵社、2007年。

(48) 日本能率協会編『前掲』81頁。

（49）森川覚三『日本的能率への道』社団法人日本能率協会、昭和44年、161頁。
（50）森川覚三『前掲』167－168頁。
（51）『上野陽一伝』産業能率短期大学、昭和42年、77頁。
（52）ウィリアム・ジェイムズ 桝田啓三郎訳『プラグマティズム』岩波文庫、1994年、36頁。
（53）ウィリアム・ジェイムズ 桝田啓三郎訳『前掲』9頁。

第3章　日本の経営者——実学の系譜

1. 近代日本の実業思想

1・1 実近代の実業家

本章のねらいは、近代経営の基礎を築いた経営者の中から3人の代表的な経営者の思想を紹介したうえで日本的経営の考え方を探ることです。

明治政府は、天皇を頂点とする中央集権的な統一国家の建設をめざしました。廃藩置県、地租改正がおこなわれて官僚主導による近代化が推進されました。政府のビジョンは富国・強兵です。強兵の基礎は富国であり、富国は産業の発展です。岩倉使節団に同行（明治4年から明治6年）した殖産興業政策のトップ大久保利通は明治7年の勧業建白書において「大凡國の強弱は人民の貧富に由り、人民の貧富は物産の多寡に係る」[1]と述べました。

わが国の産業化は欧米の産業革命に比し、短期間でかつ官尊民卑の思想のもとで行われました。政府が陣頭に立って鉱山業、工業、農業、交通通信などの官営模範工場を設立し、上からの殖産産業政策を推し進めました。明治13年頃以後になると、多くの官営工場を民間に払い下げる民営産業保護政策が行われ、欧米の科学技術・近代産業の実用・実地の技術が重視されました。明治27年、文部大臣井上毅のもと実業教育を推進する「実業教育国庫補助法」が公布（6月）されました。同法第一条は「実業教育ヲ奨励スル為ニ国庫ハ毎年度金十五万円ヲ支出シテ其ノ費用ヲ補助スヘシ」と財政面から実業振興策を促進するものでした。「実業学校令」は明治32年2月に公布されました。実業学校とは「工業農業商業等ノ実業ニ従事スル者ニ須要ナル教育ヲ為ス」ことを目的とする学校です。こうして、わが国では日本的といわれる独自な上からの近代化思想が形成されていきました。

封建制社会から資本制社会へ、社会的流動性の高まりのなかで、新しい産業をになう実業家が続々と育まれました。明治20年から30年代には、坪谷善四郎『実業家百傑伝』（全6冊、東京堂書店、明治25～26年）、広田三郎『実業人傑伝』（東京堂書店、明治28年）、活動野史『実業家偉人伝』（四書房、明治34年）等々、実業家の評伝が盛んに刊行されました。

わが国の資本制経済は、大規模事業の実業家らによって発展しました。同時に、近代国家の発展を支える事業経営者の思想的自覚の向上過程でもありました。わが国の資本制社会の精神的バックボーンを知るには、近代実業家（経営者）の哲学を知らなければなりません。ただし哲学といっても、知識があるだけで何の役にも立たない学問のこと（記問之学）ではありません。経営は実践・実用のための実学です。実業家（経営者）の哲学は現実的な事業活動に立つものでなければなりません。問題は、役に立つとはどういうことかです。考えてみましょう。

まず、実業と実学は表裏一体です。実学の「実」は、「虚」に対するものと、「理」に対するものがあります。「虚」に対する実とは「倫理」のことです。「倫理」の実学とは朱子学のいう実学のことです。他方、「理」に対する実とは「物理」のことです。「物理」の実学とは実証科学としての実学のことです。実証科学としての実学を啓蒙したひとりが、福沢諭吉です。福沢諭吉が慶応門下生に対して「成学即身実業の説、学生諸氏に告ぐ」（明治19年2月）と述べて民間事業への進出を奨励したことはよく知られています。実学と実業は「実学即実業」として社会の主流となりました。そして、実学思想は明治という時代をとおして、主流と本流という今日に至る2つの流れを創りました。重要なので検討してみましょう。

1・2　実学の位相

日本一の山、富士山は一つです。しかし、富士山を静岡県側から眺めるのと、山梨県側から眺めるのとでは、その風景は違って映ります。同じように、実学という言葉も「倫理」の視点から考えるのと、「実証科学」の視点から考えるのでは位相が異なります。はじめに「倫理」の視点からの実学について考えてみましょう。

日本思想史研究者源 了圓（1920–2020）は『実学思想の系譜』のなかで実学という概念は程伊川（1033–1107）あるいは朱子（1130–1200）によってはじめてつくられ、その後、李王朝時代の朝鮮でも、とりわけ近世日本でしばしば使われる用語になった[2]と述べています。程明道・程伊川兄弟（二程子）より朱子に連なる学統を集約したのが朱子学です。朱子（1130–1200）の諱（いみな）は熹（き）、字（あざな）は仲晦（ちゅうかい）。朱子は敬称です。朱子学をひと言でいえば精神修養を基礎とした理論的・実践的な学の体系です。朱子の『中庸』朱熹章句には実学について、こう書かれています（ルビ同著）。

　その書始（しょはじ）めは一理（いちり）を言（い）い、中（なか）は散（さん）じて万事（ばんじ）と為（な）し、末（すえ）は復合（またがっ）して一理（いちり）と為（な）す。これを放（はな）てば則（すなわ）ち六合に弥り、これを巻けば則ち密に退蔵す。その味わい窮まりなし。皆実学なり[3]。

訳注者宇野哲人は「皆実学なり」のところを「その味わいは無窮無限ですが、みな実際の学問にして少しも架空の議論がない。」(同48頁)と通解しています。つまり、実学は実際の学問のことです。そしてそれが実利・実用的な学問と区別されるのは、虚学・偽学を意識し対立したからだといいます。では、実学と虚学・偽学を区別する基準とは何でしょうか。源 了圓の『実学思想の系譜』からさらに引用します。

何を「実」と考えるかは、その人によって、その社会によって、その時代によって、さらにそれぞれの文化によって異なります(同22頁)。

実学はほんらい論争的な概念であり、純粋な知的要求から出たものではなく、行為の遂行という問題をめぐって成立しました(同331頁)。

歴史的用例を見ると、人間的真実追究の学問、道徳的実践の学問、政治的実践を旨とする学問、経世済民の学問、民生の役に立つ利用厚生の学問、等々、多種多様な意味が含まれています(同331頁)。

すでに第2章で江戸時代の代表的な経営コンサルタントを紹介しましたが、彼らの思想はいずれも庶民生活の日常的な実用に関する学であり、徳に至る道の学でした。またそれは虚学・偽学と対立した実学でした。さらにくわえると明治政府のグランドデザインを描いた、横井小楠も道徳の実学を提唱した国家経営のコンサルタントです。手みぢかに紹介しましょう。

横井小楠（1809–1869）は熊本の人。実学党を率いました。明治維新という激動期にあって徳川幕府政事総裁職松平慶永（福井藩）と新政権（参与）の2つの政権の政策づくりに携わった希有な人物です。明治2年1月5日、退朝の途上、浪士の兇刃にたおれました。同時代を生きた勝海舟に、おれは、今まで天下で恐ろしいものを二人見た。それは横井小楠と西郷南洲だと言わしめ、海舟は小楠に対し常に先生の敬称をもって接したということです。

小楠はまず王陽明を調べてみてこれはいけないと看破り、朱子学こそが聖人の道だと確信しました[4]。小楠の政治構想は問答集「国是三論」で示されています。富国・強兵・士道の3つです。富国とは交易によって積極的に民を富ませることです。強兵とは航海が開けた現在、世界を相手に戦争する場合に備えて海軍を強くすることです。士道とは人君は慈愛恭倹・公明正大の心をもち至誠をもって家臣を率い、人民を治めなければならないことです。そうして、小楠の政治構想の先見性は、わが国は強国に為るのではなく、世界第一等の仁義の国になること、世界の世話やきに為らんと唱えて世界における日本の役割を示したことです。

小楠の富国・強兵をスローガンにした近代化政策は急速に進められました。しかし、小楠の士道（モラル・フイロソフイ）に基づく、自主・独立・平和的な国づくりの理想は新政府から忘れられていきました。

1・3　実学解釈の転換

辞書によると、実学とは「①空理・空論でない、実践の学。実利の学。②実際に役立つ学問。応用を旨とする科学。法律学、医学・経済学・工学の類」（広辞苑）のことです。ひと言でいえば実証科学的な学問です。わが国に実証科学的な学問を移植したのは洋学者たちでした。江戸幕府の外交は鎖国政策といわれますが、医学・本草学・天文学などの西洋の知識（洋学）は輸入されていました。日本最初の本格的な翻訳書は１７７４（安永３）年の、杉田玄白、前野良沢らによる『解体新書』です。享保年間の蘭学の禁が弛められると、洋学は医学だけでなく、兵学から世界情勢にまで広がりました。当時の知識人の教養は朱子学でした。しかし、アヘン戦争（1840–1842）に衝撃をうけた知識人は積極的に西洋知識の吸収に取り組みました。そうしてつくられた概念が和魂洋才の思想です。和魂洋才とは道徳においては儒学、科学においては西洋の実証科学という考え方です。和魂洋才の思想家佐久間象山（1811–1864）のもとで、勝海舟、吉田松陰、小林虎三郎、河井継之助、坂本竜馬らが学びました。彼らは儒学を基礎とし近代西洋の科学技術を受容していきましたが、やがて科学技術から社会政治理論・思想へと拡大していきました。１８６２（文久２）年、幕府の留学生として、西周、津田真道、榎本武揚らはオランダへ留学しました。留学生を代表して西周を紹介しましょう。

西周（にしあまね）（1829–1897）は津和野藩出身。御典医の家柄でしたが、一代還俗を命ぜられて朱子学・儒学に専念しました。藩医野村春岱にオランダ語を学び、洋学を学ぶため脱藩しました。江戸にて中濱萬次郎に英語を学び、津田真道らとともに蕃所調所教授手傳並となりました。オランダに留学して、フィセリング教授から法学・経済学を学びました。帰国後は幕府直参に取り立てられ開成所教授職となり、フィセリング述の『萬国公法』を翻訳しました。明治維新後は新政府の兵部省に出仕しました。大学の学制取調御用掛を兼務。勲一等瑞寶章授与。男爵です。西　周は次のように述べています[5]。

『論語』などに尋常説話の心得書のようの言を孔子の学と取り違え、さて『大学』の八条目を付会して、身脩まれば天下は平らかになる、その身の脩まるもとは正心・誠意など心得、はては居敬とか何とか理屈をつけて、静座の工夫などといって座禅でもせねばならぬことに思ったは大きな間違いではござるまいか。

知行合一とか良知良能とか、もっぱら心を師とするの説がまあどうして治国平天下の用になるでござろうか。

総べ論ずる学術をとりわけ物理の参考に備えねばならぬことでござる。すべてかようなことを参考して心理に徹し、天道・人道を論明して、かねて教の方法を立つるをヒロソヒー、訳して哲学と名づけ、西洋にても古くより論のあることでござる。

幕府留学生らによって実証科学的な実学が主張され、和魂洋才思想はあっさり乗り越えられていきました。近代化の啓蒙を担い先駆者となった人々は、明治7年2月に結成された日本最初の学会「明六社」に参集しました。参加メンバーは政治家森 有礼の呼びかけに応じた、箕作秋坪、西村茂樹、杉亨二、西　周、津田真道、中村正直、福沢諭吉、加藤弘之、箕作麟祥らでした。なかでも福沢諭吉の『学問のすゝめ』と中村正直が翻訳した、サミュエル・スマルズの『西国立志篇』はベストセラーになりました。

福沢諭吉（1835–1901）は『福翁百話』[6]で「我輩が多年唱ふる所は実学一編にして古風なる漢学に非ず」（三十三）、「我輩は西洋文明の学問を脩め、之を折衷して漢学説に附會せんとする者に非ず、古来の学説を根底より転覆して更らに文明学の門を開かんと欲する者なり。」（三十四、ルビ引用者）と述べました。実学の実行が実業という「実学即実業」思想は、封建思想の賤商意識を克服するイデオロギーとして実業家に大きな影響を与えました。そして封建制度は親の敵で御座ると述べた、福沢は「拝金宗の本尊」、慶應義塾は「拝金宗の本山」と喧伝されました。

なお、経済学者小泉信三（1888–1966）は、福沢諭吉の人柄について「彼はその豊かな文筆収入によって富有の身となるに至っても、少しも服装や家具家屋を飾るような趣味を持たず、老いてもなお日々朝食前に塾生の青少年と共に数マイルの路を徒歩し、午前3、4時間、午後2時間『勉強』し、手ずから米を搗き、居合を抜く等、無雑作な老書生の面目を改めなかった。[7]」という高潔な人でした。また、丸山眞男も「福沢がいわゆる盲目的な欧化主義者といかに遠いかということは近年比較的に広く認識されて来た」[8]と述べています。

ともあれ、明治維新によって江戸時代の主流であった実学の解釈が転換しました。すなわち実証科学的な方法論を中心とした学問が実学・実業思想の主流となり、朱子学の精神修養を基礎にした流れは否定されて沈みました。しかし、精神修養を基礎とする実学の流れは、わが国の思想の底流となってつづきます。筆者は主流に対し、本流と称します。

2．日本の経営者哲学

2・1　はじめに

近・現代の経営者哲学を通して、わが国の企業家精神を知ることができます。次は、明治維新後の代表的な実業家（経営者）と評される人物を筆者が、ほぼ年代順に並べたものです。

三野村利左エ門、三井八郎右衛門（8代目）、高島嘉右衛門、岩崎弥太郎、五代友厚、安田善次郎、渋沢栄一、浅野總一郎、益田孝、中上川彦次郎、御木本隆三、日比翁助、豊田佐吉、武藤山治、池田成彬、藤原銀治郎、相馬愛蔵、三輪　善兵衛（2代目）、小林一三、杉山金太郎、松永安左衛門、五島慶太、原　安次郎、出光佐三、石坂泰三、石田退三、石橋正二郎、堤　康次郎、遠山元一、早川徳次、山本為三郎、松下幸之助、諸井貫一、市村清、本田宗一郎、井深　大、等です。

本章では代表的な経営者（実業家）のなかから、渋沢栄一、武藤山治、松下幸之助の3人の経営者哲学をとりあげます。渋沢栄一は近代資本主義の父とも称されています。NHK大河ドラマ2021年「青天を衝け」の主人公としてとりあげられましたが、『論語と算盤』に代表される儒学思想は筆者のいう実学の本流の系譜です。たいして実学の主流の系譜として、福沢諭吉の門下生武藤山治をとりあげます。松下幸之助は日本の伝統的思想を基礎にした経営者の代表としてとりあげます。では、近代日本の経営者哲学の潮流を代表する3人の経営者をスケッチ風に紹介しましょう。

2・2　渋沢栄一

渋沢栄一（1840–1931、以下、栄一という。）は、現在の埼玉県深谷市血洗島の豪農・名主見習渋沢家の長男として生まれました。福沢諭吉の六歳下です。家業を手伝いながら読書したということです。当時、知識人の教養は儒学であり、栄一の人格も儒学によって形成されました。14歳頃、藍玉の品質管理・仕入れで商才を発揮したといいます。江戸遊学の折「尊王攘夷」思想の影響を受け高崎城乗っ取りを企てましたが、計画を思いとどまりました。栄一は京都へ向かい、そこで江戸遊学時の知人の推挙によって、一橋慶喜に仕えることになりました。慶喜が15代将軍になり、栄一も幕臣となりました。栄一27歳の時、慶喜の実弟徳川昭武に随行して、パリ万国博覧会を視察し約2年間、欧州諸国の実情を見聞してヨーロッパ的自由民権思想や銀行、合本会社（株式会社）などの経済的な制度・機構を学びました。帰国後、静岡で謹慎中の慶喜と会い、商法会所を設立して静岡藩の財政に貢献しようとしましたが、その意に反して明治政府に招かれ大蔵省に入省しました。諸省の過大な経費要求に対して「量入為出」の原則確立のために戦ったといいます。明治5年に制定された国立銀行条例に於いて始めて株式会社制度が移植されました。栄一はこの条例制定を推進した一人でした。1873（明治6）年大蔵省退官。明治8年商法講習所を設立しました。以後、第一国立銀行総監役（のち頭取）に就任。栄一は第一国立銀行を拠点として株式会社による企業の創設・育成をおこない約500の企業に関わりました。主なものは、日本興業銀行、東京海上火災保険、東京ガス、東洋紡績、清水建設、王子製紙、秩父セメント、新日本製鉄、キリン・アサヒ・サッポロビール、帝国ホテルなど。また、社会公共事業・教育関係では約600の事業、たとえば東京都養育院、結核予防会、盲人福祉協会、聖路加国際病院ほか、一橋大学、日本女子大学、東京女学館などを支援し、民間外交にも尽力しました。栄一は飛鳥山邸西洋館で91歳の生涯を終えました。

日本経済史研究家土屋喬雄（1896–1988）は「彼は物質的発展には一応満足したが、精神的・道義的未発達あるいは頽廃には・・・不満や憂慮の念をもちつづけた。この不満や憂慮の中に渋沢の日本近代資本主義の最高指導者としてのあり方の特徴が存ずる。[9]」と述べています。

栄一の事業の中心は、合本会社（株式会社）と銀行事業でした。株式会社制度について、栄一が大蔵省改正掛主任のときに著述した『立会略則』を『雨夜譚―渋沢栄一自伝―』の解説から要約して紹介しましょう。解説は経済学者長 幸男（1924–2007）です。

『立会中略則』の内容は、通商会社と為替会社の二部にわかれ、前者は株式会社の組織について、後者は銀行の組織と業務について説明している。『立会略則』の特質については3つに要約している。第一は、会社組織が「私権」に属することの強調である。第二は、『立会略則』の「方法」に述べられている各事項が、近代的株式会社の組織原則を簡略に解説した点である。第三は、公益または国益の強調である、として自伝の次の一文を引用しています（ルビ傍点同著）。

商社は合同一和する者の、倶（とも）に利益を謀り生計を営むものなれども、又能く物資の流通を助く、故に社を結ぶ人、全国の公益に心を用ゐん事を要とす。・・・日本全国の公益を謀るこそ商の主本要義にかなふと云うべし・・・能く力を合せ心を一にし、苟めにも私欲に迷い不法を働らき、外国人の屈辱を受る時は誠に一人一社の恥のみにあらざるべし。[10]

経済史・経営史研究者宮本又郎は、合本組織とりわけ株式会社制度は、渋沢栄一が渡欧生活において学んだ最も重要な成果であり、彼にとってそれは日本経済近代化のために必須、不可欠の制度でありました。明治維新以降、この考えは栄一にとどまらず、当時の識者や明治政府によっても共有されることになったと述べています。[11]

株式会社制度は日本経済の近代化のためには必要な制度でした。しかし日本の産業化は上からの指導のもとで行われていました。そのため官尊民卑の弊習がつづき、商・工業の起業でも役人に頼ろうという気持ちがありました。栄一のもうひとつの課題が官尊民卑の打破と商業の近代化教育でした。栄一はこう決意を表しています。

ややもすると政府にすがる。人に頼ろうとする観念がないとは言えぬと思われるが、これこそ今日の実業界における大患だと考える。・・・はたしてしからば実業家は各自にこの病根を除去するの覚悟を持たねばならぬが、この覚悟を強くするにはいかなる手段によるべきか。余はただちに答えて、商業道徳の進歩を計るにありというを憚らぬのである。[12]

では、商業道徳とはいかなるものか。さらに栄一の考えを聞いてみよう。

利益に関しては道理を勘定に置かぬとか、利益のまえには道理は度外視しなければならぬとかいう一般社会の風儀は、どこまでも間違ったものである。・・・利益を棄てた道徳は真正の道徳でなく、また完全な富、正当な殖益にはかならず道徳が伴わなければならぬはずのものである（同153頁）。ゆえに余は思う。およそ商業道徳というものは、事業を完全に拡張し、道理正しい富をますます増進させてゆくところに伴うものである。この意味よりみれば、道徳は事業とともにどこまでも向上するものでなければならぬ（同154頁）。

栄一は古希を迎えてから「道徳経済合一説」を唱えたといわれます。道徳経済合一説とは、道徳と生産は元来ともに進むべきものという意味です。しかし、その解釈を道徳と経済をバランスさせることであると早合点してはいけません。栄一は「論語と算盤とは甚だ遠くして甚だ近いもの」といい「実業界がなるべく力を張るように希望する。これはすなわち物を増殖する努めである、これが完全でなければ国の富は成さぬ、その富を成す根源は何かといえば、仁義道徳、正しい道理の富でなければ、その富は完全に永続することができぬ、ここにおいて論語と算盤という懸け離れたものを一致せしめる事が、今日の緊要の努と自分は考えているのである。[(13)]」と述べています。つまり、道徳と経済は一方がなければ他方が成り立たない、一体両面・二者相含の関係、すなわち同一物の両面（両義性）として理解しなければなりません。

実業という言葉を作ったのは栄一です。実業家は刀を算盤にかえた武士、すなわち武士道即実業道が実業家の職業倫理であり、実業を支える新しい精神でした。栄一は実業という言葉をとおして賤商意識を除去し、企業家の鼓舞、農商工の社会的地位の向上を意図しました。[14] ただしそれは前近代的な封建思想を存続させるものであったことも忘れてはなりません。そのことは渋沢家の家法にみることができます。ノンフィクション作家佐野眞一は家法の冒頭をこう紹介しています（ルビ同書）。

「余ハ余か子孫ノ協和ト其家業ノ鞏固（キョウコ）トヲ永遠ニ保維センコトヲ冀（キ）トシ、茲ニ家法八十七箇條ヲ定メ明治二十四年七月一日ヨリ之ヲ実施ス　現在及将来ノ余カ子孫タル者ハ謹テ之ヲ遵守シ敢テ違フコトすコト勿レ」[15]と家制度の温存をはかっています。

また、佐野は後妻の兼子が晩年よくいったという次の言葉も紹介しています。「大人も『論語』とはうまいものを見つけなさったよ。あれが『聖書』だったら、てんで守れっこないものね。」『論語』には性道徳に関する訓言がほとんどない。だから「明眸皓歯に関することを除いては、俯仰天地に恥じない」などと堂々と言えたのであって、性道徳に厳しい『聖書』だったら身が保たなかっただろう、という。妻でこそいえる皮肉だった。[16] 栄一は妻妾同居の生活をおくっていました。歴史学者家永三郎（1913-2002）は、ある人物の評伝のなかでこう述べています。

われわれは道學先生の見をもって公人の私行をみだりに非難するものではないが、異性との交渉は必ずしも單なる私行にとどまらず、人倫の大義にかかわる社會倫理的意味をもつ行為です。その人を全人間的にとらえようとするときには、簡單に除外してしまうわけにはいかない。[17]

ともあれ、栄一の実業精神は、武士道に基づく責任倫理・道徳としての実学の本流に位置づけられるものでしょう。米国の経営学者P・F・ドラッカーは、こう述べています。

「経営の『社会的責任』について論じた歴史的人物の中で、かの偉大な明治を築いた偉大な人物の一人である渋沢栄一の右に出るものを知らない。」「結局、渋沢栄一がかつて喝破した『経営者本質は〝責任〟にほかならない』という主題につきるといえる。[18]」

渋沢栄一の経営者哲学は決して古くなってはいません。わたしたちは改めて、経営における実学の本流の重要性を自覚しなければならないといえましょう。

2・3　武藤山治

実学・実業思想の主流を推進した福沢諭吉の教育は、新時代に活躍する実業家の養成にありましたので、実業界で活躍した門下生は多い。本節では「いわば武藤は、恩師福沢の遺訓である自由主義の「実学」化を身をもって実践した先駆的産業資本家であった。」(傍点同著)[19]と評される武藤山治を紹介します。

武藤山治（1867–1934、以下、山治という。）は、現在の岐阜県海津市平田町蛇池の庄屋佐久間国三郎、母たねの長男として生まれました。父は『論語』から「山治」と名付け、幼少期は儒学を学びました。父から勧められた『西洋事情』を読んで福沢諭吉を崇拝するようになりました。明治13年、慶應義塾幼稚舎に入学。明治17年、慶應義塾卒業、翌年、米国パシフィック大学へ留学（19歳）しました。滞米中、見習職工・皿洗い、庭師・日雇いなどを体験しました。帰国後、武藤松右衛門の養子になり、武藤姓となりました。広告代理店の経営等を経て、福沢諭吉の甥、中上川彦次郎に引き抜かれて三井銀行に入行（明治27年）。翌年、三井銀行支配下の鐘淵紡績株式会社へ入社しました。山治は鐘紡兵庫工場の建設を担当しました。仕事ぶりは、初め4－5年は、1年365日一日も休まず働き通しました。元旦でも事務所へ出た位でした、というものでした。明治30年代、好機と不況を交錯させながら、わが国の資本制経済は急速に発展しました。鐘淵も大きく成長しました。山治は経営手腕を発揮し、支配人となって鐘紡王国をつくりあげました。鐘紡社長辞任後は、実業同志会をひきいて政界で活躍しました。時事新報社長（昭和7年）となり政界革新を主張しましたが、暴漢に狙撃され死去（68歳）しました。夜の時間は家庭にあって研究と静養に費やすことを常としたといわれる武藤山治は鐘紡をとおして産業界の発展に尽くしました。

武藤山治の経営思想は、ベストセラーとなった代表的著書『実業読本』（(1925年）で知ることができます。経済学者長　幸男（1924–2007）は『実業読本』について、次のように解説しています。

旧社会の価値体系たる儒教または武士道（その機能は旧社会にもっていたものと変わったのだが）

をもって実業の思想の内容とした。・・・しかし、武藤にあっては、実業の精神こそ武士道にかわって国民的精神の背骨をなすべきものなのである。実業が既成の国民的倫理基準に合うものとされるのではなく、実業をいとなむ精神こそが国民的倫理基準を形成すべきものなのである。これは日本における市民宣言である。[20]

では少し長くなりますが『実業読本』の内容をみてみましょう。まず目次をみます。序、1実業という言葉の意味、2実業の精神、3自尊心、4自制心、5自治精神、6博愛の精神、7卑屈心、8品性、9理想、10研究の必要、11使う人、使われる人、12責任観念、13協同の精神、14失敗、15金儲けの秘訣、16人生の真意義、とあります。これらのなかから筆者が興味をもったところを簡略に記します（ルビ同著）。

実業については「実業なる言葉は英語のBusinessという言葉の訳語である。原語はBusy（忙しい）とness（もの又はこと）とが結び合ってできたので、西洋の辞書にはwork（仕事）と注釈せられている。・・・わが国においては、実業といい、実業家といえば、何か商工業、または商工業に従事するものに限るように解せられるのみならず、商工業者のうちでも、大組織の下に営業するもののみに限るように考える人がすくなくない。これははなはだしい間違いである。」（同180頁）。

「わが国においては、武家制度がなくなってから、武士道の精神は漸次衰えつつある。これに代わってわれわれが受け入れねばならぬのはこの実業の精神である。・・・繰り返していう。実業とは、虚業に対し、真面目に働く者の仕事の総称である」（同181頁）。

実業とは虚業にたいし真面目に働く人々の仕事の総称のことです。スマホ片手に株式市場でマネーゲームに興じることではありません。そして、実業においてもっとも大切なものはその精神であると、こう述べています。

「私は実業の真の成功不成功は、全然その人の道徳心の強弱によるものと思う。」「明治維新の改革により解放せられたる町人は、権利を与えられて義務を教えられなかった。加うるに、今日いろいろの新思想が輸入されるように、以前アメリカなどで流行した拝金の思想が盛んに輸入され、宣伝されたため、本家本元のアメリカでは、とくの昔にはやらなくなった実業に対する誤った思想が、わが国の商工業者の間に今日まで依然として残っているのである。」「よって私はこの大切なる実業の精神を明らかにせんがため、この読本を公けにするに至ったのである。」（同182－183頁）。

また、「世間の多くの人の中には、温情主義を深く実地に研究せずして避難するものがあるが、私は大正8年アメリカへ行った時、アメリカの労働省が、全国の工場主に向って奨励しているのは、まさに温情主義の経営法であって・・・人をして心から喜んで服従せしむるには、冷たい、人を強制する法律や、規則のほかに温かい何ものかがそこになければならぬことを知らねばならぬ。」（227－228頁）。「店の主人や工場主等は、店員や従業員を他人の子供を預っていると思って、家族同様にどこまでも親身の世話をせねばならぬ。」（同230頁）。

事業者らしく金儲けの秘訣について述べたあとで「それは人生における最後の勝利ではない。人生における最後の勝利は、正義のためにつくすことである。人の心の真の満足は金儲けをするところにあらずして、儲けた金をもって、いかに社会のためにつくすかにある。」（同252－254頁）と記しています。ところで、山治が福沢諭吉の影響を受けていたことはすでに述べましたが、山治は福沢諭吉についてこう述べています（傍点同著）。

> 福澤先生は明治の半より、塾生が一身の生活安定なくして餘りに政治の方面に狂奔するを見て、之を矯正せんとして盛んに塾生に向つて金儲の必要を説かれました。當時世間に於て三田を拝金宗の本山とまで唱へるに至れるほど先生は此點を強調されました。それがため塾生は塾を出ると盛んに民間実業界各種の方面に身を投ずるに至りました。」「思ふに福澤先生の御意中は先づかくて塾生をして身を實業界に投ぜしめ、各自産をなさしめたる上、政治のためにも大いに盡さしめようとの御心でありましたに相違ありません。[21]

山治は、私の従事する鐘淵紡績株式会社の従業員には、スマイルス博士の『品性論』を与え、つねにこの書物を友人として携え、品性を磨くことを心得るよう奨励している、とも述べています。『品性論』とは明治11年に中村正直が『西洋品行論』と翻訳したもので、その内容は『西国立志編』よりも、むしろ注目すべきものが含まれていて当時、相当に読まれた[22]そうです。『実業読本』はスマイルの精神を意識したものであったといえましょう。では、武藤山治の経営改革は、どのようなものでしょう。

鐘淵紡績の前身は三井呉服店が中心となって綿問屋を統合し明治19年に創立した東京綿商社（1886）です。三井家に出資を仰ぎ同22年に改称しました。武藤は鐘淵紡績に入社後、兵庫工場の再建に従事しました。さまざまなトラブルに見舞われながら、製品の改良、独創的な宣伝活動を行いました。後年には、民間会社として初めて外資導入をおこない、業績が安定するなかで従業員の福利厚生の充実をはかりました。当時の紡績業は最新の近代的技術、機械、設備が導入されて急速に規模が拡大され、労働者が絶対的不足の状況でした。企業間の賃金格差、職工の中心が女工であることから母性保護など労働力の問題が発生していました。鐘淵紡績では、乳児保育所。ドイツの製鋼会社の職工に関する施設をモデルにした「鐘紡共済組合」の設立。共済組合は退職金、傷病・死亡保険、妊娠中から産後までの様々な保障がなされました。会社に有益な改革案を提案した者には賞金を与えるための「注意箱」を設置したり、社内報『鐘紡の気笛』を発行しました。山治の実業経営は、のち経営家族主義・温情主義経営と呼ばれ日本的経営の典型と評されました。しかし、山治の経営家族主義・温情主義経営は、渋沢栄一のような前近代的な儒学によるものではありません。山治の実業は欧米的思想をわが国の風土に適用させたもので、いわば欧米的人道主義的な考え方でした。第1回国際労働会議（１９１９年）に雇用者代表として出席した山治は、労働者の「深夜業禁止案」に反対しました。各国は採択しましたが、日本は例外を認められて、深夜業は１９２９年までつづけられました。

さて、武藤山治が会社を去った後の昭和５年、鐘紡大争議が発生しました。当時の鐘淵紡績は36工場、従業員約３万７０００人でしたが、恐慌のなかでも高配当を維持するため、実質２割強の減俸を発表しました。争議が、隅田（東京）、京都、兵庫、淀川（大阪）でおこりました。温情主義に過大な期待をもっていた世論は、株主偏重策を難じ、それこそ鐘紡の崩壊である。少なくとも鐘淵精神は永遠に失われたと論じました。また、昭和30年には、鐘淵紡績隅田工場の事件が新聞記事になりました。その事件とは同社が「原則として不解雇主義を標榜していたために、付属病院を利用し、寄宿舎の風呂場に医員を派遣し、身体のおとろえたものを選び出し、無理に健康診断を行い、病気を理由に解雇したといわれる。なかには病気でもないにもかかわらず、肺結核といわれたために発狂した者もいたという」[(23)]ものでした。これはまさしく不解雇主義が生みだした悲劇です。鐘紡は２００４年３月、産業再生機構の支援下に入り、２００８年11月11日清算されて１２０年余の歴史を閉じました。

経営には理想やビジョンが必要であるといわれます。それはそのとおりですが、律儀に理想やビジョンにとらわれるのも、よくありません。事業環境はたえず変化しています。経営するとは、その場、その時の状態を、経りながら適正な対応がつづけられることです。

2・4　松下幸之助

松下幸之助（1894-1989、以下、幸之助という。）の経営哲学の基礎は、日本の伝統的思想（神儒仏）だといえます。幸之助は、現在の和歌山市禰宜の小地主松下政楠、母とく枝の８人兄弟の三男として生まれました。幸之助６歳のとき父が米相場で大失敗して破産しました。一家で和歌山市内に移り下駄屋を始めましたが、２年余りで続けられなくなりました。長兄、次兄、長姉が病没したので、幸之助は尋常小学校４年で中退し、大阪の火鉢店の小僧になりました。火鉢店が閉店したので、船場の五代自転車に奉公しました。幸之助は将来を展望して自転車の需要は減るだろう。これからは電気事業が有望になると考え、電灯会社（関西電力）に入社し、７年間勤務しました。この間、関西商工学校夜間部予科に入学（20歳）し、また、むめと結婚しました（22歳）。翌年、自宅で松下電気器具製作所を設立（23歳）しました。ソケットの製造を始めましたが、百個ほどしか売れませんでした。幸之助とむめ、むめの弟井植歳男の３人で事業をつづけました。ある電気商会から扇風機の部品を大量に受注したことで、初めて利益が得られました。本格的に電気器具の製作をしたいと考え、アタッチメントプラグの工夫に取り組みました。次に考案発売した二灯用差込プラグがヒットし、経営がようやく軌道に乗りました。松下電器（現在・パナソニック）の基礎となった自転車ランプの製造・販売に取り組みました。１９２７年に「綱領」「信条」を設定しました。第１回創業記念式を１９３２年に行い『水道哲学』『２５０年計画』『適正利益・現金正価』を発表しました。第二次大戦中は、軍の要請で軍需品の生産に協力しました。松下造船株式会社では中型木造船を建造しました。松下航空機株式会社では練習用木製急降下爆撃機『明星』を７機試作しました。敗戦となり、ＧＨＱによって財閥指定と公職追放になりました。

追放中の１９４６年11月、ＰＨＰ研究所を設立しました。ＰＨＰはスローガン「Peace and Happiness through Prosperity（繁栄によって平和と幸福を）」の英語の頭文字を表記したもので、倫理の研究・普及を図る民間の研究機関でした。また、労働組合の社長留任運動もあり間もなく財閥指定が解除され、１９４７年に社長に復帰しました。

社長に復帰した幸之助は直営工場の操業時間短縮、人員大量整理、賃金抑制策を行いマスコミから税金の滞納王と報道されましたが、日本経済の復興・成長とともに経営も再建されていきました。

１９５１年、幸之助はこれからは世界の経済人として日本民族の良さを生かしつつ世界的な経済活動をしなければならないとアメリカを視察し、翌年、オランダのフィリップスと技術提携を行いました。幸之助は１９５０年以降、長者番付で全国１位を10回記録し、40年連続で全国100位以内に登場しています。幸之助は一代で億万長者になりました。１９６１年、会長に就任しました。しかし、東京オリンピック（１９６４年）後の景気後退から会社は赤字に転落しました。１９６４年７月、熱海で３日間にわたる全国販売会社代理店社長懇談会を行い、営業本部長代行として現場復帰しました。幸之助は80歳を機に現役を引退し相談役に退きました。幸之助は政界に進出することはありませんでしたが、１９７９年政治家を養成する財団法人松下政経塾を設立しました。

松下幸之助の著書・講演記録は厖大な数にのぼりますが、いずれも新造語、専門用語を使うことなく、だれにでもわかる平易な文章で書かれています。幸之助も自ら「空理空論ではなく、（6,000字の文章を）早くて20分、おそくて40分には理解可能なことを考える。これはいわば通俗哲学論です」(24)と述べています。販売部数は『道をひらく』は累計532万部、戦後２位。『指導者の条件』は累計101万部、『商売心得帖』は累計91万部、月刊誌『ＰＨＰ』は１９４７年創刊以来、２０１７年６月で通巻830号、約50万部。(25)松下の経営理念、経営方針として「企業は公器です」「和親協力」「衆知経営」「ガラス張り経営」「水道哲学」「ダム経営」「共存共栄の経営」等々は、よく知られています。幸之助の経営哲学については、幸之助が78歳（昭和47年）ときに刊行した『人間を考える―新しい人間観の提唱・真の人間道を求めて』（PHP研究所）から考えてみたいと思います。それはＰＨＰ研究所経営理念研究本部研究部長　渡邉祐介が「松下自身、この提唱文の完成時には『死んでもいい』と語ったほど思索を究めたものであった。」と述べているからです。(26) 紙幅の制約上、要約して引用します。

宇宙に存在するすべてのものは、つねに生成したえず発展する。万物は日に新たであり、生成発展は自然の理法である。人間には、この宇宙の動きに順応しつつ万物を支配する力が、その本性として与えられている。人間は、たえず生成発展する宇宙に君臨し、宇宙にひそむ偉大なる力を開発し、万物に与えられたるそれぞれの本質を見出しながら、これを生かし活用することによって、物心一如の真の繁栄を生み出すことができるのである。・・・古今東西の先哲諸聖をはじめ幾多の人びとの知恵が、自由に、何のさまたげも受けずして高められつつ融合されていくとき、その時々の総和の知恵は衆知となって天命を生かすのである。まさに衆知こと、自然の理法をひろく共同生活の上に具現せしめ、人間の天命を発揮させる最大の力である。まことに人間は崇高にして偉大な存在である。お互いにこの人間の偉大さを悟り、その天命を自覚し、衆知を高めつつ生成発展の大業を営まなければならない。長久なる人間の使命は、この天命を自覚実践することにある。この使命の意義を明らかにし、その達成を期せんがため、ここに新しい人間観を提唱するものである。

文章はわかりやすい。また同著には、読後感、感想も掲載されています。もとより、松下哲学と称する幸之助の思想を理解するには、幸之助自身の解説その他、幸之助の著書を熟読しなければなりませんが、筆者の読後感をいえば、幸之助の「新しい人間観」が新しい憲法に基づく人間の健全な精神を述べているとおもいました。しかし「崇高にして偉大な存在」という表現には人間の傲慢さを感じました。なぜなら、人類の存在は宇宙という大きなものの一部であり絶対・無限なるものに生かされているからです。哲学するものにとってもっとも大切なことは、わからない、ということの自覚であり、謙虚さであると思うからです。

幸之助の思想の源泉について日本経済思想史研究者坂本慎一は、ビジネス雑誌などで指摘される松下幸之助への影響がありうる存在として、ヘンリー・フォード、石門心学、朱子学、懐徳堂、報徳思想、弁天宗、中村天風、三木啓次郎、鈴木正三がある。・・・しかし、筆者（坂本慎一：引用者）には、これらのどれも松下の頂点的思想を説明するものには見えなかった。松下の言葉とは、戦前のラジオに出演していた人物の言葉を原型にして、自らの経験と思考を重ね、自分の言葉として話したもののようであると述べています。[27]そして、影響を与えた人物として、哲学者井上円了の弟子である境野黄洋、高嶋米峰それに友松圓諦らをとりあげ、また、西田幾多郎の弟子高神覚昇、神道家河野省三らを検討しています。たとえば、松下幸之助と新仏教運動（東洋大学第４代学長境野黄洋、同第12代学長高嶋米峰らの運動）との類似性について、こう述べています。

新仏教と松下によるＰＨＰ運動は、共に汎神論的世界観を主張し、多神教とは一線を画していること、宇宙の意志や目的を考え、これが発展と結び付いている点などが共通している。また、両者とも、これは全体の主張のなかで一部に過ぎず、それほど頻繁に言及しているわけではない。両者とも神学の大系を構築しょうとはせず、自然界や社会の現象をこの根本原理で網羅的に解釈することはしなかった。[28]

坂本慎一はその他にも境野黄洋、高嶋米峰らとの用語の類似性を指摘しています。しかし、松下幸之助が境野黄洋、高嶋米峰らの思想を模倣したわけではありません。何よりも幸之助の哲学は、衣食を得るため知識の切り売りを生業とする学者哲学（知識のための知識）ではありません。それは長年の実業体験と傾聴から絞り出したものです。幸之助の考え方は日本的な「神儒仏」が融合した、幸之助の経営者哲学であったといえます。

ところで、幸之助が『人間を考える―新しい人間観の提唱』を刊行した頃、幸之助はふたつの家族の間で悩んでいました。ふたつの家族とは、糟糠の妻むめと、第二夫人いわゆる30歳年下のお妾さんのことです。お妾さんとは芸者であった世田谷夫人のことです。４人の子供の母親、世田谷夫人のことは作家清水一行が小説『秘密な事情』（光文社文庫）のなかで描いています。人間臭さが感じられるエピソードです。俗に、男は金と女と権力が好きだといわれますが〝経営の神様〟幸之助も例外ではなかったということです。

また、ジャーナリスト岩瀬達哉は永眠する94歳の幸之助についてこう描写しています。

臨終の瞬間は、悟り済ましたといった状態とは程遠いものでした。死にたくない、もっと生きたい、と必死の思いが形相に表れていた。生きて、やり残した仕事をしたいという無言の叫びが聞こえるようでした。こういう最後を、人はどのように評するかは知りません。しかし、いかにも松下幸之助らしい立派な最期だと私は強い感動を覚えたものです。(29)と松下家の執事として臨終に立ち会った高橋誠之助に語らせています。

思えば〝経営の神様〟と自称した松下幸之助も、清濁併せ呑む世界で経営し、裏を見せ　表を見せて散るもみじ（良寛）かな、の人生でした。

3. 日本的経営の考え方

ここまで明治維新以後の経営者3人をとおして、主流としての実学と本流としての実学について素描しました。ここで、わが国の経営学者が論じてきた日本的経営もしくは日本型経営（以下、単に日本的経営という。）について振り返ってみましょう。

3・1　日本的経営の評価

経営学者林　正樹は「日本的経営論は、従来、主として『(日本企業の経営の中の）日本的なものとは何か』をめぐって研究されており、『日本企業の経営の中の』経営とは何か」に焦点を当てた研究はほとんどなかったと言っても過言ではない。・・・ある論者は日本企業の文化的特性に注目し、他の論者は企業集団や系列関係に、さらには金融システムに、政府との結合関係に、あるいは労使関係や労務管理、生産管理など各種の管理のあり方に、経営組織や経営意思決定のあり方に、注目する。こうして『百人百通り』の『日本的経営論』ができあがる。[(30)]」と整理しています。それはそのとおりだとおもいます。しかしその評価の視点ということでは大きく二つの方向があるようにおもいます。一つは、わが国を後進国と位置づけて改革すべきとする視点です。もう一つは、日本的経営の伝統を高く評価する視点です。

前者の例では、経営学者山本政一が、従来までの年功主義に根ざした温情的・経営家族主義的・日本的経営をもってしては対応できなくなり、能力主義に基づく契約社会の諸方式の導入を日本企業、そして日本社会が一斉に追求しはじめていることは、いわば時代の趨勢でもある[31]と述べていることです。

後者の例では、経営学者占部都美（1920–1986）が、日本的な人間尊重に徹した杢流経営哲学の徹底的な理解によって、これからの経済危機に処する経営のあり方、政治のあり方や個人の生き方にたいしても、自信を回復し、具体的な行動への道も開かれるように思われる。杢流でない経営者は、会社をつぶすだろう、[32]と述べていることです。杢流経営法とは江戸時代中期、信州松代藩の家老恩田杢の藩政改革のことで、説話の筆録が『日暮硯』（岩波文庫）です。占部都美（以下、占部という。）は『日暮硯』を「日本的経営哲学」のもっともすぐれたテキストであると主張したいとも述べています。

占部は、J・C・アベグレンの『日本の経営』（ダイヤモンド社、1958年）を監訳しています。同著は日本的研究の先駆をなすものです。１９７０年代後半、わが国が高度経済成長によって世界から称賛されるようになった頃には、E・F・ヴォーゲルの『ジャパンアズナンバーワン』が出版されました。ヴォーゲル（1930–2020）は日本の成功を解明する要因を一つだけ挙げるとするならば、それは集団としての知識の追求ということになるであろうと記しています[33]。日本的経営に対する評価は、現在も上がったり、下がったりしていますが、ここではそうした評価を離れて日本的経営の特質といわれるものをみておきましょう。

3・2 日本的経営の特質

日本的経営の基本的特質について、ここでは企業文化の事象からの説明と伝統的思想からの説明をみてみます。まず、企業文化の事象からの説明です。それは終身雇用制・年功制、企業別組合という、いわゆる「三種の神器」といわれたものを日本的経営の特質として説明するものです。しかしこうした事象は、経済の発展段階で見られる特徴といえるものです。産業社会学研究者間 宏（1929–2009）は、これまで終身雇用慣行が、いつ作られたかについては大きく分けて、四つの説がありました。第一は、江戸時代の商人（人によっては武家）にまでさかのぼりうるとする説、第二は、明治末から大正期にかけて成立したとする説、第三は、第二次世界大戦中に作られたとする説、第四は、第二次世界大戦後に作られたとする説がそれです。著者（間：引用者注）は、第一説をとり、戦前にも終身雇用制がありましたと述べてきたが、歴史的に厳密にみて、ブルーカラー労働者を含む終身雇用慣行は、第二次世界大戦後の、高度成長期に作られたとみなすのが妥当であろう、[34]（傍点同著）と述べています。

終身雇用という言葉は、J・C・アベグレンが『日本の経営』（ダイヤモンド社、1958年）のなかではじめて用い、その後、急速に普及したものです。終身雇用による手厚い福利厚生制度や稟議制度などが日本的経営の特質といわれても、社会・経済体制の変容に応じて働き方も変わっていきます。

次にもう一つの伝統的思想からの説明をみてみよう。それは日本的経営の特質をタテ社会、家制度から説明するものです。大家族経営主義、温情主義、集団主義といういい方もあります。そうした呼称もこのなかに含まれますので、少し検討してみましょう。

まず、タテ社会論について、ひと言でいえば先輩・後輩の関係を日本社会の原理として社会に応用したものです。タテ社会という言葉を広げたのは、社会人類学者中根千枝（19266–2021）のベストセラー『タテ社会の人間関係』です。同著のなかで「タテ」の関係を「親子関係」、「ヨコ」の関係を「兄弟姉妹」関係に例えたうえで、こう述べています。

> 資格の異なるものを包含する社会集団というものを前提とすれば、その構成員を結びつける方法として、理論的にも当然「タテ」の関係となる。すなわち、「タテ」の関係とは、同列におかれないA・Bを結ぶ関係である。これに対して「ヨコ」の関係は、同質のもの、あるいは同列に立つX・Yによって設定される。・・・この「ヨコ」の関係は、理論的にカースト、階級的なものに発展し、「タテ」の関係は親分・子分関係、官僚組織によって象徴される。[35]

また、来日する外国人を驚嘆させるほど西欧的な様式をぐんぐん取り入れて。目に見える文化という点では、これほどに変わってきているのに、日常の人々の付き合いとか、人と人とのやりとりの仕方においては、**基本的な**面ではほとんど変わっていないことが指摘できる（傍点同著）[36]と述べています。

省みると、明治維新を経て、わが国の急速な近代化・資本制化のなかで、西洋の科学技術、哲学、人権等が翻訳・移植され、それまでのわが国の伝統的思想（神・儒・仏）と融合して新しい日本的な経営がうまれました。そうしたなか「タテ」の関係に注目したのが、タテ社会論です。しかし、「タテ」の関係という一つの側面だけで、日本的経営の特質は説明できません。そこで別な側面から日本的経営の特質を説明するものが発表されました。経営学者岩田龍子の『日本的経営の編成原理』（文眞堂、昭和59年）です。

岩田龍子は、制度はある社会に顕著な心理特性や思考習慣が意識化され、システム化され、公式化されたもの、あるいは、その途上にあるものである。そして、この制度は、それが確立することによって逆に、人びとの思考に働きかけ、それをより強力にパターン化するものであると述べ、国民的心理特性・経営の編成原理・経営諸制度の3者の間にみられる相互関連を示す一例として、日本人の間には集団への所属の欲求や集団への定着志向、安定志向が認められ、日本的経営の編成原理になっていると述べています。そして、日本人の心理特性として、①〃ウチ〃と〃ソト〃の意識、②〃特定集団〃に対する定着志向、③〃地位〃の意識にみられる特性、④責任・権限意識にみられる特徴、の4つの傾向をあげています。[37]要するに、岩田龍子は欧米の個人主義の心理特性に対し、集団主義の心理特性を日本的経営の編成原理と考えました。これも伝統的思想からの説明の一つでしょう。こうした集団主義の心理特性は「家」の制度にいたります。家の論理について、経営学者三戸 公は、こう述べています。

日本的経営という巨象を描くにあたり、あるいはその一部をとらえ美を称え、あるいはその一部をとらえて醜をあばくこともできよう。だが、日本的経営を細部とともに全体像を、その美と醜とを把握しつくし、その真奥に迫ろうとするとき、家の論理が自ら浮かび上がってくる。[38]

三戸は家の論理を体系化しました。三戸の「日本の家の特徴」を次に要約しました。

一、家は共同体であり、経営体である。二、家は何よりもまず永続性を願う経営体であり、維持繁栄こそ経営体の基本目標である。三、家の成員は、家の盛衰をわが盛衰とする家族と、家族として認知されない非家族とからなる。四、家のために、家族は滅私奉公する。五、家は家業をもち、家業は家長の家族と家産の統督によって営まれる。六、家長と家族との関係は親子関係であり、親子関係とは恩情と専制の命令に対する絶対服従と庇護の家父長的性格である。七、家の組織原則は階統制と能力主義である。いかなる統に属するかによって処遇に差別があり、また階統制一本では家の維持繁栄は不可能であるから能力主義原則もまた不可欠とする。八、家は、家族に躾をし訓育をほどこす。九、家は、家憲・家訓をもうけ、家風が生じる。十、家は、分家・別家を生み、本家と分・別家との関係は親子関係である。分・別家は、それぞれ本家となって分・別家を生みうる。また、有力な家を頼って親子関係を結ぶ寄家・寄子も成立する。この本家・分家・別家・寄家の親子関係で結ばれた集団は同族団を形成する。十一、家は、「ウチとソト」の意識を生み、「格」の意識を生み、「分」の意識を生む。

以上は、経営体としての家の論理である。そのうえで、三戸は、私は家の論理を日本における構造とはみない。それは歴史的なものであり、家はあくまで、前資本制・前近代の経済集団であり、したがってまた家の論理も前資本制・前近代の経営の論理であると把握する。[39]と述べています。

そして「日本の企業は、家の論理によって立つ経営体である『イエ』である。・・・それは、日本の近代的法体系と家族法体系を、憲法・戸籍法・民法・社会的立法の諸分野において合体せしめて制定したからである。・・・近代社会の秩序は主として法による。社会を秩序づける法が家族法的体系をとれば、企業もまた『イエ』化せざるをえない。[40]」

明治44年の工場法の制定について、近代日本の実業家渋沢栄一が述べた「職工もしくは職工以上の従事する人の養生およびこれに対する情愛が、彼等をして、その場所をもって、真にわが工場だと思わしめる組織、親子兄弟のようなる関係を有せしめるという仕組みをもって、工場を維持してゆくのが、将来永続せしむる最も重要な努めではないか、また、「家社会の倫理を説いた『論語』を愛読し、長大な『論語講話』を著述し、五〇〇社に上る株式会社の設立に関係して不倒翁と呼ばれ、『論理と算盤の両立』の『二義両全』を説いた渋沢らしい発言である。[41]」と紹介しています。

渋沢栄一は前節で紹介しました。渋沢栄一のいう実業は、国家・公益の事業であり、政府と結びついた政商（特権や利権による事業家）や、私利・私益の事業家と対峙するものでした。また、官尊民卑下にあった事業家の地位を論語にもとづいて、新しい実業家を育成した人物でした。しかしながら、その家父長的な家族制度は、近代資本制の発展からみると古い皮袋に新しい酒を盛るようなものでした。

新しい酒とは、近代資本制社会の基本原理である契約という考え方です。産業の成立・発展にともない農村の家制度は解体されて労働者階級が形成され、江戸時代の藩、村落共同体下の血縁関係から都会の個人を基礎とする近代市民社会へと変容しました。個人は権利義務を有する主体となりました。主体とは、法の支配の下におかれ、法秩序のもとで働き、生活する存在です。したがって「タテ社会」、「集団主義の心理特性」「家の論理」など個人の権利を抑圧するような日本的経営の改革が必要になりました。これが、わが国を後進国と位置づける経営学者の説くところです。それはそのとおりです。しかし、産湯とともに赤子まで流してはいけません。赤子とは、精神修養を基礎とした実学の本流です。いまも日本的経営の基底に流れる精神修養の思想は、わたしたちの心の底流で活きています。

戦前、広島高等師範学校付属小学校の公民教育を担った堀之内恒夫（1894–1976）は「個々人の幸福は国家を通しての幸福であり社會を通してのそれでなければならぬ。従って唯ぬけがけ的な個人の利己的幸福は寧ろ極力排撃する所である。どこまでも人と共に生活し人と共に活き人と共に幸福であることを唯只管に念じその實踐に努力する所にその本質的使命が存する。[42]」と述べて、偏狭な国家主義ではなく公民的素養を育む修身教育の必要性を示しました。しかしながら戦後、ＧＨＱ（連合国軍最高司令官総司令部）は占領軍の安全を脅かすものではないと評しながら、道徳（修身）教育は、みせしめとして停止指令が出され、社会科に吸収されました。

米国の文化人類学者ルース・ベネディクト（1887–1948）の『菊と刀　日本文化の壁』は、戦争中、日本研究を委嘱され執筆されたものです。そのなかの修養の章では「どんなに試験勉強をしたところで、どんなに剣術の腕が達者であっても、またどんなに礼儀作法にそつがなくても、彼は書物や竹刀を傍におき、社交界にお目見えすることをしばらく中止して、特殊な修業をせねばならない。」「彼らの自己訓練の概念は大別すると、能力を授けるものと、それ以上のものを与えるものとに分けることができる。この『それ以上のもの』を、私は練達と呼ぶことにする。[43]」と紹介しています。修養を日本人による自己訓練の概念とみました。

教育人間学研究者西平 直は『修養の思想』のなかで「心身の最も土台において『身を修め、心を養う』ことがなかったら、稽古が揺らいでしまう。仮にある地点までは上達できたとしても、本当に『極める』ためには、土台が試される。その土台を作ることが修養である。『道を究めた』名人たちは、実は、皆、修養を続けた人であったことになる。[44]」と述べたうえで「『教育基本法』は教員の『修養』を説く。『法律に定める学校の教員は、自己の崇高な使命を深く自覚し、絶えず研究と修養に励み、その職責の遂行に努めなければならない』(第九条)。この『研究と修養』が短縮されて研修となる。」(同181頁)と紹介しています。

3・3 松下幸之助以後の経営者哲学

故松下幸之助を尊敬していると公言している経営者は多い。有名人では、伊藤雅俊（セブン&アイ・ホールディングス名誉会長、イトーヨーカドー創業者）、稲盛和夫（京セラ名誉会長、創業者）、鍵山秀一郎（イエローハット相談役、創業者）、澤田秀雄（エイチ・アイ・エス創業者）、瀬戸薫（ヤマトホールディングス相談役）、孫正義（ソフトバンクグループ社長、創業者）、永守重信（日本電産会長兼社長、創業者）、柳井正（ファーストリテイリング会長兼社長）などをあげることができます。なかでも新経営の神様と敬称されているのが、稲盛和夫です。松下幸之助以後の経営者哲学として、稲盛和夫（以下、稲盛という。）の哲学をみてみましょう。

稲盛は１９３２年、鹿児島県鹿児島市で７人兄弟の二男として生まれました。鹿児島大学工学部卒業（1955年）後、松風工業に入社。１９５９年、社員８人で京都セラミック（現・京セラ）を設立しました。社長、会長を経て、１９９７年より名誉会長。１９８４年、第二電電（現・ＫＤＤＩ）を設立しました。現在最高顧問。２０１０年、日本航空（JAL、現・日本航空株式会社）会長に就任して同社を再建しました。現在名誉顧問。１９８４年、稲盛財団を設立し理事長（現在「創立者」）。「京都賞」を創設して毎年、人類社会の進歩発展に功績のあった方々を顕彰しています。また、経営塾「盛和塾」の塾長として、経営者の育成にも力を注いでいます。年１回開催される稲盛塾世界大会には海外からの参加者を含め3.000人にものぼります。(45) 立命館大学では「稲盛経営哲学研究センター」を設置して、稲盛哲学が学問としても取り組まれています。

稲盛の経営者哲学、いわゆる稲盛哲学は『京セラフィロソフィ』に集約されているとおもいますので、同著のまえがきから引用しましょう。

> １９５９年、私の技術を高く評価し、支援してくださる方々に、京セラという会社をつくっていただきました。資本金３百万円、従業員28名、間借りの社屋での創業でした。・・・「人間として

何が正しいのか」という、普遍的な判断に基づく経営哲学が、業態を超えて、企業の成長発展の礎となったばかりか、人生哲学として、多くの人々が幸せな人生を送る糧となっているのです。また、会社の目的・理念（経営理念）は「全従業員の物心両面の幸福（しあわせ）を追求すると同時に、人類、社会の進歩発展に貢献すること」というものに変えました。つまり、稲盛和夫が技術者として、また、大株主として成功するのが目的ではなく、「全従業員の物心両面の幸福を追求する」ことを目的としてこの会社を運営するのだとしたわけです。しかし、それでは従業員の幸せだけを追求するようにもとられかねないので、「人類、社会の進歩発展に貢献すること」ともうたったのです。[46]

まえがきには、「全従業員の物心両面の幸せの追求」と「人類、社会の進歩発展に貢献する」ことを同時に追求するとあります。これは仏教でいう不一不二の考え方です。

稲盛の経営のあり方はアメーバ経営に集約されます。アメーバ経営とは、機能ごとに小集団部門別採算制度を活用して、すべての組織構成員が経営に参画するプロセスと定義されます。ここでいう小集団は、アメーバという呼称の語源でもありますが、大企業で通常見られるような事業部制などよりさらに小さな組織を指すものです。[47] 要するに、組織の最小単位ごとに「入るをはかって出るを制する」仕組みといえます。また、稲盛はアメーバ経営は世間でもてはやされているような経営ノウハウではない。アメーバ経営はやり方だけを真似してみても、うまく機能しない。その理由は、アメーバ経営は経営哲学をベースにした会社運営にかかわるあらゆる制度と深く関連するトータルな経営管理システムだからであると述べています。

アメーバ経営には、大きく三つの目的があるといいます。第一の目的 市場に直結した部門別採算制度の確立、第二の目的 経営者意識を持つ人材の育成、第三の目的 全員参加経営の実現です。[48]稲盛は、アメーバ経営は経営ノウハウではない。それは、稲盛の真摯な生き方からうまれたものであると述べています。では、真摯な生き方とは、どのような生き方なのでしょうか。稲盛はこう述べています。

一生懸命働くこと、感謝の心を忘れないこと、善き思い、正しい行いに務めること、素直な反省心でいつも自分を律すること、日々の暮らしの中で心を磨き、人格を高めつづけること。すなわち、そのような当たり前のことを一生懸命行っていくことに、まさに生きる意義があるし、それ以外に、人間としての生き方はないように思います。[49]

さて、経営は実学であり、実学には主流と本流があります。ここで、稲盛の著書『稲盛和夫の実学―経営と会計』をみてみましょう。本文には実学の説明がありません。あとがきをみてみましょう。多くの方々から「それでは実際の会社経営において、具体的にはどのようにすればいいのか」とよく訊ねられた。そこで、本書では具体的な経営論である会計学を論ずることを通して、会社経営のあり方、経営の基本的な考え方を明らかにしようと試みた。[50]と記しています。稲盛は実学については単に「実際の会社経営」「具体的な経営論」として理解していたといえます。

まとめましょう。稲盛の『京セラフィロソフィ』の根底には、仏教の一如の考え方があります。また「どうしても交際費が必要なときは、その都度申請をしなければなりません。社長といえども、こういう所用で接待費が要るので稟議書で認めてほしい、という稟議申請が必要です。交際費そのものも一円単位まで開示し、会社は非常に透明な状態で経営されています。[51]」（ルビ同著）と述べています。道徳哲学と実証科学的方法論の一元論です。それゆえ稲盛は「やり方だけを真似してみても、うまく機能しない。」と述べています。それはつまり哲学の問題だからです。稲盛の経営者哲学は道徳的活動主義であり、実学の本流の系譜といえます。

ところで、哲学という言葉は、専門的な学問としての哲学を指す場合と通俗的な人生観・経営観としての哲学を指す場合があります。前者を講壇（学者）哲学、後者を通俗哲学に分けると、渋沢栄一、武藤山治、松下幸之助、稲盛和夫らの経営者哲学は通俗哲学です。哲学という言葉は同じですが、アカデミックな哲学者は通俗哲学を一段低く見る傾向があります。たとえば京都大学京セラ経営哲学寄付講座研究員桝井靖之は、稲盛和夫についてこう述べています。

「経営とは、彼においては哲学的問いを最も重要な要とした営為なのだ。その意味で、我々は彼を単なる経営者をもはや越え出た『哲学的経営者』と呼びえよう。・・・しかし、日本を代表する『経営者』の一人である稲盛和夫の内に、そのような強烈な哲学的要素を見出しうることは非常に興味深い。[52]」と述べています。

筆者は「経営者をもはや越え出た」という表現に違和感を感じました。それはいわゆる上から目線であり、経営者哲学が事業の成功につながっていることをまったく見落とした表現だからです。経営者哲学は学問としての哲学ではありません。政治・経済・法律・心理学・文学から自然科学などの知識と経営体験が渾然一体となった通俗哲学です。職業学者には、通俗哲学の経営者だからこそ、日本を代表する経営者になったことがわかっていないようです。哲学者井上円了はこう述べています。

今の学者は貴族で困る、飯はたべても米知らず、わたくしゃ東京赤門そだち、米のなる木はまだ知らぬ、知恵を磨けば鍬鎌さびる、これでは国も立ち行かぬ、学者さんなど屁理屈ばかり、理屈で国が富むものか、書物読むとて書物に読まれ、文字の間で立ち往生、世間知らずの死学じゃこまる、活きたる学問するがよい。死学する人しんから嫌い、屁理屈いう人なお嫌い、西洋学問受け売りやめて、早く製造元となれ。[53]

円了は「もとより多数の学者中には、極めて少数のものは死学三昧で生涯を送りてよけれども、十人は十人ながらみな死書のうちに籠城するに至りては、これまた国家のために大いに憂うべきこと」[54]と述べています。永遠の時間、永遠の空間から観想すると人間の活動は顕微鏡下の細菌活動のようなものです。講壇哲学と通俗哲学の優劣の差もありません。正しい道理にかなった経営は道徳哲学に裏付けられたものでなければなりません。それゆえ、実証科学と道徳哲学の一元化を教えない（学校）経営学は、マックス・ウエバーが指摘した、精神のない専門人、心情のない享楽人を再生産しているといえるでしょう。
また、三権分立を提唱したモンテスキューが「しかし人民的国家においては、徳性というそれ以外の原動力が必要なのです。[55]」と述べたことも忘れてはなりません。現在、道徳教育の役割を担っているのは、通俗哲学の経営者です。職業哲学者の専門領域は細分化し実証科学の方法によって行われているからです。

今日、学力偏差値の高い大学を卒業したエリートの政策が人々の幸せを実現しているとは、とても思えません。また、業績をV字回復させた経営者がプロ経営者あるいはカリスマ経営者ともてはやされていますが、営利追求が自己目的化した経営者はいらないでしょう。ポスト資本主義という幻想やユートピア思想、近代科学思想を呈示することでもありません。しかし、通俗哲学への批判もあります。

通俗哲学では、がんばれば報いられる。成功する。富が得られるというが、成功するのは、一握りの恵まれた人です。大多数の人々は、がんばっても報われません。それが現実です。そして、成功しない、富が得られないのは自助努力が足りないからだ、がんばっていないからだ、自己責任だ、とのことです。つまり、通俗哲学は幻想をふりまくものだという批判です。近年の若者はドリーム・・ハラスメントと受け取る人もいるそうです。筆者も悔しいおもいをしましたので、そうした批判や不快感はそのとおりだと思います。そのうえで付言します。

通俗哲学といっても功利主義（成功哲学）の道徳、国家秩序維持を目的とした道徳だけがすべてではありません。市民の日常生活上の営みを規律するのも通俗哲学です。個人には本能としての所有欲・権力欲・名誉欲などがあります。各人の欲望が氾濫すると社会秩序は崩壊します。言い方をかえましょう。個人の自由の裏には欲望の自己規律がなければなりません。自由と自己規律は生き方の両義性です。日常生活で考えてみましょう。

オリンピックでは金メダルは1人しかとれません。これは事実です。しかし市民マラソンをみてみましょう。多くの市民ランナーは楽しんでマラソンに参加しています。そこでは自己記録に挑戦する日々の努力（欲望を自己規律）をみることができます。同様に、電車内で席を譲る学生。毎朝明るく挨拶を交わす少年らの姿。発達障害でも輝いている青年。夜間中学で学ぶ老学生は幸せだと思います。自己の、なまけ心、ふまじめな心、怠惰、を律する努力は、そうした努力を愉しむ姿そのものに価値があるからです。それゆえ自己規律を勧める通俗哲学は、自己の幸せ、社会の幸せにつながります。かつて作家吉川英治（1892–1962）の小説『宮本武蔵』が日本人の広い層の倫理的支柱であったことがありました。それは剣禅一如の求道者を主人公にし、剣術の天分をもった佐々木小次郎との対決を描いたものです。

江戸時代の町人・思想家富永仲基（1685–1744、江戸時代のもっともすぐれた思想家の一人））は加上説にもとづいて、神道・儒教・仏教を批判しました。批判のひとつに「神道の特徴は、神秘・秘伝・伝統といって、ただ物をかくしてばかりいることである。[56]」とあります。思えば、哲学という知的活動も門外漢には意味のわからない独自な用語を作り出して権威をつくりだし、ありがたがっている知的遊戯のようにおもえます。つまるところ、講壇哲学・通俗哲学といっても、人間の幸福感、自己の充実感について考え、個人の心の平静、安らぎを得るためのものだと思います。

3・4 日本の経営者哲学

実学思想は明治時代において、実証科学的な方法論を中心とした実学の主流と、道徳を基礎とした実学の本流の二つの流れになりました。と申しましても、日本の経営者哲学を大まかながら通観してみますと、西洋の実証科学の思想は、わが国では茫漠したゆるやかなものとして受容されたといえます。これは欧米の経営思想を、経営者自身の力で、自身のからだにピッタリあうように作り変えてきたからです。だからといって二つの流れがなくなるわけではありません。また、筆者のいう主流と本流は便利的な区分にすぎません。

主流と本流もまた表裏一体です。今日の法学、経営学、経済学、政治学、教育学、工学、農学、医学、等々の諸学は実学の主流ですが、裏を返せば、諸学の基礎には本流があります。本流の表層には主流があります。法と倫理・道徳の関係についてオーストリアの法学者オイゲン・エールリッヒ（1892–1922）はこう述べています。

ただ法だけに立脚しているような政権が長期間持ちこたえた国など一つもない。法制度は倫理・宗教・習俗・礼儀・行儀作法、否、それどころか節度や流行も、法以外の関係を規定するだけではなく、到る所で法の分野にも影響を及ぼすのである。法に基づくいかなる組織も法規範のみによっては存続し得ず、組織の力を倍加し、補充する法以外の規範の支持を絶えず必要としているのである。(57)

自由・民主主義・法の支配の思想は、裏返して言えば、法律に違反しなければ、もっと言えば法律に反しても逮捕されなければ何でもありの百鬼夜行の社会です。そこでは自分の命は自分自身で守るため、拳銃を枕の下に忍ばせて眠りにつく社会でもあります。幸せな社会とはいえません。

ところで、孔子は子貢の質問に対して「民信なくんば立たず。」と答えました（『論語』顔淵篇）。経営者は、経営や哲学の知識だけでなく、信念としての道徳哲学（moral philosophy）が求められます。ここでいう道徳哲学は、儒教でいうような狭い意味の道徳ではありません。エールリッヒのいう倫理・宗教・習俗・礼儀・行儀作法を含む広義の道徳哲学です。道徳哲学の源泉のひとり哲学者カント（Immanuel Kant）は、哲学についてこう述べています。

古代ギリシャの哲学は、三通りの学に分かれていた。すなわち―物理学、倫理学および論理学である。・・・そして自然の法則に関する学は物理学であり、また自由の法則に関する学は倫理学である。なお物理学は自然学とも呼ばれ、また倫理学は道徳学とも呼ばれる。(58)

哲学者の哲学的考察においては論理を重視します。しかし論理だけでは危険がともないます。戦前のわが国の哲学者九州帝国大学教授・文学博士の鹿子木員信（かのこぎかずのぶ）（1884–1949）は狂信的なファシストになりました。(59)ドイツの哲学者マルティン・ハイデガー（1889–1976）は「存在とは何か」という哲学の根本問題を考えましたが、ヒトラーとナチズムを高く評価してナチス党に入党し、また、弟子（学生）のハンナ・アーレントや他の女性と不適切な関係がありました。(60)

それにたいし、哲学者でもない、主義者でもない、名もないミュンヘン大学の学生ショル兄妹が良心にしたがって、ヒットラーを批判するビラを配り処刑されました。映画『白バラの祈り ゾフィー・ショル、最期の日々』（監督マルク・ローテムント、２００５年）では、彼・彼女らの弁護を行わなかった弁護士の偽善、死刑判決を下した裁判官の論理的思考の浮薄さが対比されます。彼・彼女らの活動こそ、真の哲学的行為とはいえないでしょうか。ともあれ、哲学を知っている人も、知らない人も、大切なことは、カントが前述した道徳学です。しかしそれはユダヤ人の強制収容所への移送の責任者、アドルフ・アイヒマンのようにカントの定言的命令を暗記していることではありません(61)（後記285頁）。肝心なことは学術理論を超えた、良心の声を聴く祈りです。祈りを忘れた思想は恐怖です。

井上円了は１９０３（明治36）年5月8日午後、カントの墓標、碑銘を訪ねて所感を述べています。「不出郷関八十春、江湖遠処養天真、先生学徳共無比、我称泰西第一人」（郷里の村を離れず、八十年の歳月を送る。江湖の遠いところで天然の性を養う。カント先生の学と徳はともにくらべるものはない。私は西洋第一の人と称しています。[62]）、そして、円了が創立した「哲学堂」（四聖堂）には、カントが祀られています。

円了は「わが国の実業家も天地の活書を読み、宇宙の大観を放ち、これを自心に会得し、心底深きところより発する命令に聴き（ママ）、性天高きところより漏れる光気に導かれて、国家社会のために活動ありたきものである。[63]」と述べています。これはカントの墓碑に刻まれているという有名な言葉「新たな感嘆と畏敬の念とをもって我々の心を余すところなく充足する、すなわち私の上なる星をちりばめた空と私のうちなる道徳的法則である。[64]」（傍点同著、ルビ引用者）と通底しているようにおもいます。

〔注〕

（1）土屋喬雄『日本資本主義史上の指導者たち』岩波新書、１９８２年特装版、３頁。
（2）源 了圓『実学思想の系譜』講談社学術文庫、昭和61年、19頁。
（3）宇野哲人全訳注『中庸』講談社学術文庫、１９９７年、43頁。
（4）松浦玲『横井小楠』朝日新聞社、２０００年、40頁。
（5）「百一新論」『日本の名著34 西 周 加藤弘之』中央公論社、昭和47年。
（6）「福翁百話」『福澤諭吉全集第６巻』岩波書店、昭和45年。
（7）小泉信三『福沢諭吉』岩波新書、２００７年、196頁。
（8）丸山眞男 松沢弘陽編『福沢諭吉の哲学他六編』岩波文庫、２００１年、78頁。
（9）土屋喬雄『渋沢栄一』〔人物叢書 新装版〕吉川弘文館、平成元年、257頁。
（10）渋沢栄一述・長 幸男校注『雨夜譚—渋沢栄一自伝—』解説、岩波文庫、329頁。

（11）『渋沢栄一―日本近代の扉を開いた財界リーダー』PHP研究所、2016年、233頁。
（12）長幸男編集「青淵百話（抄）」『実業の思想 現代日本思想体系』筑摩書房、1964年、151頁。
（13）渋沢栄一『論語と算盤』図書刊行会、平成13年、2頁。
（14）片岡信之『日本経営学史序説』文眞堂、1990年、138頁。
（15）佐野眞一『渋沢家三代』文藝春秋、平成11年、118頁。
（16）佐野眞一『前掲』195-196頁。
（17）家永三郎『革命思想の先駆者―植木枝盛の人と思想―』岩波新書、2018年、44頁。
（18）P・F・ドラッカー『マネジメント（上）―課題・責任・実践』野田一夫 村上恒夫監訳 ダイヤモンド社、昭和49年、6頁。
（19）入交好脩『武藤山治』〔人物叢書 新装版〕吉川弘文館、1987年。126頁。
（20）長幸男『現代日本思想体系11 実業の思想』日本評論社、1964年33頁。
（21）武藤山治『私の身の上』武藤金太、昭和9年、非売品、国立国会図書館デジタルコレクション、22-23頁。
（22）高橋昌郎『中村敬宇』吉川弘文館、昭和63年、189・189頁。
（23）間宏『長期安定雇用』文眞堂、1998年、54頁。
（24）PHP研究所 経営理念研究本部 坂本慎一、2017年6月17日東洋大学井上円了センター公開講演会発表レジュメ、18頁。
（25）坂本慎一『前掲』2頁。
（26）経営哲学学会編『経営哲学の授業』PHP研究所、2012年、70頁。
（27）坂本慎一『戦前のラジオ放送と松下幸之助』PHP研究所、2011年、41頁。
（28）坂本慎一『前掲』72頁。
（29）岩瀬達哉『血族の王』新潮文庫、平成26年、366頁。
（30）林正樹『経営学百年―鳥瞰と未来展望』経営学史学会年報第7輯、2000年、132-133頁。
（31）山本政一 増補『日本的経営の改革』千倉書房、平成12年、序。
（32）占部都美『杢流経営法』光文社、昭和58年、19頁。
（33）広中和歌子／木本彰子訳、TBSブルタニカ、1979年、47頁。

（34）間宏『長期安定雇用』文眞堂、1998年、4頁。
（35）中根千枝『タテ社会の人間関係』（講談社現代新書、昭和42年、71頁。
（36）中根千枝『前掲』23－24頁。
（37）岩田龍子『日本的経営の編成原理』文眞堂、昭和59年、18頁。
（38）三戸公『家の論理 第1巻 日本的経営論序説』文眞堂、1993年、1頁。
（39）三戸公『前掲』309－311頁。
（40）三戸公『同著 第2巻』1998年、241頁。
（41）三戸公『前掲』109頁。
（42）堀之内恒夫『現代修身教育の根本的省察』賢文館、昭和9年、268頁。
（43）ルース・ベネディクト 長谷川松治訳『菊と刀 日本文化の壁』講談社学術文庫、2020年、80－281頁。
（44）西平直『修養の思想』春秋社、2020年、38頁。
（45）［盛和塾］通巻一〇八号二〇一一年九月十日発行。
（46）盛和夫京セラフィロソフィ』（サンマーク出版、2014年、まえがき、38頁。
（47）アメーバ経営学研究会編『アメーバ経営学―理論と実証―』丸善、2010年、20頁。
（48）稲盛和夫『アメーバ経営』日本経済新聞出版社、2010年、30頁。
（49）稲盛和夫『生き方』サンマーク出版、2005年、243頁。
（50）稲盛和夫『稲盛和夫の実学―経営と会計』日本経済新聞社、1998年、206頁。
（51）稲盛和夫『京セラフィロソフィ』（サンマーク出版、2014年、430頁。
（52）経営哲学学会編『経営哲学の実践』文眞堂、2008年、29頁。
（53）井上円了「奮闘哲学」『第2巻』212頁。
（54）井上円了「奮闘哲学」『第2巻』441頁。
（55）モンテスキュー 根岸国孝訳『法の精神』河出書房世界の大思想16、51頁。
（56）日本の名著18『富永仲基・石田梅岩』中央公論社、昭和59年、70頁。
（57）河上倫逸・M・フーブリヒト共訳『法社会学の基礎理論』みすず書房、2001年、50頁。

（58）篠田英雄訳『道徳形而上学原論』岩波文庫、２０２０年、５－６頁。

（59）古在由重『思想とはなにか』岩波新書、１９６９年、107頁。

（60）ハイデガーの研究者木田元（1928-2014）は「ハイデガーに関しても、結局私は、たしかに性格はよくない、だが思想はすごい、それでどこが悪いと坐り直すようになった。」（日本経済新聞「あすへの話題」２００８年９月29日）と記しています。

また、ある哲学者は、ある種の反面教師として読む視点が必要であると述べています。これは西洋哲学が人格形成とは連動しない学問であるということです。

井上円了は東西両哲学の異同について「西洋哲学は理論の一方に走り、大は絶対を極め、細は微塵に入るほどなるも、世道人心を維持する方面においてはすこぶる迂闊なるものである。」「東洋哲学は哲学上の道理を直ちに実際に応用し、世道人心を裨益せんことを努めている。」（「奮闘哲学」『第２巻』228頁）と述べています。

（61）ハンナ・アーレント 大久保和郎訳『イェルサレムのアイヒマン 悪の陳腐さについての報告』みすず書房、２０１３年、107頁。

（62）井上円了「西航日録」『第23巻』214頁。

（63）井上円了「奮闘哲学」『第２巻』338頁。

（64）波多野精一 宮本和吉 篠田英雄訳『実践理性批判』岩波文庫、２００１年、317頁。

第4章　学者経営学―実学の主流

1. パンのための学

1・1　学者経営学の性質

本章のねらいは、欧米の学者経営学について整理し、経営知の基点を確認することです。と申しましても、経営は無形の行為です。無形のものを言葉で説明するのは易しいことではありません。わかりやすい例をあげます。日本茶のおいしさを伝えるのに、まろやかな味、風味のある味といってもよくわからないでしょう。他者に伝わるにはさらにその説明が必要になります。つまるところ、美味しいものは美味しいとしか云えられません。経営という無形の行為もそれに似ています。経営者が経営体験を言葉で伝えるのは難しいことです。優れたリーダーシップとか、勝つ経営とか、イノベーションなどの苦労話をしたところで本当のところは伝わらないでしょう。なぜなら成功した経営者の継承者が高学歴であっても、優れた経営者になるわけではありません。経営学博士が教えても、生徒が経営者になるとはかぎらないからです。

しかしながら経営行為という現象から出発して本質へと進み、経営の合理的な法則について言葉で説明するのが学者経営学です。あるいは経営問題を観察し解決する方法を研究する学といってもよいでしょう。ともあれ、経営の行為現象を執筆者（学者）の価値判断を通して記述するのが学者経営学です。学者経営学は一般論として、考え方を中心とした総論と方法論を中心とした各論に分かれます。

書籍で多いのが方法論を中心とした各論です。各論の対象は、企業論、組織論、イノベーション論、リーダーシップ論、マネジメント論、情報論、生産論、マーケティング論、会計論、等々に細分化されて限りなくハウツーへと近づきます。しかし経営学者の基本は文献学的実証主義です。米国を主とした海外文献の渉猟・翻訳・紹介であり現場調査にもとづく分析・研究です。要するに学者経営学といっても科学化・細分化・専門化された視点から論じられているものです。学者経営学の性質は、インドの寓話のように、ある特定の知識から経営の全体像を眺望し固定化・絶対化する傾向をもっています。インドの寓話とは生まれたときから目の不自由な人が初めて象に触れたときのお話しです。

頭に触れた人は象は「瓶のようだ」と言い、耳に触れた人は「団扇（うちわ）のようだ」と言い、鼻に触れた人は「竿（さお）のようだ」と言い、胴に触れた人は「穀倉（こくそう）のようだ」と言い、脚に触れた人は「柱のようだ」と言い、尾に触れた人は「箒（ほうき）のようだ」と言ったということです。もとより創作されたものです。

２０２１年１月18日当時の管義偉首相は施政方針において、故梶山静六内閣官房長官の教えにふれ「資源の乏しい日本にとって、これからがまさに正念場となる。国民の食いぶちをつくっていくのがお前の仕事だ。」の言葉を胸に、国民のために働く内閣として全力を尽くしたいと演説しました。ありていに言えば、国家の経営者（政治家）は国民にパンと仕事を確保する責務があり、事業の経営者は社員とその家族、株主にパンを獲得し配分する責務があるということでしょうか。もとより政治家や経営者の責務はそれだけではありません。しかしたしかに社会正義を論じる法律家も事務所経営のことになるとたちまち経営知が必要になります。これは学者にしても、教育者にしても、僧侶にしても、藝術家にしても、スポーツ選手にしてもそれらが生活と結びつくかぎり「パンのための学」が必要です。パンのための学とは、経営という考え方が、寒さや渇き・飢えという人類の飢餓からの解放という本性から生まれた知恵であり、人間の生命を支える衣食住の確保を基礎に発達した学だからです。

と申しましても市井のビジネス書をみると、経営学だけでなく、企業学、会社学、社長学、起業学などが混在して論じられています。そうするとまず、経営学説史の大意を考察することが必要になります。

経営学が意識されるようになったのは18世紀半ばから19世紀にかけて起こった産業革命からです。農耕社会から工業化が急速に進展し大規模工場の組織化が始まりました。同時に、変革は新しい市民社会の誕生でした。根源的に考えると、経営は市民社会を支える人間の生存と自由の精神を希求する行為です。今日的課題でいえば、ＳＤＧｓ（持続可能な開発目標）、男女共同参画、ディーセントワーク、モラル・ハラスメントなどです。すなわち経営知の歴史は人間生活の基礎にある生きとし生けるものの生存と自由の拡大・発展の歴史でした。しかし経営学説史では企業活動において、経営が著しく発達したため、企業経営を中心とした経営学説史になっています。今日では、経営は企業経営だけでなく、家庭、病院・福祉施設、農業、学校、寺院、労働組合、非営利団体、行政体、政府まで、あらゆる共同体に普遍的に存在するものとして認識されるようになりました。あわせて、経営について考察する者にも幅広い視野が求められるようになりました。考察者自身も自己のバイアス（先入観、偏り）から逃れられませんので、視座の違いについての自覚が必要になります。考察者の視座とは、経営学者、経営者、経営コンサルタントの視座の違いです。

経営学者の視座は前述しました。経営者の視座は、経営学者のような専門的な部分知ではありません。経営者は、経営が理論どおりにいかないことをよく知っていますので、経営者体験からくる直感知（カン）を大切にします。経営の直感知（カン）とは経営学の知識と理論を超えて問題点をつかみとる総合的な判断知です。それは事業環境が日々変化し、事業はたえず分化・発展するなかで、経営者は事業環境の未来を予測し、事業体の方向を合一させることに全力を傾けているからです。ところで、筆者は経営コンサルタントの立場から執筆していますので、経営コンサルタントの視座を説明しておきましょう。

1・2　経営コンサルタントの視座

経営コンサルタントは「経営」の専門家です。しかし、弁護士や税理士などのような公認の資格者ではありません。公認資格とは医師、弁護士、公認会計士、税理士のように、その資格を保有しなければ開業できない業務独占資格のことです。これはわが国だけではなく、他国でも同様です。そのため各団体が自主的に認定基準をつくり、肩書きを付与しています。代表的なものとして、全能連認定マネジメントコンサルタント、（一社）日本経営士会認定経営士、（財）社会経済生産性本部認定経営コンサルタントから中小企業支援法にもとづく中小企業診断士などがあげられます。しかし、認定資格は経営改善や改革を遂行できるという能力保証まで認定しているわけではありません。経営コンサルタントの能力保証は付与した団体ではなく、コンサルタント個人に存します。と申しましても認定資格は、経営コンサルタントを総称する一般名称として、あるいは業種別の冠もしくは権威づけとして利用されています。経営士をインターネットで検索してみましょう。ＮＰＯ日本経営士協会認定経営士から技術経営士、農業経営士、ＳＣ経営士、物流経営士、フランチャイズ経営士、医療経営士、病院経営士、介護福祉経営士、栄養経営士、等々幅広く使用されています。

社団法人（現在 一般社団法人）日本経営士会第3代会長上田武人（1901-1976）は、たとえば一日だけ講習会のようなものに参加しただけで〇〇士とかいろいろの名称が与えられ、しかもそれらが場合によっては社会の害になっている事例も昨今多くみられるだけに、われわれとしては会員に、社団法人日本経営士会会員経営士と書くように言っているんです。[1]と注意をうながしています。

経営士の認定資格は昭和26（１９５１）年9月27日にアメリカに於けるマネージメント・コンサルタント（Management Consultant）と同じ趣旨を持つものとして発足しました。経営士誕生のきっかけは当時の経済安定本部の役人が訪米し、アメリカの経営コンサルタント業の活躍とその重要性を認識したことにあります。昭和26年8月27日に安本副長官の名義をもって全国から学識経験者約80名が招請・協議が行われて原案が定められました。9月25日、通産大臣官邸において、日本経営士会発起人会が開催され、経営士制度が発足しました。発足に先立って経営コンサルタントの領域が検討されました。技術面は、同年7月、日本技術士会が成立して技術士が誕生したので、技術面は技術士が担い科学技術庁の所管で国家試験制となりました。経営面は、経営士が担い通産省の所管で民間の自治団体、日本経営士会ににゆだねられることになりました。経営士の命名者は平井泰太郎です。発足当時の

役員は、会長 工学博士加茂正雄、副会長 日本経営能率研究所所長荒木東一郎、副会長 日本能率協会理事長森川覚三、理事 神戸経済大学教授平井泰太郎、全日本能率連盟会長・人事官上野陽一、東京都商工指導所中西寅雄（肩書きは当時のもの）(2)らでした。

平井泰太郎（1896-1970、以下、平井という。）は兵庫県生まれ。神戸高等商業学校（現神戸大学）卒業（大正7年）。東京高等商業学校（現一橋大学）卒業（大正9年）後、神戸高等商業学校講師となり、欧米に留学します。神戸商業大学教授（昭和6年）、神戸大学教授(昭和24年)。日本初の経営学博士の学位を授与（昭和26年）されました。神戸大学名誉教授。日本経営学会設立に参画（大正15年）し、日本経営診断学会（昭和31年）などを設立しています。平井は戦中「経営国家の要請は、特殊目的追求の計算体としての非人格なる企業なるものを修正して、国家の構成体としての部落および家を単位とする経済および産業の存立を意図するが故である。(3)」と経営国家学を構想してお国のためにご奉公しました。もう一つは「経営学の発展の過程ならびに現状において、あらゆる階梯において実用主義が重要なる動機を成していること、ならびに実用主義を度外視しては、現今における経営学の本体をも解し難きになると思われる」(4)と経営学における実用主義重視の姿勢を述べています。俗にいう御用学者です。また、平井はマネジメントと経営を同一視していました。この違いについては第6章で考察します。

さて、平井は経営士の仕事について、会計に関する会計士という職業があるように、経営に関する顧問・診断あるいは指導を行うことを業とする職業であると述べています。また、経営士の職務について平井は、職務は多方面にわたるから専門とすべき分野をもつべきとして、①経営部会、②人事部会、③生産部会、④販売部会、⑤経理部会、⑥事務部会の6分科会を設けることになったと記しています。

あわせて平井は「経営学の中に、経営士学としての経営学が発達すべき要請が存在することもまた知らなければならぬと思う。」と述べて「経営士学」を提唱しました。[(5)]しかし、経営コンサルタントもビジネスです。即効的有用性を重視する日本経営士会では学的精神は疎んじられました。そこで日本経営士会の有志によって平成20（２００８）年10月22日、経営士学学会が設立されました。経営士学学会は経営コンサルタント経営学を研究する日本で唯一の学会として、理論と実際、学説と応用の壁を乗り越えようとしています。

ところで、コンサルタント（Consultant）とは、ことばどおり相談役のことで、経営の相談にあずかる職業が経営コンサルタントです。しかし、コンサルタントの名称は結婚コンサルタント、転職コンサルタント、保険コンサルタント、等々いたるところで使用されるようになりました。今日では誰でも行えるようになったようにも見えます。しかし、コンサルタント（相談）で報酬を得るのは容易ではありません。一般的にいう経営コンサルタントの業務は、経営相談、経営顧問、経営診断、経営指導、調査・企画（戦略）の提案、教育・訓練、セミナー講演、学校の講師、ライター等です。経営コンサルタントは、これらの業務を組み合わせながら自らの生計を営んでいます。職業分類は専門サービス業です。経営ニーズにもとづいてコンサルティング・スキルを提供し産業界に受容されます。経営ニーズは産業別、業種・業態別あるいは規模別によって異なり階層別によっても異なります。何よりもコンサルティングは、経営問題の解決に役立つものでなければなりません。したがって、経営コンサルタントの知は経営学者のような部分知・専門知ではなく、事業の生産性と共同行為に関わる経営学、法律学、哲学、経済学等の理論と実務を身につけた総合的な知が求められます。実務とは、出来るという意味の実践知です。両者はもとより厳密に区別することはできませんが、たとえば、教育・訓練、講演、ライターなどは知識という意味の知であり、事業再建のコンサルティングは出来るという意味の実践知といえるでしょう。とはいえ、ＩＴ系コンサルタント、Ｍ＆Ａ系コンサルタント、営業系コンサルタント、人事系コンサルタントから、業種・業態に特化したコンサルタントなど、その多くは部分知・専門知のコンサルタントです。総合的経営コンサルタントは希少といえます。その希少な総合的経営コンサルタントを筆者は「上級経営士」と呼称します。(6)

１・３　道具としてのコンサルティング技法

経営相談では差し迫った問題が多く、コンサルティング技法が必要になります。問題解決のツールやＰＥＲＴ（Program Evaluation & Review Technique）をはじめ、いわゆる経営学各論のマーケティング、生産、人事、財務（会計）、ＩＴ、法律などを個別・具体的な現場へと応用していくことです。したがって経営コンサルタントは何よりもコンサルティング技法を習得しておかなければなりません。なぜなら（コンサルティング技法を習得しないで）情報提供だけの、お話しするだけのコンサルタントが多いからです。そうしたコンサルタントは経営評論家やカウンセラーもどき、と呼ぶほうがふさわしいでしょう。言いかえましょう。経営コンサルタントと類似する経営評論家、カウンセラー、コーチング、社会保険労務士、税理士などと区別するのは、コンサルティング技法です。

コンサルティング技法の特質をひと言でいえば、経営目的を達成するための手段であり、道具です。それ以上のものではありません。たとえば、ヤマト運輸元会長故小倉昌男は「私はかねがね経営は理屈ですと主張してきた。つまり目的があり、それを実現するための手段を考える。手段として合理的かつ効率的な方法を見つけ成果を上げるのが企業の経営です。[(7)]」と述べています。小倉のいう手段として合理的かつ効率的な方法が、筆者のいう道具です。もうひとつ例をあげましょう。コンサルティング技法の歴史は、アメリカのフレディリック・W・テイラーの科学的管理法に始まります。その科学的管理法を道具と位置付けたのはロシア革命（1917年）を主導したウラジーミル・レーニンです。テイラーの『工場管理法』（１９０３年）、『科学的管理法の原理』（１９１１年）に対し、レーニンは革命前（１９１４年）に、こう批判しました(原文のママ)。

現代のような危機の時代にはとくに競争が激化するが、この競争は、生産を安あがりにするためにますます新しい手段を発明することをよぎなくさせる。だが、資本の支配は、このような手段をすべて、労働者をいっそう抑圧するための道具に変えてしまう。テーラー・システムは、このような手段の一つである。[(8)]

しかしながら革命後（１９１８年）、レーニンの主張は次のように変わりました。

> 新しいソヴェト型の国家をつくりだしたが、それだけではまだ困難な任務のわずかな部分だけを解決したにすぎない。主要な困難は経済の分野にある。・・・働くことをまなぶこと—ソヴェト権力はこの任務を全面的に人民の前に提起しなければならない。この点での資本主義の最新の成果であるテーラー・システムは・・・労働のさいの機械的運動の分析や、よけいな不器用な運動の除去や、もっとも正しい作業方法の考案や、もっとすぐれた記帳と統制の制度の採用など—とを、そのなかにかねそなえているのである。・・・われわれは、ロシアでテーラー・システムの研究と教習、その系統的な実験と応用とをやりはじめなければならない。[9]

道具は、家を建てるときに必要な金づちやノコギリのようなものです。科学的管理法は資本主義、社会主義の体制に関わらず必要とされる道具です。同時に道具には危険が随伴します。道具としての包丁は、調理人が使えばよい料理ができますが、喧嘩の最中に使えば相手を傷つけてしまいます。レーニンは資本主義社会でテイラー・システムを使えば人間を奴隷化するが、社会主義社会で使えば人間を幸せにすると述べました（振り返るとそうはなりませんでした）。ともあれ道具は諸刃の剣です。テイラー・システムつまり、科学的管理法は経営技法とも、マネジメント技法ともいいます。マネジメント技法を「いかに」（how）「知って」（know）応用していくかというノウハウを学ぶことは事業経営ではきわめて重要です。同時に道具を利用する者の精神（哲学）が大切になります。それゆえ、テイラーは、科学的管理法の目的を〈対立からハーモニーへ〉〈経験から科学へ〉の精神革命と述べました。言いかえましょう。

わたしたちは資本制社会で暮らしています（主義は思想の意味です）。資本制社会は「Ｇ―Ｗ―′Ｇ（ゲー・ヴェー・ゲーダッシュ）、ＧΛ′Ｇ」で表現される、お金―モノ―利益を基本とする資本の自己増殖運動の社会です。俗にいう資本の論理が貫通する社会です。資本の論理は富む人がより富み、貧しい人がより貧しくなる結果、人間平等の視点から批判されます。しかし、資本の論理を批判しても克服するのは易しいことではありません。なぜなら、資本の論理は人間の欲望を源泉としているからです。

資本の論理を克服する道として、Ｋ・マルクスはアソシエーション（association）を提示しました。アソシエーションは政治権力のことではありません。アソシエーションとは、働く人々が自主的につくりだす、精神労働と肉体労働の対立がなくなったより高度な段階の協同労働のことです。[10] ２０２０年12月、わが国でも「労働者協同組合（労協法）」が成立しました。協同労働者はいわゆる株主・経営者・労働者を合一した立場です。したがって、協同労働者には高度の経営知識と技術及び道徳律が求められます。裏返していえば、チープな協同体にも専制的な協同体にもなりうるということです。これは労働者協同組合だけでなく、株式会社でも他の組織でも同じです。大切なことは経営技法からビックデータ、ＩＣＴ（情報通信技術）、ＡＩ（人工知能）等々の経営道具を利用する、経営指揮者（経営者・管理者・マネジャー）の精神（哲学）です。

2. 経営学の発展

2・1　支配人（経営者）の出現

18世紀末から19世紀にかけてイギリスで起きた産業革命は科学の進歩が人間に幸福をもたらすという希望がありました。そうした時代を象徴する人物が、ロバート・オーエン（1771-1858）です。オーエンは産業革命の時代に活躍したイギリスの経営者（綿糸紡績王）です。自叙伝によると、オーエンは10歳のとき故郷のニウタウンからロンドンに出て呉服店の店員となり、いくつかの職業を経て、28歳のときスコットランドの紡績会社ニュー・ラナックの総支配人兼合資者になりました。

当時の「ニュー・ラナックは一家を構えて村に居住している約千三百人と、教区からえた四百から五百の貧しい子供たちとから成り立っていた」[(11)]、後進地域でした。オーエンは、こう回顧しています。「そこで私は決心した、まずデール氏と諸教区との間に結ばれた小児の雇用契約は廃棄すべきこと、このうえさらに貧乏人の子供を入れさせないこと、村の家屋や道路は改良させ、貧乏人の子供の代りに新たな家族を迎えるために、新しい・より善い家居を建てること、また、工場の内部は模様変えをし、旧式機械は新式のに代えること、を。しかしこれらの変化は、段々になさるべきで、しかも工場が儲からねばできぬことであった。」（原文のママ）[(12)]。オーエンはニュー・ラナックで金儲けと労働者の人間的幸福の同時達成をめざしました。

オーエンの会社は収益性があったことが報告されています。その要因は「工場の『整然とした配置』、斬新な技術にたいする機敏な方針、下層管理者の注意深い選択と訓練とともに、彼の労働者たちに競争上必要な賃金を支払うにすぎないのに彼らの協同をかちうる能力に起因した」[13]ものでした。賃金は他の会社より低かったようですが、ニュー・ラナックの村は、より多くの、より良い住宅を供給されて、家の整備と公衆衛生にたいする検査制度が設立され、高い水準が保証されていました。会社管理の売店を通じて良質の飲食物が供給されました。また、オーエンが設立した「性格形成学院」では、1〜6歳の幼児教育、6〜10歳の子どもの初等教育が行われました。当時の工場経営者の課題は、生産と財務そして労働者の確保でした。地方の寒村で人材を確保し育成し収益をあげるには、ニュー・ラナックの方法は合理的、効率的なものであったといえます。しかし、オーエンの経営者としての管理技術は特別に卓越したものではなかったとの報告もあります。むしろ「実践で同じくらい人間的かつ開明的な他の人々が周辺にいた」し「工業の技術発達への彼らの貢献はたぶん、彼（オーエン：引用者）よりも大きかった。[14]」ということです。オーエンは後の人から空想的社会主義者あるいは博愛主義者と評されていますが、オーエンは独力で立身出世をした実業家であり、経営者らしい経営者であったといえます。

ともあれ、経営学はその始まりにおいて、オーエンに代表される支配人（経営者）のように事業の利益と人間の幸福との同時達成が追求され、資本制社会への改善・革新が行われていました。

さて、イギリスから独立したアメリカの発展は19世紀のはじめ、織物工場の建設に始まります。そうした工場制度の影響は他の領域へと拡大しました。19世紀末からアメリカ産業界では能率推進運動（Efficiency Movement）が展開されました。アメリカ経営学は管理法の発展史です。その始まりは、フレディリック・W・テイラーの科学的管理法です。

2・2　アメリカ経営学

テイラーは１８５６年、フィラデルフィアの弁護士の家庭に生まれました。ハーバード大学に合格しましたが、目を悪くして入学を断念。見習職工（木工型・機械工）として働くことになりました。その後、ミッドベール製鋼へと移り、職工から技師、技師長へと栄進しました。この間、通信教育でスチーブンス工科大学を卒業しました。１９０１年にテイラーは世界最初の経営コンサルタントになりました。教育と普及活動を行っていましたが、講演旅行からの帰途、肺炎を患い亡くなりました（１９１５年）。テイラーの墓碑銘には「科学的管理の父」と刻まれています。

科学的管理の名付け親は、ボストンの弁護士ルイス・D・ブランダイスです。それまではテイラー・システムとか、テイラー・イズムと称されていました。１９１０年、東部の鉄道会社が集団で貨物運賃の値上げを申請したとき、値上げ反対の荷主側弁護士がブランダイスでした。ブランダイス弁護士が科学的管理法を各鉄道会社に適用するならば運賃値上げは必要ないと主張した結果、荷主側が勝利しました。この東部鉄道運賃率事件の勝訴が科学的管理法を世に知らしめたといわれます。

科学的管理法は事実を対象とした客観的、合理的、効率的なものです。要約すると、科学を仕事に応用して、１日の適正な仕事量を客観的に設定し、それを労働者の賃金に反映して生産性を向上させることです。テイラーの主要著作は３つあります。①Shop Management, 1903.（作業の科学による課業管理の体系)。②Principles of Scientific Management, 1911. (指導原理)。③Taylors Testimony Before the Special House Committee, 1912. (フイロソフイ)です。また、テイラーの指導原理は、1.経験から科学へ、2.不和からハーモニーへ、3.個人主義をやめて協力へ、4.生産制限をやめ最大限を目指す、5.各人の最下限の発展による最大限の能率と繁栄を、の5原則で示されます。

そしてそれらは、事業の生産性を向上させること。共同関係に内含するコンフリクト(conflict：対立、葛藤、紛争)を解消させることの2点に集約されます。経営は生産性と共同行為を対象として発展してきましたが、テイラーが出現するまでは、生産性や共同行為にかかわる部分的な問題が別々に論じられていました。とりわけ共同行為に内含するコンフリクトは生産性と二律背反の関係として生産性向上の最大の阻害要因となっていました。労働者であったたテイラーは、働く人をよく観察して二律背反の統合化をはかり、経営者と労働者を悩ましていた問題を解決しました。

経営士・技術士の上田武人は「F・W・テーラーもいったように当時彼がとなえたことはすべて〝物の考え方〟であって、彼の実際にやつたことはその考え方に基づく一つの方法にすぎないものである。[15]」と述べています。

科学的管理法は、精神(哲学)と経営技法の一元化をはかるものでした。科学的管理法は、わが国では能率という言葉で紹介されましたが、能率学者上野陽一の能率の考え方は精神(哲学)と経営技法の一元化をはかるものでした。

テイラーの Scientific Management はその後、訳者が、経営管理の技法と考える場合は科学的管理法と訳され、哲学すなわちテイラー精神と考える場合は科学的管理と訳されました。ふたつの言葉は、いわゆる一元論と二元論の象徴です。両者は弁証法的両義性として発展していきます。

科学的管理法は、フランク&リリアン・ギルブレス、カール・バース、モリス・クック、ハリントン・エマーソン等の経営コンサルタントの活躍によって展開されました。フォード自動車のフォード・システム、ＩＥ（Industrial Engineering）、トヨタ自動車のジャスト・イン・タイム（Just In Time）など、工場管理の基礎として今日も活用されています。またこれらは経営学各論で論じられています。

他方、テイラー精神（哲学）は、ヘンリー・L・ガントやメアリー・P・フォレットらによって承継されました。テイラー精神（哲学）の発展についてはもう少しつづけましょう。

ヘンリー・L・ガント（1861–1919）は、南北戦争開始の年にメリーランド州の農家に生まれました。ジョンズ・ポプキンス大学を卒業後、母校で教師をした後、再び大学に戻り、機械技師の資格を取得しました。26歳のとき、ミッドベール・スチール社のエンジニアリング部門にいた、F.W.テイラーの助手として採用されて、ともに仕事をしました。１９０１年、ガントは産業技師としてコンサルタント業を開設しました。ガントの著作は150を超え、発明特許は1ダースを上回り、大学でも講義を行い、成功した最初の経営コンサルタントの一人といわれます。(16)

ガントの発明したものでよく知られるのは図表「ガント・チャート」です。ガント・チャートは作業の計画化と統制の問題を、棒グラフを用いて解決する革新的な方法です。政府から殊勲賞（ＤＳＭ）が与えられました。現在、わが国でも工程表として手帳から作業まで広く使われています。ガントはまた企業の社会的責任も提起しました。１９１９年にこう述べています。

「コミュニティは、まず何よりもサービスを必要としている。なぜかというと、コミュニティの生活は他人のサービスに依存しているからである。」そして「提供するサービスに見合う限度をはるかにこえて、企業が報酬や利益を力ずくで取ろうとすることは、独裁権力の行使と同じであり、世界の産業平和にとって脅威である。」それゆえ「企業組織は、その社会的責任を認識しサービスに献身することを第一義としなければならない。さもないと、結局は社会が自らこの仕事を引継ぎ、企業を社会の利益となるように運営しょうとするようになろう。[17]」、そして、経営者として企業の社会的責任を取り上げたのは、オリバー・シェルドン（1894–1951）です。

オリバー・シェルドンはイギリス西部チェシャー州コングレイトンに生まれました。オックスフォードのマートン・カレッジで学位をえて、１９１９年にチョコレートと菓子の製造会社ロウントリーに入社し、１９３１年にロウントリーの社長になりました。有能な経営者であったというシェルドンは、企業の存在理由について「企業は、社会の良き生活のために、社会が必要とする数量の必要な商品およびサービスを提供するために存在する。これらの商品およびサービスは十分な品質標準と両立しうる最低の価格で提供され、直接間接に社会の最高の目的を推進するような方法で分配されなければならない。」それゆえ企業経営は「社会に対する奉仕の動機を内在しているある種の原理によって支配されなければならない。」と述べます。その原理について要約します。第一は、企業の政策、状況、方法は社会の福祉に役立つべきだという原理である。第二は、世の中の意見の最も公平な人びとによって、一般的に承認されるような社会正義の理想を、実行に移すように試みるべきだという原理である。第三は、経営者は社会の統合力として、また高度に訓練された部分として、それ自体の領域のうちで可能なかぎり、全体的な倫理水準と社会正義の概念を向上させるようイニシアティブをとるという原理である。そして、経営者は、経済的な基準に基づいて企業を維持すると同時に、能率─労働者、経営管理者そしてこの二者の関係における個人的もしくは人間的能率、ならびに工場の方法と物質的状態における非人間的能率の双方─を発揮することにより、企業の存在目的を達成する。[18]

シェルドンが勤務したロウントリーでは週48時間労働制、提案制、医療制度、年金計画を実施する他、従業員の健康、福祉を保護するための専門家を雇用したり、住民調査を行い貧困対策として、政党に働きかけて最低賃金制を導入させたりしていました。シェルドンも労働者と協議して労働時間を短縮し、労働の尊厳を研究して労働者と協議しました。こうしたことはロバート・オーエンをはじめとするイギリス経営文化の伝統であり、また、メアリー・P・フォレットの影響もありました。

メアリー・P・フォレット（1868–1933）は、ボストンの良家の娘として生まれました。ハーバード大学ラドリック校卒業後、ケース・ワーカーとして長年、活躍し、テイラー協会にも所属していました。各産業で働く婦人や未成年者の基準賃金決定問題の調停委員会の委員に選任された体験から、コンフリクトを建設的に解決する方法として統合という概念を提唱しました。ニューヨーク人事管理協会の講習会や創設されたハーバード大学経営大学院などで講演を行いましたが、経営学者に知られるようになったのは故人になってからです。フォレットが述べていることを要約してみましょう。

現代でもっとも深淵で、もっともすぐれた考え方は「統合の原理」である。すぐれた哲学者は常に、統合化こそが人生の基本的な原理であると述べている。統合の具体例として、ハーバード大学図書館のかなり小さな部屋で、私は部屋の窓を締めておきたかったのに、誰れかほかの人が窓を開けたがっていた。そこで誰もいない隣の部屋の窓を開けることにした。これは妥協ではなかった。

また、企業経営は、はじめは家内企業のような混沌とした状態が存在すること。それが進化（発展）するにともなって機能分化（組織化）を重ね、より分化し、より特殊化した部分は、さらに進歩発展していくために、統合化されなければならない。したがって、企業経営者は、すでに統合なくしては経営の成功はおぼつかないことを見抜き、それを実行している。

フォレットのキーワードは、①円環的対応、②建設的コンフリクト、③状況の法則に集約できます。

①円環的対応とは他者との関係性が、たとえばテニスのサーブのように、Aが打てば、Bが打ち返すという常に対応する相互作用であることです。②建設的コンフリクトとはコンフリクトはそれを避けることができないものとして存在することから、コンフリクトをしてわれわれのためになるように働かせるべきであるということです。③状況の法則とは、命令の非人格化のことです。状況の法則が「見

つかれば、雇主が被用者に命令を出すと同じように、被用者も雇主に命令を出すことができる」[19]と述べています。

フォレットは共同関係に内含するコンフリクトを権力や法律ではなく、創造力によって解決し統合化による生産性向上を提唱しました。それはフォレットが、テイラーの提唱した科学的管理が命令を非人格化する傾向があること。科学的管理の本質は、状況の法則を発見しようと企てること、であると理解したからです。しかし「統合の原理」も手段です。統合できるもの、統合できないものを見極める力（総合的大観）が「統合の原理」の要(かなめ)めとなりましょう。

フォレットの評価については、P・F・ドラッカーが、マネジメントを発明した人についてという質問に対して「では発明したのはだれか？ 私ならメアリー・パーカー・フォレットかアルビン・ドットのどちらかと答える」[20]と語ったことで充分でしょう。しかし経営学者はテイラーの Scientific Management を古典派的管理論とひとくくりにして論じています。

では、学者経営学の始まりをみてみましょう。経営者の専門職業としての教育制度が確立されたといわれるのが、ハーバード大学経営大学院（１９０８年創設）です。

総長A・ローレンス・ローウェルは「事業が金儲けの手段にすぎない」という非難に対して「その〔経営大学院の〕狙いは、人々をいかにして金持ちになるかを教えることではなく、効率の原則に基づいて事業経営体をいかにして運営するかを教えることであり、その目的は効率経営に集中することであり、慎重に検討された名称が〝School of Business Administration〟であった。生産、輸送、交換を支配する原則があり、法律や医療のような大学院と同じように、徒弟関係を通じた不確かで、ゆっくりとした過程でしか学び得ない原則を発見し教えるだけではなく、コミュニティに対する価値を堅持して運営を行う専門職能力を養成することもできる、ということが考えられた」[21]と述べています。講座は「財政」、「産業経営」、「マーケティング」が入門講座として位置づけられて主要な道具が「会計」、「統計」でした。また、テイラーやガントの講座も開設されていました。しかし、大学教育に影響を与えた人物として忘れてはならないのが、フランスの鉱山会社の経営者アンリ・ファヨール（H˙ Fayol）です。

ファヨール（1841–1925）は建築技師の長男として父親の赴任先イスタンブールで生まれました。フランスに戻り、サン・テチエンヌ鉱山学校を卒業してコマントリ・フルシャンボー炭鉱に鉱山技師として入社（１８６０年）しました。技師・所長の経験を経て、社長に就任（１８８８年）。倒産寸前の状態にあった同社を再建しました。社長在位30年を機に社長を退任（１９１８年）して、管理研究所を設立。亡くなるまで活動をつづけました。ファヨールは職業学者ではありません。主著『産業ならびに一般の管理』は１９１６年に出版されました。その頃、アメリカではテイラーの科学的管理法にもとづく工場管理が中心でした。ファヨールは経営者の経験から管理の定義と管理原則を提示しました。しかし、管理原則にはコンフリクトの概念が欠如していました。[22]

ファヨールは「経営するとは、企業に委ねられているすべての資源からできるだけ多くの利益をあげるよう努力しながら企業の目的を達成するよう事業を運営することである。[23]」（傍点同著）と述べて、事業の経営過程で生起するすべての活動を次の６種のグループに分類しました。①技術的活動（生産、製造、加工）、②商業的活動（購買、販売、交換）、③財務的活動（資金の調達と運用）、④保全的活動（財産と従業員の保護）、⑤会計的活動（棚卸、貸借対照表、原価計算、統計など）、⑥管理的活動（計画、組織、命令、調整、統制）です。そして⑥管理活動が「経営者の役割がもっぱら管理的であるかのように見られるほどに大きな地位を占めている」といい「この管理を経営と混同しないことが大切である。[24]」と注意をうながしています。

管理は一般的にマネジメント（Management）と訳されています。管理原則とは、①分業の原理、②権威の原理、③規律の原理、④命令一途の原理、⑤指揮統一の原理、⑥個人的利害の一般的利害への従属の原理、⑦報酬公正の原理、⑧集中の原理、⑨階層組織の原理、⑩秩序の原理、⑪公正の原理、⑫従業員安定の原理、⑬創意力の原理、⑭従業員団結の原理、などです。そして、管理の諸要素として有名な予測（計画）し組織し命令し調整し統制する管理過程（プロセス）を提示しました。ファヨールは経営者の視点から管理（マネジメント）とは、組織における生産、販売、財務、保全、会計の諸活動を正しく調整し統合化する機能と定義しました。また、産業会社の社長、商事会社の社長、政党の総裁、軍隊の隊長、教会の司教など、あらゆる階層組織の責任者には管理（マネジメント）機能が遂行されなければばならない[25]と述べました。

大学教育は、ファヨールの管理機能を取り込んで、計画、組織、統制という、いわゆるマネジメント・サイクル（Plan・Do・See）に集約していきました。この理論は、クーンツ（1908–1984）とオドンネル（1900–1976）によって「管理プロセス学派」と称されました。もう一つ大学教育のなかで注目すべき取り込みがありました。心理学です。

ハーバード大学経営大学院ディーンのウォレス・B・ドナムは、産業における人間問題の解明を通して経営理論を構築しようとしました。ジョージ・エルトン・メイヨー（George Elton Mayo）を召聘して、すでに行われていたシカゴ郊外のウエスターン電気会社のホーソン工場の実験（１９２７年から10年間に及ぶ）に参加させました。

メイヨー（1880–1949）はオーストラリアのアデレード市に生まれました。アデレード大学から心理学の学士を取得し、翌年からクイーンズランド大学で論理学、倫理学、心理学の講義を行いました。１９２２年に渡米。１９２６年にハーバード・ビジネス・スクールに迎えられて産業疲労の研究に従事しました。メイヨーが途中から参加したホーソン研究の目的は、労働者の作業能率の増進を図るものでした。当初は照明実験に関するもので、照明の質や量が労働者の作業能力や能率にどのように影響するかでしたが、実験の結果、影響は見出されませんでした。４回目の実験としてバンク巻取観察が行われました。バンク巻取観察とは集団請負制で働く3つのグループを観察して非公式集団の行動に関する調査です。その結果は次の３つに集約されました。①経営側が期待した生産水準があるにもかかわらず、生産の抑制が集団によって計画され、設定されていました。②労働があまりにも速すぎたり、遅すぎたりすることの発覚を避けるため、労働者たちは生産報告を均一にしていました。③集団は扱いにくいメンバーを同調させるようにするための独自の手段を開発していました。こうした事実からメイヨーは、効率的なマネジメントとして産業人を人間として扱うことの重要性を指摘しました。のちメイヨーは「人間関係の父」と称せられます。「新しい経営者」は人びとの社会的連帯の必要性を認識することによって仕事や生活における人間的協力の機会を効果的に回復する必要があると述べています。(26)

また、ホーソン工場の実験に参加したレスリスバガー（1898–1974）は労働者は感情をもった社会的動物であるという視点から公式組織と非公式組織に着目し、感情の論理は非公式組織にだけかかわると述べて、メイヨーの思想を継承・発展させました。

リッカート（1903–1981）は、「組織における人間が人生の生きがいを感じて組織のために働くであろうか。」との問いを提起し「作業集団は、われわれがそこで自分の時間の大部分を過ごし、そして、個人的価値感を獲得し維持しようと強く熱望する場所である。であるから、たいていの者がこのグループから認識され、支持され、そして安定感や好意的反応を得るために自分の作業集団の目標と価値とに一致して行動するように強く動機づけられている。このような理由で、『組織内の各人が、高度の集団忠誠心、効果的相互作用技術と高い業績目標をもっところの一つまたは多くの効果的に機能している作業集団のメンバーであるときにのみ、経営管理によって人間的資源の潜在的可能性を完全に活用することができる』と結論する」と述べて、管理者は「この集団を、その成員を種々な集団に重複的に所属させることによって、一つの全組織へと結合するように努力しなければならない。[27]」と述べています。集団型組織が個別型組織より長期的には生産的であるということです。

他にも、マグレガーのX理論―Y理論と呼ばれる所論。ハーズバークの動機づけ（モチベーション）論。マズローの欲求5段階説など、ヒューマンリレーションの視点からマネジメント技法が開発されていきました。加えて、ホーソン工場ではカウンセリングも行われましたが、それは人間をコントロールする「巡回聴罪司祭」と呼ばれたとのことです。こうしたヒューマンリレーションの指摘は、テイラーの科学的管理法を補充するものでした。しかし、ヒューマンリレーションによって経営問題が解決するというのは、行きすぎた単純化でした。経営学の対象は、生産性と共同行為です。改めて、この問題と対峙したのが、経営者のチェスター・I・バーナード（Chester Irving Barnard）でした。

バーナード（1886–1961）は、マサチューセッツ州モールデンの機械職人の家に生まれました。グラマー・スクール卒業後、ピアノ工場で働きながら勉強をつづけました。ハーバード大学を一年のこして中退しアメリカ電信電話会社（AT&T）に入社しました。バーナードが41歳のとき、新設のニュージャージー・ベル社の社長に就任しました。就任2年後の1929年10月には「暗黒の木曜日」が発生しています。経営者を21年間勤めました。主著は『新訳経営者の役割』（The Functions of the Executive）です。執筆の契機は、ボストン市のローウエル協会主催公開講座の講義でした。また、名誉博士号が7つ授与されています。

筆者は法律を学んでいましたので主著を読み始めて、すぐに序の「私がおくればせながらカドーゾ判事のエール大学講演『法過程の本質』を読んでいたときに、A・ローレンス・ローウェル博士の光栄ある依頼がきた。[28]」の一節が目に止まりました。なにげない文章ですが、経営学者はふれていませんので、ご紹介しましょう。

カドーゾ判事（1870-1938）は、アメリカの最高裁判所裁判官であり「偉大なるホームズ裁判官の遺産としての現代アメリカ法学における哲学的方法を継ぐことのできる唯一最善の人物として、全国民をあげて彼の任命を希望した」[29]と言われたほどの人物でした。

カドーゾはこう述べています（傍点同著）。「およそ裁判官なら、自分が何千回となく踏み行ってきた過程を説明するぐらいは、造作もないことだ、と思う人がいるかも知れない。しかし、その想像は飛んでもない間違いである。」「司法過程の性質について、考えに考えを重ねて行くうちに、私は成長して、不確実性が避けることのできないものであることを悟るようになり、私は不確実性と和解するようになった。私は成長して、司法過程というものは、最高限ぎりぎりのところでは、発見作用ではなくて、創造作用であることを悟るようになった。[30]」と述べています。

同著翻訳者で法学者の守屋善輝は序文で「彼は、この講義で、従来ともすれば、神秘の扉の奥で営まれるように思われていたあの司法過程の種々相を、白日陽光の下に開示した。彼は、裁判官の行う仕事の実際と、裁判官の自覚すべき任務とを解き明かした。・・・裁判官たるものは、司法過程の性質を、十分に、意識し、理解して、その任務を遂行し、その判決を通して、法の成長を促進し、社会の進化に寄与すべきものである、と彼は説く。[31]」と述べています。筆者が注目したのは、裁判官の判決決定過程を、バーナードが経営者の意思決定過程へと置き換えて考察したと思うからです。これはローウエル講義の題名について最初は「管理執行過程の性質」（The Nature of the Executive Process）にしようと考えていた[32]ことからも推察されます。次は筆者が、バーナードの主著の要点をごく簡単に要約したものです。なお協働は同著で使用されている用語です。

バーナードは個人には目的がある。一人でやれることには制約があるから、目的を達成し制約を克服するための協働が生まれる。協働は組織の本質である。組織は一つの明確な目的のために二人以上の人々が協働することによって、特殊の体系的関係にある物的、生物的、個人的、社会的構成要素の複合体である。要するに、家族、学校、企業、病院・福祉施設、寺院、ＮＰＯ、自治体など、組織に共通する協働関係を定義したものです。そのうえで公式組織は、意識的に調整された人間の活動や諸力のシステムであるから、①伝達、②貢献意欲、③共通目的、が組織の３条件になる。また、協働の有効性（effectiveness）と能率（efficiency）という概念を提示します。有効性とは協働の目的を達成すること。能率とは組織の構成員の動機が満足することです。この能率概念は、上野陽一の能率の意味とは異なります。そして協働体系を変化する諸条件や新たな目的に対して適応させることが専門的なマネジメント・プロセスであるといいます。複雑な協働においては、管理者あるいは管理組織という専門機関を必要とすると述べて、リーダーシップではなく、協働こそが創造的過程であり、リーダーシップは協働諸力に不可欠な起爆剤であると述べています。つまり、協働は協働者の貢献によって得られるが、協働を維持・推進するのがリーダーシップであるということです。それゆえ、経営者・管理者には道徳的リーダーシップが必要になるといいます。また、バーナードは組織全体の統合を重視します。矛盾・対立する、有効性と能率。道徳的側面と機能的側面。組織目的と個人目的（動機）の両義性の自覚と統合化です。管理職能の役割は、矛盾・対立の調整・統合化であるから、協働の拡大と個人の発展は相互依存的な現実であり、それらの間の適切な割合すなわち、バランスが人類の福祉を向上する必要条件である。またそれは社会全体と個人とのいずれについても主観的であるから、この割合がどうかということを科学は語りえない。それは哲学と宗教の問題であると述べて、主著は完結します。

バーナードは、経営管理過程の性質を協働行為過程と把握し、有効性と能率という用語を使用して、利益の追求と人間的幸福の同時追求を考察しました。また、組織の存続は、組織を支配している道徳性の高さにある。それゆえ、経営者の意思決定過程は、全体の道徳性と各個人の道徳性とが真に調和しているという確信が必要であると述べています。

主著はバーナード革命と呼ばれるほど大きな影響を与えました。わが国でも経営学者馬場敬治（1897–1961）は「米國に於ける人間関係論乃至組織論の理論的基礎はMayo一派の所説よりも、明かにバーナード・サイモン理論を中軸とすべきものと云える。(33)」、「人間協働の学としての経営学」(34)など、と紹介されました。

ところで、経営学という言葉はきわめて曖昧です。そうした現状をスタンフォード大学教授のハロルド・D・クーンツ（1908–1984）は〝マネジメントジャングル〟と比喩しました。そうして、アメリカ経営学を大きく6つに分類しました。①管理過程学派。②経験学派。③人間行動学派。④社会システム学派。⑤決定理論学派。⑥数理学派、です。簡単に紹介しましょう。

①はアンリ・ファヨールの系譜です。クーンツは管理過程学派を多数派としました。②は経営学を経験の研究とみる立場です。③は心理学や行動科学の立場から経営の研究を人間関係中心にみる立場です。④は経営を社会システムとしてみる立場です。バーナードはこの学派の創始者に位置づけられています。⑤は意思決定そのものを問題とする立場です。⑥はいわゆるオペレーション・リサーチなど、経営を数学的モデルとみる立場です。

その後、クーンツは学派を接近という用語に変更して、１９８０年代になると11個に再整理しました。①経験（事例）的接近派。②人間相互行動的接近派。③集団行動的接近派。④協同社会システム的接近派。⑤社会技術システム的接近派。⑥決定理論的接近派。⑦システム的接近派。⑧数理的（経営科学的）接近派。⑨条件適合的（状況的）接近派。⑩管理役割的接近派。⑪活動的接近派、などです。

ここまでアメリカの経営学説史を概略しました。わかったことは「パンのための学」について、あまり悩んだ跡が見られなかったということです。また、バーナード以降のアメリカ経営学は実証科学に傾斜していきます。テイラーの言葉でいえば〈経験から科学へ〉の一本足の道です。いわゆる各論的経営学が主流になります。

意思決定問題を追究したのはハーバート・A・サイモン（1916–2001）です。サイモンは著書『経営行動』を中心とした組織内部の意思決定過程の研究によってノーベル経済学賞を受賞しました。サイモンはこう述べています。

経営の科学はあらゆる科学と同様、事実的な言明にのみ関係する。科学の本体には、倫理的な主張がはいる場所はない。倫理的な言明が出てくる場合には、いつでもそれは、事実的な部分と倫理的な部分の二つに分離されうる。そして前者のみが科学となんらかの関連をもつ。(35)

1960年代から研究されてきた経営戦略論では、アルフレッド・D・チャンドラーの「組織は戦略に従う」の命題や、イゴール・アンゾフの企業の意思決定を戦略的意思決定、管理的決定、業務的決定という区別の提唱。また、マイケル・ポーターの価値連鎖（バリュー・チェーン）の提唱などがあります。戦略には、戦略という考え方の問題と戦略技法の問題がありますが、結局のところ、戦略は考え方も技法も、手段であり道具にすぎません。

近年、統計学を利用した仮説検証の方法（研究）やIoT・AI研究についても、その内容は、経営実践学の立場からの実証科学至上主義です。しかし、こうした実証科学至上主義に警告を発する経営学者もいます。ヘンリー・ミンツバーグです。ミンツバーグは『MBAが会社を滅ぼす～マネジャーの正しい育て方』のなかで、こう述べています。

今日の「マネジメント」教育の問題点は、それが実際にはビジネス教育と化しており、マネジメントのイメージを歪めていることだ。マネジメントとは本来、「クラフト（＝経験）」「アート（＝直感）」「サイエンス（＝分析）」の三つを適度にブレンドしたものでなくてはならない。サイエンスに偏りすぎたマネジメント教育は、官僚的な「計算型」のマネジメントスタイルを育みがちだ。[(36)]

他方「パンのための学」について悩んだのは学者の国といわれるドイツの経営学です。ドイツでは1898（明治31）年に最初の商科大学が創設されましたが、国民経済学者から商業経営学あるいは私経済学は私的な商いという卑しむべき金儲けの学とみなされ非難されました。そうしたなか、学問としての経営学を志向したのがドイツ経営学です。

2・3　ドイツ経営学

ドイツ経営学は〝Betriebswirtschaftslehre〟経営経済学と呼称されています。一般にドイツ、オーストリア、スイスのドイツ語圏において展開されている経営学のことです。ライプチッヒの商科大学設立（1898年）が始まりとされますが、大学の内容は乏しく10年後でさえ専任教員を一人も持たなかったということです。1902年、ドイツ商業教育協会が懸賞論文を募集し、スイスのサンガレン大学教授レオン・ゴムベルク（1866–1935）の『商業経営学と個別経済学』（1903年）が当選しました。募集者の意図と異なり、商業経営学は個別経済学の一分野となりました。それは、ゴムベルグが当時の（国民）経済学から自律する学として「商業のみならず工業・農業の企業および共同経済をも個別経済のうちに包摂し、これを対象とするものを『個別経済学』と」[37]位置づけたからです。

ゴムベルクは経営学の課題を「合理的な組織と管理の原則を教えるためには、現象にかんする理論的な把握が先行していなければならないと考え、科学と技術論と行動とを循環的に結合して「科学は、合理的な実践の前提であり・・・実践は、まさに応用された理論であり、理論は演繹された実践であると思われる」[38]と述べています。しかし、ゴムベルクの個別経済学の影響は小さいものでした。その後、新しい経営学が提唱されます。

チューリヒ大学正教授でその後、ベルリン商科大学教授に就任したヨハン・フリードリッヒ・シェーア（1846–1924）の『一般商業経営学』（１９１１年）が出版されました。消費協同組合運動の大家であり、会計学者であったシェーアは、商業経営学の課題は金儲けの手引きを与えることではない。教師もまた金儲けの教師を拒否しなければならない。利潤の追求は競争を通じて国民経済の目的と一致させること、つまり「商業の私経済的傾向と国民経済的傾向とを『調整』すること、ならびに職業的商業者をして利潤経済の段階より全体の経済生活における生産性の高さまで高揚せしめること」[39]であると述べました。

経営学者吉田和夫はシェーアの特色は、資本主義経済の問題を有機体（Organismus）としてとらえ解決されうることを前提としている。そして「個々の商業経営は国民経済の器官として、国民経済的な課題を遂行する限りにおいてのみ、その存在が保証されるということが基礎となっている。このことはまた同時に、個々の商業経営が国民経済的機能を遂行する限りにおいてのみ、それぞれの私経済的な利潤原理が生かされるということを意味する。[40]」と解説しています。つまり、国民経済への奉仕、とりわけ消費者の福祉の結果として利潤（私経済）があるという考え方です。こうした〝かくすべし〟という規範的な考え方は規範論の先駆者と評されています。

ドイツ経営学は商業学から出発しましたが、商業学はジャック・サヴァリ（J. Savary）の『完全なる商人』（1675年）まで遡ります。商業学の基礎は複式簿記にみられる計算的思考です。オイゲン・シュマーレンバッハ（Eugen Schmalenbach）の『技術論としての私経済学』（１９１２年）は計算的思考にもとづいて提唱されました。

シュマーレンバッハ（1873—1955）の父親は錠前工場の経営者でしたが、18歳のとき錠前工場が破産しました。破産する前からシュマーレンバッハは3年間の商人修業を体験し、一年志願兵として兵営に服したのちライプチッヒ商科大学へと進み高校卒業資格も博士号もないまま私講師を経て教授になりました。シュマーレンバッハは商業算術および簿記が優れていたということです。[41]

経営学者中村常次郎（1907–1980）は、シュマーレンバッハの対象は個別的経営であり、財務活動的側面からの出発である。したがって損益計算の任務は「単に決算のための過去の利益算定を目的とするものではなく、経営統制のための一種の経済計算として認められたわけであり、貸借対照表はその手段として意義を認められたのである」[42]と述べています。経営統制とは、経営の生産諸条件を合理化し、経営の企画・執行に方向を示唆し、価格政策に基礎的資料を提供することなど、これらの最大可能の利益獲得のための基礎的資料を準備することすべてが経営統制の任務でした[43]。以後、著作220点、書評298点にのぼり、神戸大学の名誉博士の称号も授けました。

シュマーレンバッハは経営学を手段すなわち技術として理解しました。技術論は「丁度、医者の技術論が人体の健康の維持と回復の方法を示すごとく、生産者の技術論はまさしく経済体の健康の維持と回復の方法を示すこと」[44]にあると述べています。しかし、技術論に対しては金儲けの御用学であるとの非難がありました。それにたいし、シュマーレンバッハは「私の言いたいことはズバリ技術論だといわせてもらうならば、この技術論こそは、まさに私にとって科学であるものだったのである。[45]」と述べています。

ハインリッヒ・ニックリッシュ(1876–1946)は、ライプチッヒ商科大学で、シュマーレンバッハの後輩です。主著初版の『商業（および工業）の私経済学としての一般商事経営学』第一巻（１９１２年）で理論科学として商事経営学を構築しました。ニックリッシュは「私経済学は私経済の生活を形成する事実および事実関連の研究を意味する。私経済学にとっては、存在するものをまず認識することが必要である。」と述べて、企業を研究対象とした私経済学が国民経済学から独立した科学[46]であるとしました。そして「企業は資産の組織」であり「自己維持の命令にしたがって利潤追求を行なう。利潤追求のための手段は経済性である。」「経済性の原則が企業のあらゆる部分を貫いて実現されるとき、企業維持のための利潤は極大化される。」と述べます。また、「労働福祉のための諸費用が認められなければならないから」「企業維持のためには、経済性は制約を受けなければならない」[47]とも述べています。ニックリッシュは理論科学の代表者となりました。

しかし時代は大きく転換します。１９１４年に勃発した第一次世界大戦はドイツの敗北（1918年）で終結しました。新生ドイツはワイマール連合政府を樹立し、ワイマール憲法を制定（１９１９年）しました。復興から徐々に立ち直っていきます。急務となったのが労使協調による企業活動の再建でした。労働者の企業経営参加権（ワイマール憲法165条）による経営協議会法が制定（１９２０年）されて、経済民主主義の理論と推進が課題となりました。ニックリッシュは戦後、経営民主主義の旗手として登場しました。

ニックリッシュは企業を「資産の組織」から「人間の組織」へと転換しました。企業を労使共同体とみなして、労使双方の欲求充足が企業の目的となると述べ「企業はあくまでも搾取の手段ではなく共同体であって、その共同体の器官たる企業者、労働者、職員はいずれも、共同体たる全体に対して等しい関係におかれねばならず、したがつて、この全体に対してともに義務を果たさねばならない。[48]」そして義務の基礎は良心であると述べました。ニックリッシュの経営経済学は、人間としての経営学と評せられましたが、しかしその後、ニックリッシュは、ナチス党員となり意図しない結果をもたらしました。

フリッツ・シュミット（1882-1950）は『経済の枠内における有機的貸借対照表』（１９２１年）、

『原価計算と国民経済における取引日の再調達価格』（１９２３年）を発表して、経営の経済的維持の問題を提起しました。シュミットは「経済変動とりわけ急激なインフレーションに企業が適応し、相対的価値維持を果たすためには、販売日（取引日）の再調達時価を基準とした経営計算が行われなければならない」[49]と述べて、Ｊ・Ｆ・シェーア以来の経済有機体論を継承します。有機的経営観とは、経営すなわち企業は国民経済の部分であり細胞であり、市場経済に組み込まれた器官であるとする考え方です。したがって、企業活動の結果は企業所得（利潤）計算によって判定されるが、同時に、企業は常に国民経済との関連において考察されなければならないことになります。

ここまで駆け足で、ドイツ経営学の規範の学、技術の学、理論の学をとおして「パンのための学」をめぐる考察の跡を検証しました。経営経済学、私経済学、経済的経営学などの呼称はやがて経営経済学に統一されて、Ｊ・Ｆ・シェーアが経営経済学の父と敬称されることになりました。

第二次世界大戦後、ドイツは東のドイツ民主共和国へ、西はドイツ連邦共和国へと分断されました。経営経済学は西ドイツにおいて承継されます。グーテンベルク（1889–1960）の主著『経営経済学原理』（１９５１年）が標準的な教科書になりました。

グーテンベルク理論の中心は「企業は自己責任において生産諸要素をそれぞれの所をえせしめて結合する自律的経済単位であり、その志向するところは結合過程の収益を得て需要を充足し、かつ企業の営利経済的目的を最適化しようとするものである」。[50] ドイツ経営学は、グーデンベルク理論の批判・論争をとおして発展していきます。ここではアメリカ経営学にはみられない、労働者の経営参加を研究したフィッシャーと、経営社会学の研究者ダーレンドリフを紹介しましょう。

ギード・フィッシャー（1899–1983）は、ミュンヘン大学教授です。わが国ではパートナーシャフト経営の提唱者として知られています。第二次大戦後、西ドイツ経済が復興した要因の一つに労使関係の安定がありました。それを支えたのが、経営共同決定法、経営組織法です。法律にもとづいて、経営管理に労働者を関与させ、労働者が企業政策に直接、影響力を行使できることになりました。同時に、労働者はその政策に責任を負うべく拘束されることにもなりました。パートナーシャフト経営について、フィッシャーは「企業における人間関係と、すべての従業員と企業とのあいだに、共同体としての人間関係がひろくつくられるのが、経営のパートナーシャフト（betrieblichen Partnerschaft）である。[51]」と述べ、その前提として、従業員がとりわけ次の3つ、「1・企業とその経営者、管理者は、個々の従業員にたいして安心感を、とくに経済の面で可能な限り、生活上の安定感をあたえなければならない。2・労働条件をつくりだすための企業の措置は、労働時間中でも1人1人の労働者と職員の人格権を尊重し、人間的自由の気持をあたえなければならない。3・経営のすべての措置は、物的な面でも人間的な面でも、社会的公正の原則によって支えられなければならない。また、それこそ企業とその経営者にたいする従業員の信頼を喚起することができる。[52]」ことを期待していると述べています。パートナーシャフトの導入にさいしては、パートナーシャフト契約を締結します。契約は、労働協約と併存するもので、個々の企業の実情に即した内容となります。経営学者清水敏允は「パートナーシャフトという概念は、本来、キリスト教的社会倫理のなかで育ってきた。・・・パートナーシャフトは自由と自由な人間の概念に強く結びついている。[53]」と述べます。個人の信頼関係を重視した共同体づくりです。

ダーレンドルフ（1929–2009）は、ドイツのハンブルクで生まれました。ハンブルク大学卒業後、ハンブルク大学、コンスタンツ大学教授等を歴任後、イギリスのオックスフォード大学セント・アントニイズ・カレッジの教授・学長を務めました。ハンブルク大学で哲学博士を取得。Sir（大英帝国勲爵士）の称号も授与されています。また、連邦議会議員となり西ドイツ政府の外務政務次官としても活躍しました。

産業社会について、ダーレンドルフは「産業と産業経営は単に他の諸制度と並ぶ一つの制度ではないのである。産業と産業経営は、経済的、社会的、文化的に、この産業的社会の構造的中心を形成する。・・・なかでも、産業的生産が突然中止されたならば、社会的構造は根底から崩壊されるであろう。[54]」と述べます。そのうえで「経営は一方において、各々の個別的な要素がそのために機能を果たすように、統合された社会システムと見なされる。・・・他方で経営は、他のあらゆる社会制度と同様に、対立と紛争の萌芽を自らのなかにもっており、これらの対立や紛争がそれ自身、経営構造の変化を発生させることになる」[55]（傍点同書）ので「統合の問題にばかりに注意するような経営社会学は、紛争と対立をたんに

『経営共同体』にとっての障害としてしかとらえない経営政策と同様に、一面的であり不十分である」(56)と述べて、労使関係は「協同組合的経営・パートナーシャフト的経営・共同決定制的経営のいずれにおいても、経営現象を管理する真正な『二元的制度』は存在しないのである。つねに少数の人が指導的地位を狙い、他の人々は執行的地位を狙うのである。」(57)それゆえ、労使関係がめざすのは「対立を安定した形態へと導き、それによって経営の統合を過度に動揺させることなく対立を克服し、漸次的かつ着実な変化を起こす永続的な推進力として対立を維持することである。(58)」と述べています。

ドイツ経営学はアメリカ経営学とは異なり、「パンのための学」をめぐる論争をとおして発展しました。第二次大戦後は、アメリカのマネジメント論も受容しました。「パンのための学」をめぐる論争は、経営学上の矛盾すなわち弁証法的両義性として形を変えながら現在もつづいています。

3. 経営学上の矛盾

3・1　経営の辞書的意味

人はパンのみに生きるにあらずと言います。されどパンなくして人は生きられません。生きるとは他者と協力・共同して得た、パンを食べ、生命を燃焼させることです。会社を意味するカンパニー（company）の語源は「一緒に（com）パン（panin）を食べる（pany）仲間」のことです。パンなくしてカンパニーは存在しません。樹木になぞらえてみましょう。生活は根・幹であり、その上で文化が花開きます。同時に、パンの生産性競争は共同行為の格差をもたらします。生産能力の格差は、パンを作る人とパンを消費する人の関係となり、支配・被支配の関係がうまれます。いわゆる貧富の格差、ジェンダー格差などの不平等の問題です。そして、格差のない社会、平等な社会を実現しようという思想がうまれます。経営学上の矛盾とは、人は衣食住なくして生きることができないにもかかわらず、経営学が哲学や社会学、法学、経済学などに比して金儲けの学、利潤を追求する卑しい学と思われていることです。

経営学上の矛盾について、まず経営の意味から考えてみましょう。手がかりは手元にある辞書です。一般的な辞書として広辞苑（第七版）では「①力を尽くして物事を営むこと。工夫を凝らして建物などを造ること。②あれこれと世話や準備をすること。忙しく奔走すること。③継続的・計画的に事業を遂行すること。特に、会社・商業など経済的活動を運営すること。また、そのための組織。」とあります。つぎは専門的な辞書から神戸大学経営学研究室編／編集代表占部都美・海道進『経営学大辞典』では

「経営は、なんらかの意味で経営学の認識対象をなすのであるから、経営学の方法論のちがいによって、経営には広狭種々の解釈が成立してくる」と述べ「経営とは、一つの社会的構成体としては組織であり、『経営する』という過程概念としては、『経営とは、意思決定である』というように認識されてきている。[59]」とあります。占部都美編著『経営学事典』(中央経済社、平成9年)では経営学者占部都美が執筆していますので内容は『経営学大辞典』と同じです。吉田和夫・大橋昭一編集『基本経営学用語事典』では「もともとわが国日常の用語として経営とは、企業を経営することという機能的な意味で使われる。しかし、経営学ではまず第1に、実体的な意味で工場や事業所など事業体を経営といったり、第2には同じく実体的な意味で経済体たる企業を経営といったりしている。そして第3にはじめて機能的な意味で企業を経営するとか、事業を経営するとかいう風に使われる。・・・英語のマネジメント(management)という経営は、経営すること、管理することなど機能概念として使われることが多い。わが国の場合、これら両者が入り交じり、様々に使われている。[60]」とあります。神戸大学経営学研究室編/編集代表奥林康司、宗像正幸、坂下昭宣『経営学大辞典〔第2版〕』(1999年)には「経営」の項目がありません。これらの辞書から、経営については経営事象から説明していることがわかりました。

3・2 貧富の格差と経営学

本章では早足でアメリカ、ドイツの経営学説史を鳥瞰してきました。要約します。

①企業間の競争が激化し、企業が生き残るための手段・道具として科学的管理（マネジメント）が生まれました。②マネジメントは企業のための学、利潤追求の学として発展してきました。③それゆえ、マネジメントが倫理・道徳への関心が薄いことです。④その意図しない結果として経営の本質存在である生存と自由の権利が忘失されて貧富の格差が拡大しました。

貧富の格差について、K・マルクスとF・エンゲルスは「近代の労働者は、工業の進歩とともに向上する代りに、かれら自身の階級の諸条件を下まわってますますそれ以下に沈んでいく。労働者は貧窮民となり、貧窮は人口や富よりもっと急速に発展する。[61]」と指摘しました。しかしソ連邦の崩壊によって資本家が利潤を搾取していると批判するだけでは問題が解決しないことがわかりました。

ソ連邦の国のかたちは1918年1月12日に「勤労し搾取されている人民の権利の宣言」で示されました。そこには「1（1）ロシアは労働者・兵士および農民代議員ソヴェトの共和国である。中央と地方のすべての権力は、これらのソヴェトに属する。・・・2 第3回全ロシア労働者・兵士および農民代議員ソヴェト大会は、人間による人間のあらゆる搾取の廃止、階級への社会の分裂の完全な廃絶、搾取者に対する容赦ない抑圧、社会主義的な社会組織の確立、およびあらゆる国における社会主義の勝利を、自分の基本的な任務として、つぎのように決定する。（以下、略）[62]」と理想が掲げられました。さりながら搾取を廃止し社会主義国へ発展させるためには生産性と共同行為が課題となりました。

当時のソ連邦は第一次世界大戦の荒廃にくわえ内戦による経済の崩壊、飢饉・貧困からの脱出が焦眉の課題でした。レーニンは現実主義者です。国家の経営について共産主義を理念としながらも、まず国家資本主義をめざしました。それには優秀な経営者が必要になります。レーニンは「すべてのものが経営の管理に携わらなければならない。諸君のかたわらには資本家がいるであろう。・・・だが、諸君は、彼らから経営のやり方を学ぶことである。それを学びとったあかつきにはじめて、諸君は共産主義共和国を建設することができるであろう。[63]」、「プロレタリア国家は、慎重で、勤勉で、手腕のある『経営主』、実直な御商人にならなければならない。[64]」と述べ、農業人民委員（幹部）の候補者について、年齢、経験、農民の尊敬、経営の知識、不撓不屈さ、知力、ソビエト権力への忠誠、を求めました。[65]しかし「いまわが国には、膨大な職員大衆がいるが、彼らをほんとうにさしずするだけの教養のある人物がいない。[66]」と述べています。

千軍は得易く、一将は求難し。レーニンのあせりが伝わってきます。しかし物事は道程をとびこえることはできません。レーニンはお役所仕事、官僚的な仕事を批判しましたが、民主集中制の組織原則は、上から下への官僚的支配機構となり、また、プロレタリア・ディクタトゥーラ（独裁・執権）は後継者スターリンの個人独裁に変容転化されて「血の粛清」に至りました。その根底には、国外から経済的・技術的援助が得られないなかでの経済復興、そして計画経済の失敗による人民の飢餓がありました。

3・3　経営学上の矛盾を解決するために

思えば、権力の変動は政治の問題であり、権力の維持は経営の問題です。レーニンがいみじくも述べたように国家には手腕のある『経営主』（経営者）が必要です。現在、共産主義を理念とする国家資本主義の中国が米中経済対立といわれるまでに発展したのは経営者が育成されたからだといえましょう。同時に、経済発展は成果としての利益が問題になります。レーニンは共産主義者の三つの主要な敵をあげました。「第一の敵は、共産党員の高慢であり、第二の敵は文盲であり、第三の敵は賄賂である。」、そして第三の敵、賄賂について「もし賄賂のような現象があるとすれば、もしこういうものがありうるとすれば、政治は問題にならない。そこには、まだ政治の前段階さえない。・・・このばあいには、政治に携わる基本的な条件が欠けているのである。[67]」と述べています。共産主義者を経営のリーダーと読み替えると道徳的意志はいかなる社会体制下でも必要とされるリーダーの資質です。

ところで利益について、K・マルクスは、①消耗された生産手段を置きかえるための補填分。②生産を拡張するための追加部分。③事故や天災による障害にそなえる予備積立または保険積立等々の未来費用のためにも必要になる[68]と述べました。同時に、資本家は利潤を搾取しているとも述べましたので、真面目な経営者ほど後ろめたさを感じていました。それにたいし、利潤は未来費用であると啓蒙したのはマルクス主義者ではなく、P・F・ドラッカーでした。ドラッカーの啓蒙によって後ろめたさは薄れたものの、利益に群がる汚職・腐敗から所得格差など経営上の矛盾はつづいています。

そうした問題に理不尽を感じる学者は、経営は人間中心主義であるべきだと主張します。しかし、人間中心主義の出発点が自然や他の生物にたいする人間の勝利宣言であることを忘れてはなりません。人間は動物の肉を食い、魚を捕獲するだけでなく食べものを養殖飼育したり、動植物の品質改良を行ったりしています。他の生きものに対する優越感も人間優越思想です。地球環境の破壊が叫ばれる今日、人間が生きるとは自然とともに生きることでなければならないでしょう。では、経営学は如何にあるべきでしょうか。

そもそも経営の知は、人間が生きぬくための創意・工夫からうまれた知恵で、人間生活の基本の知です。ＳＤＧｓ（Sustainable Development Goals）、ＥＳＧ投資、ステークホルダー資本主義などの新しい言葉がうまれています。これからもうまれるでしょう。しかし、その基本原理は実証科学的な方法論と倫理・道徳との弁証法的両義性にあります。弁証法的両義性を立脚地とし、生きとし生きるものを考察する経営学が「パンのための学」の今日的な意味であるといえましょう。

〔注〕

（１）上田武人「６　経営問題の専門家―経営コンサルタント―」『事業をのばす仕事』筑摩書房、１９６９年、132－133頁。
（２）平井泰太郎編『経営コンサルタント』東洋書館、昭和27年発行。
（３）神戸大学経営学研究室編『平井泰太郎経営学論集』千倉書房、昭和47年、93頁。
（４）神戸大学経営学研究室編『前掲』44－45頁。
（５）平井泰太郎「経営士の誕生」国民経済雑誌、昭和27年１月号。

（6）上級経営士は、経営コンサルタルトの職業に従事するもので、上級と称するに相応しい円熟した経営コンサルタントをめざします。「上級経営士の会」は、経営コンサルタント経営学を研究する在野研究者の定期的な情報交換の会です。上級経営士の会への申し込み要件は、次のとおりです。1．独立経営コンサルタントであること。2．独立経営コンサルタントの実績が30年ほどあり、現役であること。3．研究の実績があること。たとえば論文3本、編著2冊、単著1冊などです。なお「上級経営士の会」は異業種交流会ではありませんので、弁護士、税理士、社会保険労務士などの国家資格者及びカウンセラー、コーチング、ファシリテーター、インストラクター等の申し込みは、ご遠慮いただいております。また、大学・商工会議所などでの講義・セミナー講演、企業研修等の実績は、経営コンサルタントの実績としては評価されません。海外の大学いわゆるディプロミル機関で取得した博士の学位やハウ・ツー書も実績としては評価されません。

（7）小倉昌男『福祉を変える経営』日経BP出版センター、２００３年、まえがき5頁。

（8）「テーラー・システムは機械による人間の奴隷化である。」『レーニン全集20』大月書店、１９７１年、155頁。

（9）「ソヴェト権力の当面の任務」『レーニン全集27』大月書店、１９７２年、245－261頁。

（10）「ゴータ綱領批判」『マルクス＝エンゲルス全集第19巻』大月書店、１９６８年、21頁。

（11）五島 茂訳『オウエン自叙伝』岩波文庫、１９７９年、116頁。

（12）五島 茂訳『前掲』117頁。

（13）シドニー・ポラード／ジョン・ソルト編集 根本久雄・畑山次郎共訳『生誕二百年祭記念論文集ロバート・オウエン〔貧民の予言者〕』青弓社、１９８５年、197－198頁。

（14）シドニー・ポラード／ジョン・ソルト編集 根本久雄・畑山次郎共訳『前掲』212頁。

（15）上田武人・並木高矣・桐渕勘蔵・伊藤正吉『経営能率図説』岩崎書店、昭和28年、はしがき。

（16）ダニエル・A・アレン／佐々木恒男監訳『マネジメント思想の進化』文眞堂、２００３年、150頁。

（17）上野一郎『マネジメント思想の発展系譜―テイラーから現代まで―』日本能率協会、昭和53年、

77–79頁。
(18) 企業制度研究会訳『経営のフィロソフィー企業の社会的責任と管理―』雄松堂書店、昭和50年、273–275頁。
(19) メアリ・P・フォレット 米田清貴・三戸公訳『組織行動の原理〔動態的管理〕』未来社、1997年、844頁。
(20) ピーター・ドラッカー『ドラッカー20世紀を生きて–私の履歴書–』日本経済新聞社、2005年、130頁。
(21) 吉原正彦『経営学の新紀元を拓いた思想家たち』文眞堂、2006年、29頁。
(22) 編集者ジャン–ルイ・ポーセル 監訳者佐々木恒男『アンリ・ファヨールの世界』文眞堂、2005年、18頁。
(23) H・ファイヨール 山本安次郎訳『産業ならびに一般の管理』ダイヤモンド社、昭和60年、10頁。
(24) H・ファイヨール 山本安次郎訳『前掲』10頁。
(25) H・ファイヨール 山本安次郎訳『前掲』131頁。
(26) ダニエル・A・レン 佐々木恒男監訳『マネジメント思想の進化』文眞堂、2003年、277頁
(27) レンシス・リッカート 三隅二(じゅ)二不二(うじ)不二訳『経営の行動科学』ダイヤモンド社、昭和50年、140–141頁。
(28) C.I.バーナード 山本安次郎・田杉競・飯野春樹訳『新訳経営者の役割』有斐閣、1999年、37頁。
(29) 鵜飼信成『憲法と裁判官』岩波新書、1960年、59頁。
(30) B.N.カドーゾ 守屋善輝訳『司法過程の性質』中央大学出版部、1979年、3・172頁。
(31) B.N.カドーゾ 守屋善輝訳『前掲』序文、3–4頁。
(32) 加藤勝康『バーナードとヘンダーソン』文眞堂、平成8年、32頁。
(33) 馬場敬治『経營學と人間組織の問題』有斐閣、昭和29年、38頁。
(34) 河野大機・吉原正彦編『経営学パラダイムの探求』文眞堂、2001年、序文。
(35) ハーバート・A・サイモン 二村敏子/桑田耕太郎/高尾義明/西脇暢/高柳美香訳 新版『経営行動―経営組織における意思決定過程の研究―』ダイヤモンド社、2009年、554頁。

(36) ヘンリー ミンツバーグ 池村千秋訳『ＭＢＡが会社を滅ぼす～マネジャーの正しい育て方』日経ＢＰ、２００６年、12頁。
(37) 中村常次郎『ドイツ経営経済学』東京大学出版会、１９８２年、10頁。
(38) 岡田昌也・永田誠・吉田修『ドイツ経営学入門』有斐閣新書、１９８０年、35-36頁。
(39) 中村常次郎『前掲』16頁。
(40) 吉田和夫『ドイツ経営学』同文館、平成７年、54頁。
(41) W.コルデス編、樗木航三郎・平田光弘訳『シュマーレンバッハ 炎の生涯』有斐閣、１９９０年、39-44頁。
(42) 中村常次郎『前掲』231頁。
(43) 中村常次郎『前掲』236頁。
(44) 吉田和夫『前掲』176頁。
(45) W.コルデス編、樗木航三郎・平田光弘訳『前掲』84頁。
(46) 中村常次郎『前掲』136頁。
(47) 岡田・永田・吉田『前掲』46頁。
(48) 吉田和夫『前掲』79頁。
(49) 岡田・永田・吉田『前掲』84頁。
(50) 栗山盛彦編『現代ドイツ経営学』千倉書房、１９９１年、29頁。
(51) 清水敏允訳『経営経済学』日本能率協会、昭和37年、212頁。
(52) 清水敏允訳『前掲』213頁。
(53) 清水敏允訳『新訳労使共同経営』ダイヤモンド社、昭和44年、257頁。
(54) 池内信行・鈴木英壽共訳『ダーレンドルフ産業社会学』千倉書房、昭和36年、149頁。
(55) 石坂 巌・鈴木秀一・池内秀己訳『ダーレンドルフ経営社会学』三嶺書房、１９８５年、15頁。
(56) 石坂 巌・鈴木秀一・池内秀己訳『前掲』73頁。
(57) 石坂 巌・鈴木秀一・池内秀己訳『前掲』12頁。
(58) 石坂 巌・鈴木秀一・池内秀己訳『前掲』112頁。
(59) 神戸大学経営学研究室編『経営学大事典』中央経済社、平成３年。

(60) 吉田和夫／大橋昭一編集者『基本経営学用語事典』同文館出版、平成6年。
(61) 大内兵衛・向坂逸郎訳『共産党宣言』岩波文庫、2007年、60頁。
(62) 高木八尺／末延三次／宮沢俊義編『人権宣言集』岩波文庫、昭和46年、277頁。
(63) 「新経済政策と政治教育部の任務」『レーニン全集第33巻』大月書店、1971年、47頁。
(64) 「十月革命四周年によせて」『レーニン全集第33巻』45頁。
(65) 「イエ・エム・ヤロスラフスキーへ」の手紙（1921年12月24日）『全集第45巻』530頁。
(66) 「共産主義インタナショナル第四回大会」『レーニン全集第33巻』445頁。
(67) 「新経済政策と政治教育部の任務」『前掲』68頁。
(68) K・マルクス「ゴータ綱領批判」『前掲』18頁。

第5章　実践経営の基本

1. 各論的経営学の見取り図

1・1 各論的経営学の教科書

本章では、学者経営学の主流である各論的経営学の内容を明らかにし、経営の基本関連図を示したうえで、実践経営の基本的な考え方について述べます。各論的経営学は、生産性と共同行為を対象とし、現場において合理的、効率的、効果的に行う実践経営の方法論です。目的と手段の関連からいえば、各論（戦略・戦術・執行活動）は手段の学です。戦略・戦術・執行活動の方法論では、実利のともなわない知識は無用の知となり、理論は、手段（応用）の基礎として扱われます。また、手段は日々、進化していますので、各項目の最先端の知識や技法を知りたい人は、新刊の専門書をひも解いていただきたいとおもいます。

今日、各論的経営学の教科書は数多く出版されています。はじめに公刊されているもののなかから筆者が標準的と思われる教科書3冊及び経営コンサルタント経験を経た著書2冊、あわせて5冊の目次を紹介して、各論的経営学には、どのようなことが書かれているのかを、まず一覧してみましょう。

A．神戸大学経済経営学会編『ハンドブック経営学〔改訂版〕』（ミネルヴァ書房、２０１６年）

経営学の学問分野が簡単に見渡せるようにとの意図から神戸大学大学院経営学研究科所属の学者が分担執筆したものです。

第Ⅰ部「経営戦略・経営組織」
第1章「経営戦略」、第2章「経営組織」、第3章「人的資源管理」、第4章「経営史」
第Ⅱ部「金融・ファイナンス」
第5章「コーポレートファイナンス」、第6章「ベンチャーファイナンス」、第7章「金融システム・金融機関」、
第8章「保険・リスクマネジメント」
第Ⅲ部「技術・オペレーションマネジメント」
第9章「テクノロジーマネジメント」、第10章「サプライチェーンマネジメント」
第Ⅳ部「マーケティング」
第11章「マーケティング」、第12章「流通システム」
第Ⅴ部「ビジネスエコノミクス」
第13章「ビジネスエコノミクス」、第14章「国際貿易」
第Ⅵ部「公共サービス」
第15章「企業政府関係」、第16章「交通」、第17章「国際交通」
第Ⅶ部「マネジメントサイエンス」
第18章「経営統計」、第19章「決定と情報」
第Ⅷ部「財務会計」
第20章「複式簿記」、第21章「財務会計」、第22章「国際会計」、第23章「税務会計」、第24章「会計監査」
第Ⅸ部「管理会計」

第25章「管理会計」、第26章「原価計算」、第27章「社会環境会計」

B．監修者一般社団法人日本経営協会、編者特定非営利活動法人経営能力開発センター編者『①経営学の基本』（中央経済社、2015年）

２００３年６月から開始された経営学検定試験の公式テキストです。テキスト編集委員会メンバーは日本マネジメント学会に所属する経営学者です。

第１部「企業システム」

第１章「企業と経営」、第２章「企業・会社の概念と諸形態」、第３章「所有・経営・支配と経営目的」、第４章「会社機関とコーポレート・ガバナンス」、第５章「日本型企業システム」

第２部「経営戦略」

第１章「経営戦略の体系と理論」、第２章「会社戦略」、第３章「事業戦略」、第４章「機能別戦略」

第３部「経営組織」

第１章「組織に関する基礎理論」、第２章「経営組織の基本形態」、第３章「企業組織の諸形態」、第４章「組織の制度・管理・文化」

第４部「経営管理」

第１章「経営管理の基礎理論」、第２章「マネジメントの階層とプロセス」、第３章「経営計画」、第４章「コントロール」

第５部「経営課題」
第１章「M&Aと買収防衛策」、第２章「経営のグローバリゼーション」、第３章「企業経営と情報化」、第４章「企業の社会的責任（CSR）と企業倫理」、第５章「環境経営」

C．榊原清則著『経営学入門〈第２版〉上下』（日本経済新聞社、２０１５年）
著者まえがきによると、多くの大学で教科書に指定されているとのことです。組織と戦略の視点からコンパクトに整理された解説書です。

上
第１章「経営学とは何か」、第２章「組織行動論」、第３章「組織理論―マクロ組織論」、第４章「経営戦略論」

下
第１章「企業成長のための戦略と組織」、第２章「国際化のための戦略と組織」、第３章「イノベーション経営の戦略と組織」、第４章「日本企業の経営課題」、付録１「経営学の変遷―組織論と戦略論の前史」、付録２「文献紹介」

D．P．F．ドラッカー著　監訳者野田一夫・村上恒夫、訳者風間禎三郎・久野　桂・佐々木実智男・上田惇生『マネジメント　上下』（ダイヤモンド社、昭和49年）

最近、公刊されたものではありませんが、日本で人気の高いドラッカーの代表的著作です。上巻621頁、下巻739頁の大冊です。(1)

上巻

序章「マネジメント・ブームからマネジメント・パフォーマンスへ」

「1．マネジメントの出現」、「2．『マネジメント・ブーム』と教訓」、「3．新しい挑戦」

第Ⅰ部「課題」

「4．経営者の課題」、※企業が業績をあげるには「5．企業の経営：シアーズ物語」、「6．企業とは何か」、「7．企業の目的と使命」、「8．目標の威力と狙い：マークス・アンド・スペンサー物語」、「9．戦略、目標、優先順位、仕事の割当」、「10．戦略計画の作成：企業家的技能」、※サービス組織体が業績をあげるには「11．多元的な組織体の社会」、「12．サービス組織体が業績をあげていない理由」、「13．例外とその教訓」、「14・サービス組織体を管理運営して業績をあげるには」、※生産的な仕事と達成意欲がある労働者「15．新しい現実」、「16．仕事、労働、労働者についてわかっていること」、「17．仕事の生産性をあげる：仕事と工程」、「18．仕事の生産性をあげる（続）：管理手段と道具」、「19．労働者と労働：理論と現実」、「20．成功物語：日本、ツァイス、ＩＢＭ」、「21．責任がある労働者」、「22．雇用、所得、付加給付」、「23．人間こそ最大の資産」、※社会的衝撃と社会的責任「24．経営者と生活の質」、「25．『社会的衝撃』と『社会問題』」、「26．社会的責任の限界」、「27．企業と政府」、「28．故意に危害を加えない：責任の倫理」

下巻

第Ⅱ部「経営管理者：仕事、職務、技能、機構」
「第29・経営管理者の必要性」、※経営管理者の仕事と職務「第30・経営管理者の本質」、「第31・経営管理者とその仕事」、「第32・経営管理者の職務の設計と内容」、「第33・経営開発と経営管理者開発」、「第34・目標と自己規制による管理」、「第35・ミドル・マネジメントから知識に基礎をおく組織へ」、「第36・業績中心の精神」、※管理技能「第37・効果的な決定」、「第38・管理のためのコミュニケーション」、「第39・管理手段と管理と経営者」、「第40・経営者と経営科学」、※管理組織「第41・新しいニーズと新しいアプローチ」、「第42・組織の建築用ブロック」、「第43・組織の建築用ブロックのまとめ方」、「第44・設計の論理と設計仕様」、「第45・仕事中心と課題中心の設計：職能別組織とチーム型組織」、「第46・成果中心の設計：連邦分権制と疑似分権制」、「第47・関係中心の設計：システム型組織」、「第48・組織に関する結論」
第Ⅲ部「トップ・マネジメント：課題、組織、戦略」
「第49・ゲオルク・ジーメンスとドイツ銀行」、※トップ・マネジメントの課題と組織「第50・トップ・マネジメントの課題」、「第51・トップ・マネジメントの構造」、「第52・効果的な取締役会が必要」、※戦略と組織構造「第53・適正規模について」、「第54・企業規模とマネジメント」、「第55・不適正規模について」、「第56・多様性への圧力」、「第57・多様性から統一性を生み出すために」、「第58・多様性の管理」、「第59・多国籍企業」、「第60・成長の管理」、「第61・革新する組織」、「結論　経営者の正当性」

E・ILO（国際労働機構）事務局　ミラン・クーバー編者　監訳者水谷榮二　訳者トーマツコンサルティング『経営コンサルティング〔第4版〕』（生産性出版、２００８年）

原書は英語版に加えて、中国語・チェコ語・フランス語・ハンガリー語・インドネシア語・イタリア語・日本語・韓国語・ポーランド語・ポルトガル語・ルーマニア語・スペイン語でも発刊されています。独立コンサルタントの世界的団体、経営コンサルタント全世界協議会（ＩＣＭＣＩ）によって、経営コンサルティングを職業とする者の備えるべき基礎参考書に指定されています（監訳者まえがき）。文字どおり、経営コンサルタントの教科書です。

第Ⅰ部「経営コンサルティングの展望」
第1章「経営コンサルティングの性格と目的」、第2章「コンサルティング産業」、第3章「コンサルティング・サービスの特質」
第Ⅱ部「コンサルティング・プロセス」
第4章「エントリー」、第5章「診断」、第6章「実行計画立案（アクション・プランニング）」、第7章「導入」、第8章「終了」
第Ⅲ部
第9章「経営戦略全般にかかわるコンサルティング」、第10章「専門分野別のコンサルティング」
第Ⅳ部「コンサルティング事業側面」
第11章「コンサルティングのマーケティング」、第12章「費用と報酬」
第Ⅴ部「これからのコンサルタント人材とコンサルティング・プロフェッション」
第13章「コンサルティングにおけるキャリア開発」

前著3冊は、経営学者による標準的な経営知識を整理したものです。標準的な教科書の執筆者は各専門科目に応じた専門学者による分担執筆が多くみられます。書籍も色刷りや図表を多くし、ビジュアルな誌面構成などの工夫がみられますが、内容は総じて、経営知識が初級、中級、上級と段階的に整理されたものになっています。後著2冊は、経営コンサルタント経験を経たもので経営学者によるものとは異なる独自な視点がうかがえます。

マネジメント技法は今日では、科学化・細分化・専門化して、しかも日々進化していますので筆者が現時点でのマネジメント技法を要約してみたところで、すぐに陳腐化してしまいます。魚釣りに例えましょう。潮の流れと釣り場に応じて道具も餌も刻々と移り行きます。マネジメント技法も、読者が必要なときに、必要に応じて、最新のマネジメント技法を参照するのがベストです。そうすると「魚を与えるのではなく、魚の釣り方を学ぶ」ことが必要になりましょう。

さて、前節で各論的経営学の内容を一瞥しましたが、ひと言でいえば、経営学教科書の多くは専門科目の寄せ集めであり、特定の知識の視点から、経営を論じています。しかしそれでは経営全体の関連性が見失われてしまいます。なぜなら、経営するには、経営知識だけでなく、法律学、経済学、社会学、歴史学、哲学等々の知識を応用した複合知が必要になるからです。したがって実践経営の基本となるのは学者の部分的専門知識を全体へと包括する総合的大観の、ものの見方・考え方です。なぜなら個々の執行活動は経営全体との関わりのなかではじめて能率が発揮されるからです。別言しましょう。現在、あらゆる事業で、デジタル化が進展しています。しかし、アナログをデジタル化する作業や、デジタル技術をもとにして新しい価値を創造する作業は、人間が行います。それゆえ、実践経営では個別活動領域の基礎知識と理非善悪を判断する道徳的意思が基本になります。そのうえで必要になるのが、事業活動を支える個別活動領域を見わたして経営全体のバランスを経(はか)ることのできる実践経営の基本関連図です。

1・2　実践経営の基本関連図

実践経営の基本は、経営原理とも、経営原則とも言われ、従来はPlan–Do–See のマネジメントサイクルがあげられていましたが、マネジメントの原則と実践経営の基本は相違します。マネジメントサイクルは狭い意味の考え方です。マネジメントサイクルを含む広い意味の考え方が実践経営の基本になります。実践経営の基本は経営全体の見取り図を基本関連図でつかんで、経営の出発点とし、つねに立ち返ることです。これが「全体から部分へ」の総合的大観の、ものの見方・考え方です。経営者は総合的大観を経験的に直観知でつかみます。しかし、管理者やリーダーは目標や課題遂行に追われて基本関連図をつかむのは容易ではありません。目標や課題は手段ですが、全体の関連のなかで目的となります。もし、各職位が基本関連図を異なって描いていた場合は、経営体のバランスが崩れ、船であれば沈没することでしょう。さてそうすると、経営指揮者にとって必要なことは、どのような基本関連図を描くか、ということです。そのさい注意することは、自社に合った基本関連図を描くことです。たとえば、欧米の背広は魅力ですが、自分の体型に合うための仕立て直しが必要です。出来合いの基本関連図はありません。ついでにいえば第三者の視点から、その事業に合った基本関連図を提案するのが、上級経営士（経営コンサルタント）が備えるべき能力であるといえます。

次頁の「実践経営の基本関連図」は、筆者の平素の考えにしたがって、市販の教科書を大胆に整理し作成したものです。ご覧いただければわかるように実践経営の範囲は、広くて深いことがおわかりになるとおもいます。

本節では基本関連図のすべてにわたって説明するものではありません。紙幅の制約上、各論的経営学の中心テーマである、戦略・戦術・経営執行活動を中心に説明いたします。また、説明は簡潔を旨とし、情報、研究開発、物流、総務などの領域は省略しました。叙述も必ずしも基本関連図の矢印の順ではありません。あらかじめお断りしておきます。

さて、基本関連図でいえば実践経営の基点は、取引・契約です。まず基点としての取引・契約から説明しましょう。

実践経営の基本関連図

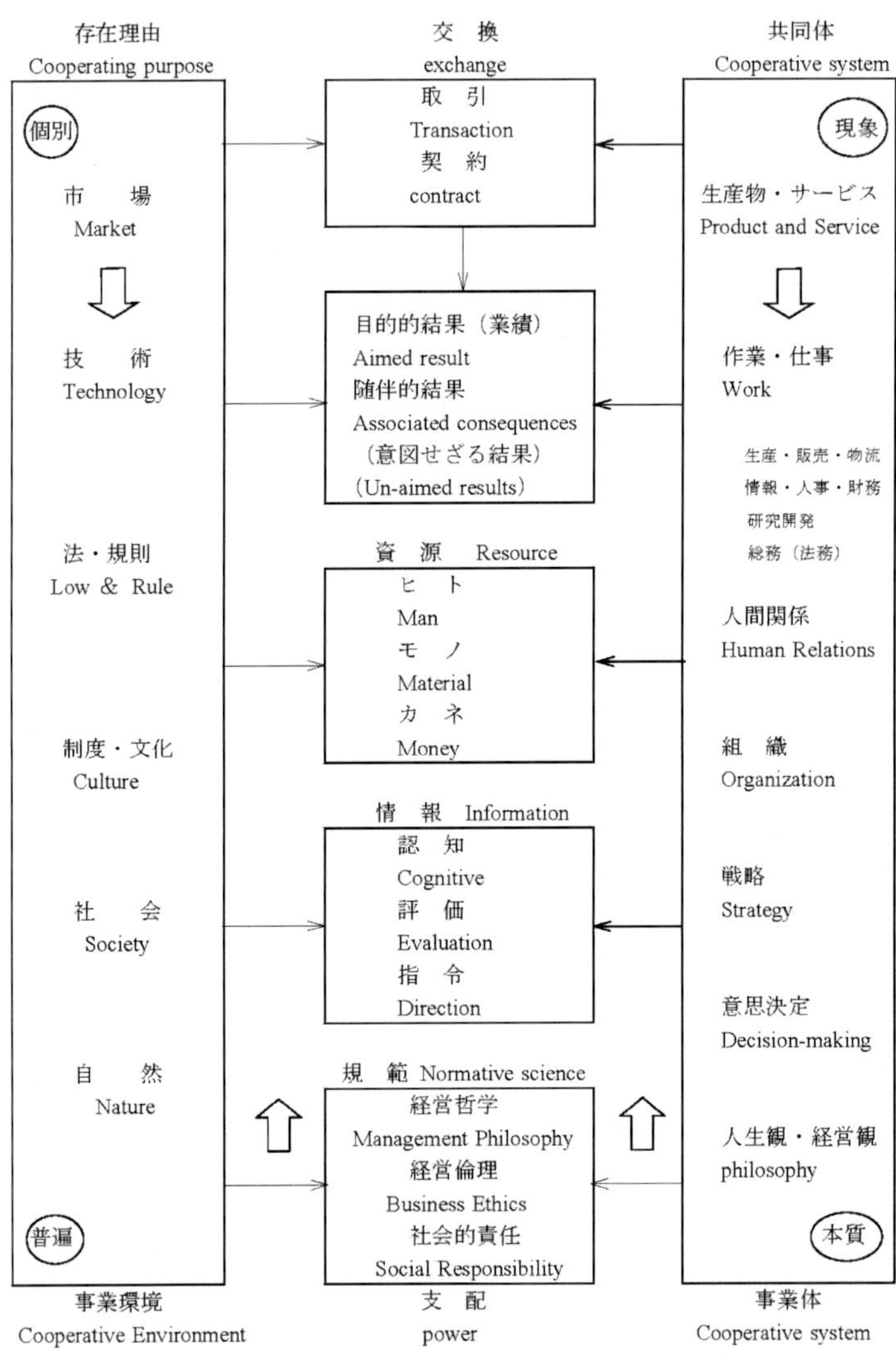

存在理由
Cooperating purpose
交　換
exchange
共同体
Cooperative system
個別
市　場
Market
技　術
Technology
法・規則
Low & Rule
制度・文化
Culture
社　会
Society
自　然
Nature
普遍
事業環境
Cooperative Environment
取　引
Transaction
契　約
contract
目的的結果（業績）
Aimed result
随伴的結果
Associated consequences
（意図せざる結果）
（Un-aimed results）
資　源　Resource
ヒ　ト
Man
モ　ノ
Material
カ　ネ
Money
情　報　Information
認　知
Cognitive
評　価
Evaluation
指　令
Direction
規　範 Normative science
経営哲学
Management Philosophy
経営倫理
Business Ethics
社会的責任
Social Responsibility
支　配
power
現象
生産物・サービス
Product and Service
作業・仕事
Work
生産・販売・物流
情報・人事・財務
研究開発
総務（法務）
人間関係
Human Relations
組　織
Organization
戦略
Strategy
意思決定
Decision-making
人生観・経営観
philosophy
本質
事業体
Cooperative system

1・3　実践経営の基点＝取引・契約

実践経営は日々、流動する社会・経済活動のもとで営まれています。今日の社会・経済は交換・取引を基本として発展しています。交換は、広義の社会的移動のことです。取引は、財（食料、衣類、自動車、家屋など）やサービス（通信、運輸、観光施設など）の個人の欲求を充足する人間の相互作用です。したがって取引は公平・円滑な秩序を通して行われなければなりません。近代社会の秩序は契約という行為で営まれていますので、取引・契約が実践経営の基点となります。はじめに取引・契約について摘記しましょう。

取引は、資本制社会以前から行われていましたが、ここでは近代社会の取引について説明します。近代社会は個人の自由を基本にした社会です。個人の自由とは、各人が自由な判断にもとづいて自由に行動することです。経済活動では、すべての生産と消費が分業と等価交換にもとづく取引によって自由に行われることです。等価交換とは、契約当事者が負担する給付内容が原則として量的にも質的にも等価でなければならないということです。と申しましても、取引が無秩序であってもよいということではありません。また、個人の自由といっても近代社会では他人の物を入手するのも、他人の労働を利用するのも相手に強制してはならないというのが前提です。そこで制度として生み出されたのが、取引はすべて契約を媒介として行われるという行為規範です。契約とは合意です。したがって、合意は拘束するという大原則が社会秩序になります。

契約は各国の法律（民法典）において保障されています。わが国でも契約自由の原則を前提とした契約規範があります。わが国の契約規範は次の３つに要約されます。①私的所有の相互承認。②当事者の合意の尊重。③過失責任の原則です。順に説明します。

①私的所有の相互承認とは、私的所有権を保障することです。私的所有とは、私のもの、あなたのものと明確に区別する排他的な完全な支配のことで、契約当事者はこの所有権絶対の原則を相互に承認し合わなければなりません。そして、所有権絶対の原則が憲法で保障（第29条）されて資本制経済が営まれています。

ところで、経営者には経営権があります。経営権とは文字どおり経営者の権利であり、従業員に対して一方的に行使できる権利です。経営権の源泉をめぐってはこれまで議論されてきました。一般には財産権もしくは所有権から生じるものとされています。経営権は通常、施設管理権、業務命令権、人事権の問題として表れます。しかし、経営権は経営者の「暴君化」を認めたものではありません。ハラスメント（いじめ）は許されていません。経営権に対するのは労働者の権利です。労働者には団結権、団体交渉権、団体行動権（憲法第28条）が認められていますが、これにも一定の制限が設けられています。

②当事者の合意の尊重とは、個人の契約は契約当事者の自由な意思によって決定され、これを尊重しなければならないということです。つまり、個人は自己の財産を自由に処分することができますので、商品交換における契約の自由、方式の自由、内容決定の自由、すなわち契約自由の原則が保障されていなければなりません。しかし、契約自由の原則といっても特別法による制限があります。たとえば、医

者は相手が嫌いだからといって診察を断ることはできません。これは患者の生命・健康を守るために医師法で定められているからです。社会的地位の有利・不利から、不等価交換が成立するような規制もあります。電気、ガス、水道、鉄道などの公益的な事業から、いわゆる経済的弱者といわれる立場を保護する、労働基準法、下請代金支払遅延等防止法、借地借家法、割賦販売法、訪問販売法、等々です。

今日の契約は、民商法の基本的なルールに服するだけでなく、膨大な数の特別法や判例理論のもとで存在していることにも注意しなければなりません。民法学者内田 貴はこうした流れを「契約義務の拡大」現象、「規制緩和の思想」と述べています。[(2)] そうするといまや、法の網をかいくぐる悪智恵ではなく、孔子の「七十にして心の欲するところに従いて矩をこえず」（『論語』為政篇）のような、判断者が法規範をこえない意思決定のための前提、すなわち道徳的意思を錬磨することが切実になっています。

③過失責任の原則とは、私的所有権の保障、契約自由の原則から、人は自分の行為によって損害を与えても自己に過失がなければ責任は生じないというものです。過失とは内心の不注意のことです。これにも例外があります。たとえば、使用者は雇用する従業者が事業遂行中、他人に与えた行為（損害）に責任を負わなければならない場合（使用者責任、請負の注文者の責任等）があります。物から生じた損害について責任を負うべき場合（工作物責任、製造物責任等）があります。今日では損害の性質も、物的損害から精神的・経済的損害まで含むようになりました。過失の有無の判断が抽象化・客観化していることです。また、不法行為の要件は故意または過失（民法709条）ですが、その立証責任は被害者側にあります。しかし、公害・薬害などの過失について、損害を受けた原告が相手方の過失（落ち度）を証

明しなければなりません。また、相手方が大企業や専門家（医者など）の場合は個人（消費者）や患者側が専門的な分野の問題を証明するのは難しいといえます。そこで過失の推定という証明で判断されることになりました。

もとより事業活動は事実上の経済的行為であり、法律上の行為とは区別されなければなりませんがしかし、契約と取引は一体両面です、商学博士荒川祐吉（1923–2018）は「商とは結局取引の円滑公平なる制度を通して的確・適切な需給調整を達成することを志向して行われる人間の営為（いとなみ）である。」と述べ、また「人間の行動としての取引の連鎖は、交換を志向する諸種の関与者間の『交渉駆引』過程である。この取引過程の究明、これが商業研究における最も基礎的かつ核心的な課題である。[(3)]」と述べています。

ともあれ、人も事業も社会のなかで営まれています。社会を離れて、人も事業も成り立たない以上、事実上の経済的行為と法律上の行為は一体両面です。社会は、人と人との関係、人と事業との関係、事業と事業との関係を規律する何らかの規範が必要となり、その遵守が求められます。人や事業にたいする外部の強制的要求が法律であり、内部の主体的要求が道徳律です。外部・内部の規範によって社会秩序が成立しています。それゆえ実践経営の基点が取引・契約となります。今後、社会のグローバル化・情報化・規制緩和が進展していくなかで、契約に委ねられる領域は一層拡大していくことでしょう。

2. 戦略・戦術

各論的経営学では総じて、経営戦略論、経営組織論の割合が大きく取り扱われ、経営執行活動（マーケティング・販売、生産・技術、人事、財務・会計、情報、等）がバランスよく編集されています。本節では、戦略・戦術・経営執行活動の順で説明いたします。

2・1 戦略

戦略という用語は、もともと軍事用語から転用されたもので、戦争の方法論が、経営の専門用語として取り入れられたものです。経営でいう戦略とは、経営者の哲学を事業体において具体的に適用していく思考様式のことです。それゆえ、同一状況下でも適用する経営指揮者の戦略に対する考え方によって、その行為は多様に分かれます。また、経営学では対象と方法によって、企業戦略、全社戦略、成長戦略、事業戦略、競争戦略、多角化戦略、M＆A戦略、組織戦略、マーケティング戦略、人事戦略、財務戦略、情報戦略、等々と、次元が異なるものにも戦略の用語が使用されています。これらを「森と木」にたとえると、戦略という用語の一つひとつ―企業戦略、多角化戦略、マーケティング戦略―は、杉の木、松の木、檜の木などを示しています。しかし、森はそうしたいろいろな木が集まってできていますから、一本一本についての研究が必要であると同時に、どの木を伐採するのが適正か、を取捨選択する視点が必要になります。

したがって、判断者は木の一本、一本を見る視点だけでなく、森全体をいちどに見わたせるような高い位置からの視点が必要になります。筆者は高い位置からの視点を総合的大観とします。それはたとえば、御者が六頭立ての馬車を、走る時と場所、馬の状態を観察しながら六頭の馬の手綱（たづな）を絞めたり、緩めたりして操るようなものです。そうすると、経営者は戦略の技法ではなく、各戦略を自在に操る、総合的大観としての考え方が重要になります。戦略という言葉は一つですが、その意味は大きく異なります。では、戦略について、経営学者の考えを聞いてみましょう。経営学者三品和広はこう述べています。

問題は、一般に還暦を迎えた後の経営者が取り組む経営戦略を、成人を迎える前の学生が、どう学ぶかです。これは一筋縄ではいかない。・・・経営戦略で練習は禁句に近い。ヒトとカネを動かすことから、失敗作が高くつくのです。・・・戦略の読み方を身につけて世に出れば、社内で起きること、または報道で伝えられる他社の動きに、意味を見出すことができるようになる。そうして世の中という生きた教材から30年ほど学び続ければ、一人前の戦略家になる道が開けてくる、はずである。(4)

三品が述べている「戦略の読み方を身につけて」とは筆者の解釈では経営の知識ではなく、経営知識を活用する能力のことだとおもいます。それを「30年ほど学び続ければ」とは、疑似経営者体験をしながら学んでいけば身につく「はずである」ということです。正直な言い方です。裏返して言えば、30

年たっても身につかないことがある。いな身につかない人が多いということです。なぜなら戦略は技法の問題ではないからです。戦略の本質は、経営者である前に、人間としてどんな人生哲学（使命）をもって生きているのかということです。言いかえましょう。航海術の書物を読むだけでは航海ができないように、学校で戦略論を勉強しても経営は操れません。

さて、戦略は当初、方針や政策、資源管理などの意味合いで使用されていました。戦略の意味も論者によって異なります。今日では戦略と称する、さまざまなアプローチや技法があり、分析ツールがあります。と申しましても、経営学でいう戦略とは、社会科学としての学問体系を備えた戦略の知識であり、さまざまなレベルで使用される分析ツールの方法論（戦略技法）です。たとえば、ポピュラーな分析ツールでは、5Forces 分析、SWOT 分析などがあります。戦略も商売です。世界を渡り歩いて営業しているエリートは、アルゴリズム（コンピューターが特定の作業を実行するための手順・方法）をもって戦略家を気取っていますが、分析ツールで得られるのは事実判断の材料です。戦略は材料を得ることではありません。事実判断から将来の方針決定のあいだには、判断者の学識・経験・道徳的意思が要請されます。すなわち戦略という意思決定は、個々の事業体に具体的に適応する、ものの見方・考え方の思考様式です。戦略的思考様式の基調にあるのは、基本的につぎの2つでしょう。

ひとつは事業・組織・商品（サービス）の変身（innovation）を通して、市場（needs）を変身させていくことです。宇宙産業市場やソサエティー5．0の市場などがあげられるでしょう。もうひとつは、市場（needs）の変化に応じて、商品（サービス）、組織、事業を変身（innovation）させていくことです。たとえばトヨタ自動車や虎屋などの改善・改良の事業展開があげられるでしょう。どちらの方向を選択するかは、当該商品（サービス）、組織、事業が置かれた状態や、経営する人間の使命感（哲学）によります。

事業は道なき道を踏みわけていく未踏の行路です。文字どおり一寸先は闇です。経営者は、闇を切り開き、道なき道を踏みしめていく手がかりを経営学教科書に求めて、未知・不確実な実践過程の戦略立案スキルの向上を願います。たしかに経営学教科書には学問上、蓄積された文献があります。文献は、生産性活動と共同行為の現場において、合理的、効率的、効果的に行うための方法を記録したもので普遍的なものといえましょう。しかしたとえば、地震や水害などの自然災害を考えてみましょう。いつ起きるか、どう変わるかさえ、わかりません。不確実なものです。わたしたちがごく身近に感じている天気予報さえも確率が高いのは一週間先ぐらいまででしょう。それさえも毎日、少しづつ変化しています。つまり不確実なものが、確実になるわけではありません。これは社会科学も同じです。

世の流れ、人の心は経（はか）れません。そうすると経営学教科書は、過去の成功事例が後付け理論として述べられているにすぎないといえるでしょう。経営を改善するのはあくまで経営の指揮者（経営者・管理者・マネジャー）が、人間としてどんな道徳的意思（使命感）をもって生きているのかということです。道徳的意思を捨象して事業の未来を戦略技法に委ねるのは本末転倒でしょう。

ところで、戦略の経営への転用はアメリカ経営学のなかで発展しました。戦略論はいまや洪水のように論じられていますので、ここではその概要を振り返ってみましょう。

初期の戦略論と位置づけられるのはアルフレッド・D・チャンドラー．Jrの著書〝Strategy and Structure〟（１９６２年）です。邦訳は『経営戦略と組織』（１９６２年）。新訳は『組織は戦略に従う』（２００４年）です。同著は１９２０年代のアメリカの事業部制組織の成立を扱ったものです。戦略について、チャンドラーはこう述べています。

「経営史学者として歩み始めて日が浅かった私は、近代的な大規模組織がどのように誕生・発展し、事業組織をどのような理由でいかに改編していったのかに関心を寄せた。[5]」「アメリカでいち早く近代的組織を築き上げたパイオニア４社と他の多数の巨大企業を比較したところ、十分とは言えないまでもかなりの情報が得られ、それをもとに、きわめて重要な経済主体の成長とマネジメントについて、一般論を引き出せた。」「組織とは、その時々の需要にうまく応えるために、既存の経営資源を結集する仕組みである。戦略とは、将来の需要見通しに合わせて資源配分を計画することである。[6]」つまり、すでにアンリ・ファヨールで説明しましたが、予測（計画）し組織し命令し調整し統制する管理過程（プロセス）の計画（Plan）を戦略と置き換えて発展させたものでした。

ついで、H・I・アンゾフの戦略論は、ハーバート・A・サイモンの意思決定論を取り入れて戦略的な意思決定、管理的な意思決定、日常的な意思決定に区分しました。経営学者中村元一は『戦略経営論』

訳者はしがきで「有名なチャンドラーの仮説では『組織構造が戦略に従う』とされているが、この仮説に疑問を提示し『戦略が組織構造に従う』という新しい仮説を提起して、組織開発と能力開発の重要性を強調している。本書で展開されている新しい戦略経営コンセプトは、経営計画や経営戦略というシステムの流れと組織や能力開発という組織の流れを統合するコンセプトである。[7]」と紹介しています。

また、アンゾフは戦略のアップ・ツー・デートを計った『最新・戦略経営』では「目的が目標を設定し、戦略が目標への道のりを設定する」[8]と述べています。そして戦略計画と戦略経営の相違点は何か、の問いを設定して次のように答えています。

「1　戦略計画は最適の戦略決定に焦点を当てる。これに対して戦略経営は戦略の成果、たとえば、新市場、新商品と新技術のいずれかあるいは両者をもたらすことに焦点を当てる。ドラッカーの表現を借りれば、戦略計画は計画による経営であり、戦略経営は成果による経営である。2　戦略計画は分析プロセスである。これに対して、戦略経営は組織ぐるみの行動プロセスである。3　戦略計画は事業・経済分野に焦点を当てる。戦略経営の焦点の対象はもっと広く、心理、社会・政治変数をも含む。こうして、戦略計画の対象は行うべき物事の選択であるのに対して、戦略経営の対象はそれを行う人的資源なのである。4　戦略経営の構成要素は、次の三者である。①戦略の形成、②自社能力の設計、③戦略と能力の実行の管理」[9]であると。筆者は右の解説から、アンリ・ファヨールの管理過程論を脱皮したいとの思いは感じましたが、戦略計画と戦略経営の違いはよくわかりません。ただ、チャンドラーより実践的方法論を明らかにしようとしたとはいえましょう。

実践的方法論になると、戦略的思考も技術の一部であるという考え方が現れます。ゲーム理論の適用です。アビナッシュ・ディキシット、バリー・ネイルバフはこう述べています。

「それぞれの目的に沿って行動する存在と見なす必要がある。彼らの目的は、こちら側の目的としばしば衝突するが、合従できる部分を持っていることも多い。戦略を選ぶに当たっては対立を許しながらも協力関係を利用することを考えなければならない。このような相互の関係を踏まえて行われる決定が戦略的決定と呼ばれ、それに基づいた行動計画が戦略と呼ばれる。(10)」、ここでは業界内の同質化が進んだことから、同一市場内での競争戦略が重視されることになります。アンゾフの戦略論から局面が変わりました。

競争重視の戦略アプローチでは、マイケル・E.・ポーターが『競争戦略』を提示しました。ポーターの戦略論は、出版から四世紀半を過ぎてもなお、基本文献としての地位を保ち続けていると評されています。(11)それはポーターが競争を戦略論の中心テーマととらえたからです。ポーターは『競争の戦略』の日本語版に寄せてのなかで同著の特徴と意図についてこう述べています。

「この本は、競争についての本です。内容はつぎの3つです。①業界における競争の性質を決める基本原理、②競争業者たちのビヘビアの形をつくる諸要因、③会社が効果のある競争戦略を策定するための方法―これです。したがって、この本の狙いは、つぎの三つになります。①経営者が自分の置かれた競争環境を正しく理解し、②その環境が将来どのように変化するかを正しく予測し、③強固な市場地位をもたらしてくれる競争の仕方を選ぶ―これらについて助言することです。」、そして「競争戦略をつくる際の決め手は、会社をその環境との関係で見ることである。競争の根は業界の経済的構造の中にあるわけで、個々の競争しあう会社の行動が必ずしも激化の原因ではない。競争状態を決めるのは、基本的に5つの要因である」、「5つの競争要因―新規参入の脅威、代替製品の脅威、顧客の交渉力、供給業者の交渉力、競争業者間の敵対関係―であり、5つの競争要因が一体となって、業界の競争の激しさと収益性を決めるのであるけれども、戦略策定の立場からいうと、そのうちいちばん強い要因が決め手になるわけである」。[12]

ホファー&シェンデルは、バーナードの有効性と能率の概念を取り入れます。「有効性と能率の双方が必要なのである。しかしながら、有効性と能率が両立しない状態にある場合には、優先順位は通常有効性にあたえられるべきである。[13]」（傍点同書）と述べています。これは常識的な考え方でしょう。そのうえで「われわれは、競争優位性は製品/市場ポジショニングか独自の資源展開のいずれかから生じると信じている。しかし、一般には、製品/市場ポジショニングは全社レベルの戦略にとってより重要であり、資源展開は事業レベルの戦略にとってより重要である。」とし、戦略を、（1）全社戦略、（2）事業戦略、（3）機能分野別戦略、の階層に分けます。また、資源配分問題の性質として、（1）全社戦略ではポートフォーリオ問題。（2）事業戦略ではライフ・サイクル問題。（3）機能分野別戦略では機能的統合とバランスの問題と述べます。ライフ・サイクル問題とは、事業の機会と脅威を、（1）市場開発期、（2）成長期、（3）淘汰期、（4）成熟期、（5）飽和期、および時として（6）衰退期、あるいはその後に起る（7）停滞期とも呼ばれる第2の飽和期のうえで、事業レベルの戦略策定が検討されることになると述べています。

ヘンリー・ミッツバークは、経営戦略論を「戦略サファリ」にたとえて、経営戦略論を10のアプローチから紹介します。①デザイン・スクール：コンセプト構想プロセスとしての戦略形成。②プランニング・スクール：形式的策定プロセスとしての戦略形成。③ポジショニング・スクール：分析プロセスとしての戦略形成。④アントレプレナー・スクール：ビジョン創造プロセスとしての戦略形成。⑤コグニティブ・スクール：認知プロセスとしての戦略形成。⑥ラーニング・スクール：創発的学習プロセスとしての戦略形成。⑦パワー・スクール：交渉プロセスとしての戦略形成。⑧カルチャー・スクール：集合的プロセスとしての戦略形成。⑨エンバイロメント・スクール：環境への反応プロセスとしての戦略形成。⑩コンフィギュレーション・スクール：変革プロセスとしての戦略形成です。

また、10のスクールは3つのグループに分けられるといいます。①デザインから、③ポジショニングまでの3スクールは、規範的な性格つまり、戦略がどのように形成されるべきか、ということが中心になっている。④アントレプレナー・スクールから、⑨エンバイロメント・スクールまでの6スクールは、特有な視点から、実際どのように戦略が形成されていくのかを記述的に示している。最後の⑩コンフィギュレーション・スクールは、９つすべてのスクールのメッセージを統合しながら、一つの方向へと調和させる枠組みを提示している[14]と述べています。

以上、経営戦略の理論を大づかみに紹介しましたが、経営戦略が成功したか、どうかは、つまるところ、事業が衰退しないこと、倒産しないことです。しかし戦略が失敗した例もたくさんあります。有名な例を一つあげてみましょう。

ＧＭ（ゼネラル・モーターズ社）は１９０８年に設立された世界的大企業です。本社をデトロイトに置き、約140カ国で事業を展開し、企業戦略に先駆的に取り組んでいました。１９７０年代には戦略コンサルタントらの支援をえて戦略論を象徴する戦略ツールＰＰＭ（プロダクト・ポートフォーリオ・マネジメント）を開発しました。しかし、２００９年６月１日、連邦倒産法第11章の適用を申請しました。負債総額は1,728億ドル（約16兆4100億円）。製造業としては世界最大でした。アメリカ政府60.8％、カナダ政府、カナダ・オンタリオ州11.7％、ＵＡＷ（全米自動車労組）17.5％、他は債権者が新会社の株式を保有し一時、国有化されました。アメリカ最大の企業として、ＧＭは最優秀な戦略家を揃えていましたが、その戦略は失敗しました。ＧＭの戦略の失敗は社会科学として学問体系を備えた戦略技法を、どれほど綿密に行っても想定外ゼロは判定できないことを示しています。そうすると、経営学教科書の戦略論は、執筆時点における戦略の成功事例もしくは失敗事例の知識を得る以外に使い道はないといえましょう。

結局、戦略はヘンリー・ミッツバークが「戦略プランニングはいまなお健在であるが、もはやその土台は崩壊している。にもかかわらず、いまだその理由を知る人は少ない。つまり、戦略プランニングと戦略思考が異なることが理解されていないのだ。[15]」と述べていることにつきます。

それでもなお戦略という言葉に期待が集まるのは、見通しのきかない未知・不確実な将来について、闇夜を照らすわずかな常夜灯を求めたい気持ちがあるからでしょう。しかしそれは戦略プランニングや分析の技法ではありません。その時、その場に応じた適正な解が求められるミッツバークのいう戦略思考すなわち、総合的大観としての、ものの見方・考え方（哲学）のことです。

また、戦略を論じるさい戦略家が話題にする、将来、未来という言葉には注意が必要です。それは将来といっても遠い先のことではないからです。50年先、100年先の未来が、どうなるかは誰にもわかりません。４・５年先であっても見通しがきくものではありません。単に現在の延長線上で予想するにすぎないからです。戦略という言葉は、あたかも長期的プランが、あるかのようなイメージを与えますが、実際は、ないにも等しいものです。筆者は、今の今を大切にする堅実な計画が大切だとおもいます。

経営学者は短期的な方策も含めて戦略の用語を使用しているようにおもいます。けれども、戦略が成功の鍵と言っているうちに足元がすくわれることになります。いま目の前で起きている現実から判断する方策について筆者は戦術の用語を使用します。したがって戦略という、ものの見方・考え方は、総合的大観へと代わり、戦略の技法は戦術の技法に置き換わります。

２・２　戦術

戦術について筆者は、経営指揮者（経営者・管理者・マネジャー）の総合的大観にもとづく方策（意思決定）の具現化であると解します。３・４年先が中期の方策、１年が短期の方策です。比較的短い期間を対象とした方策づくりが、戦術の中心テーマになります。従来、戦略の分析ツールといわれていたものは、戦術の分析ツールへと置きかわります。

戦術の一般的な分析ツールは、ＰＰＭ、3C分析（Customer・Competitor・Company）、5Forces分析、4P分析（Products・Price・Place・Promotion）、SWOT分析（Strength・Weakness・Opportunity・Threat）、7S分析（Shared Value・Strategy・Structure・System・Skills・Staff・Style）、バランス・スコアカードなどが挙げられます。また、トヨタ自動車のジャスト・イン・タイム、京セラのアメーバ経営、ＴＱＣ、なども戦術のツールです。代表的なＰＰＭ（プロダクト・ポートフォーリオ・マネジメント）と、筆者が使用している分析ツールを例にあげて説明しましょう。

ＰＰＭは、よく知られていますが、４つの象限に分類したマトリックスを作成します。市場成長性の高い業界に位置し市場地位も利益も高い「花形」象限、市場成長性は低いが市場位置は高い「金のなる木」象限、市場成長性は高いが市場地位は低い「問題児」象限、市場成長性も地位も低い「負け犬」象限です。それぞれの象限に見合った事業展開を検討します。端的にいえば、儲かっているものは何か。これから儲かるものは何かを整理したり、分類したりするツールだといえます。そうした分析は今後、ＡＩ（人工知能）が行うことになるでしょう。しかし、分析して得られた結果は、過去から現在までの

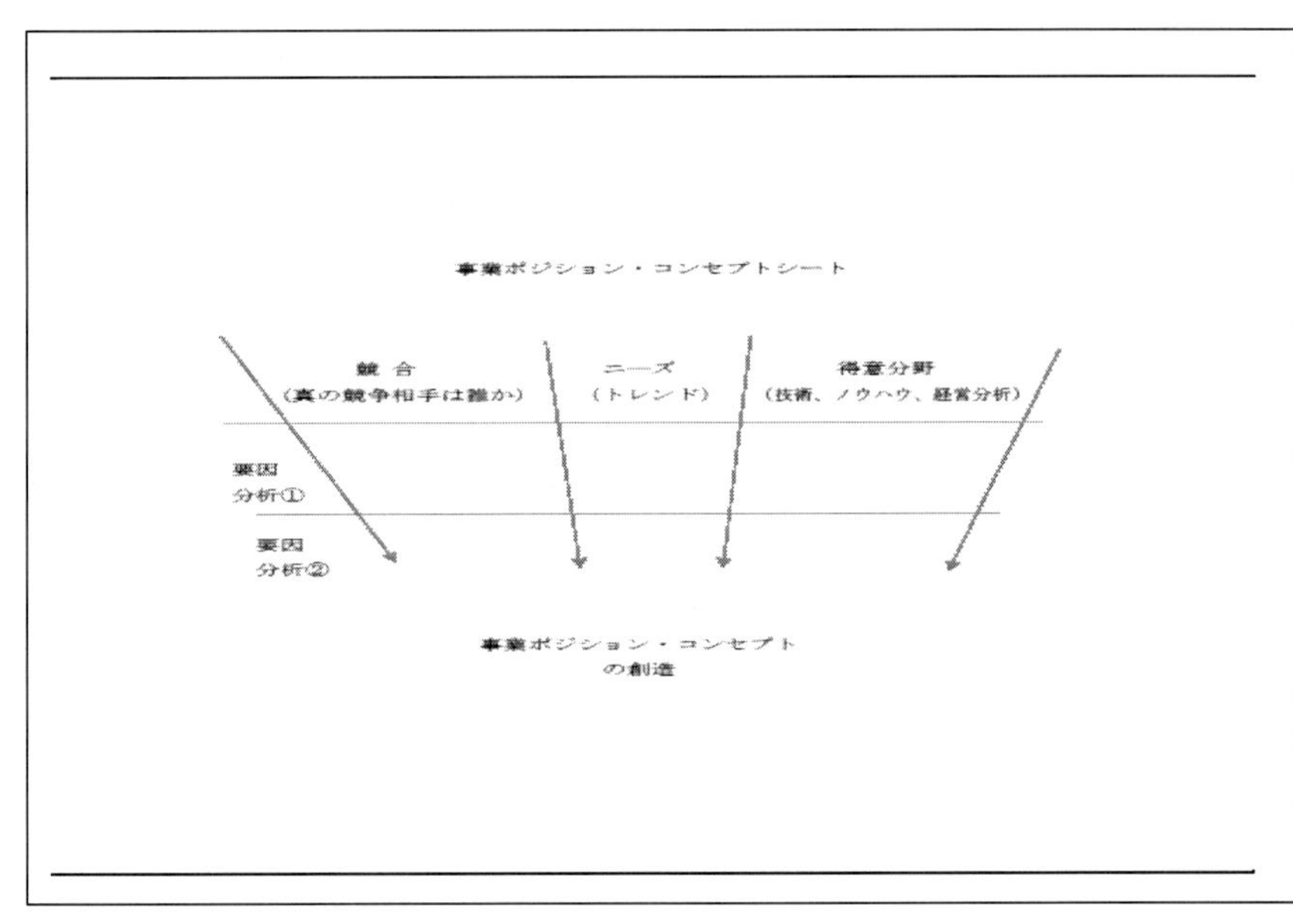

実績（調査・整理した結果）であって、10年先、50年先の未来ではありません。分析ツールをもとにした事実（数値）の傾向も短期的な予測といえます。

つぎは、筆者が使用している事業ポジション・コンセプトシート（business position concepts sheet）を紹介して戦術の方策づくりを検討してみます。

上記の事業ポジション・コンセプトシートの作成は、まず、市場と事業の現在の位置を測ることから始めます。大きな領域は、市場の競争状態（真の競争相手は誰か）、ニーズ（トレンド）、自社の得意分野（技術、ノウハウ、経営分析）です。これらは、顕在化している事実情報を対象に収集します。いわゆる市場分析や戦略分析と呼ばれるものです。たとえばＳＷＯＴ分析やＰＰＭ分析などです。また、分析の基本情報は、アンケート調査、ヒアリング調査、相談・クレーム分析やＰＯＳ（point of sales）システムなどによって収集した情報が活用されます。近年、インターネットの普及によってネットでの買い物履歴からネット上の閲覧、ＳＮＳ、ブログ、ＧＰＳ、監視カメラ、センサーなどの情報「データ資源」が重要になっています。膨大な「データ資源」はビッグデータと呼ばれ、競争環境をとりまく一般的に把握された情報（これを顕在情報という。）から、事業目的の視点すなわち、何を、誰に、どのようにしてという視点から、順次、要因分析①、要因分析②と抽象化しキーワード化していきます。このキーワード化過程が顕在化情報から潜在化情報へと転換していく過程になります。また、人間の想像的創造力が働く分野です。潜在化情報とは、消費者がこれから必要とするニーズ（needs）です。いまは存在しないが、目の前に提示されると、これを待っていたよ、これが欲しかったのよ、と言われるものです。よく言われるいわゆる見えないニーズ、あるいは未知のニーズと言われるものですから、キーワード選びが重要です。キーワード化にさいして、筆者が気をつけていることが２つあります。ひとつは見かけの姿、現象にとらわれないということです。もうひとつは感覚的なことばを使用することです。

見かけの姿、現象にとらわれない、ということで思いだすのは、セオドア・レビットのマイオーピア（myopia）の説明です。たとえば、人びとが４分の１インチのドリルをなぜ買うのか、それは「人びとが４分の１インチのドリルがほしいのではない。４分の１インチの穴がほしいのだ」、「工場においてわが社は化粧品をつくる。化粧品店においてわが社は希望を売る」[16]というものです。見かけの姿、現象とは、４分の１インチのドリルであり、化粧品です。こうしたものの見方・考え方をレビットはマイオーピア（近視眼）と述べています。いうまでもなく、キーワードにしたいのは４分の１インチの穴であり、希望を売ることです。同じように映画は映画産業ではない、娯楽産業です。鉄道は鉄道産業ではない、輸送産業ということです。

もうひとつの感覚的なことばとは、抽象化された言葉という意味です。感覚的・抽象的なキーワードを選ぶにはイマジネーション（想像力）が必要になります。よいキーワードは一般的に見えないニーズ、未知のニーズへと、想像の翼が広がりゆくような抽象化された普遍的な言葉がよいとされます。そうしたことばづくりは、千本ノックのような発想の訓練が必要になります。

さて、要因分析①、要因分析②、で抽出されたキーワードにもとづいて、事業方向のコンセプトが創案されます。事業ポジション・コンセプトは、○○を○○する、で表現されます。これは事業の変革、意識改革がともないますので、すべての事業、職場で活用されるものでなければならないからです。筆者はコンセプトを俳句のようなものだとおもっています。俳句は五・七・五のリズムと季語が入っていれば、誰でも一句のつくり手になることができます。しかし、俳句は定型の韻律ゆえに鋭い言語感覚が必要とされます。手元の『俳句歳時記』をひらいてみましょう。春の雨であれば、春雨（はるさめ）、春の雨（はるのあめ）、花の雨（はなのあめ）、雨一番、雨鷽（あまう）、軽雨（けいう）、春霖雨（しゅんりんう）、春時雨（はるしぐれ）、春驟雨（はるしゅうう）など、細やかな観察が想像されて心が豊かになります。俳句は17音という短い文学ですが、その難しさは季語を新しく創りだすことにあります。筆者がコンセプトの説明ついて俳句のようなものと考えるのも、コンセプトが短い韻律で表現されること、イマジネーションとリフレーミングがともなう言葉であることからです。

事業活動では、市場（顧客）と事業を直視し、事業の存在理由から未知・不確実な未来について構想する、経営指揮者の構想力が重要になります。事業の存在理由とは、ひと言でいえば市場（ニーズ）から事業（商品）が支持されつづけることです。しかし、市場も事業も動態的です。それゆえ、たえず市場と事業の現在の位置を測りつづけることが重要になります。測るとは、事実判断のために、事実を事実として正しく認識すること。リフレーミング（reframing）していくことです。リフレーミングは心理学で使用される用語ですが、ここでは再定義あるいは意味の枠組みというほどの意味で使用します。

整理します。市場と事業の現在の位置を測りつづけること、リフレーミングしていくこと、が経営指揮者の基本的機能になります。筆者は、市場と事業の現在の位置を測るため、事業ポジション・コンセプトシートを利用していますが、他の分析ツールを利用しても同じようなものです。分析ツールの役割は、市場（顧客）と事業の現在地点を測るもので、事業の目的である市場（顧客）への方向を決定するための参考にすぎません。

思えば、世の中には特別な才能をもった人がいます。有名人でいえば野球のイチロー選手や大谷翔平選手です。将棋でいえば羽生善治さんや藤井聡太さんでしょう。子どもの頃から神童とか、天才と呼ばれ、特別な才能をもった人はその業界で抜きんでた業績を残しています。事業経営も同じです。事業経営は金儲けの欲だけでできるものではありません。やはり特別な才能が必要です。事業経営に特別な才能をもった人は産業界で抜きんでた業績を残しています。それは大学のエリート校出身者とは異なる能力です。

では、事業経営に特別な才能をもたない人は経営者には不向きでしょうか。筆者の体験でもたしかに不向きの人もいました。しかし、才能溢れる人は才能に依存する傾向があります。事業は一発逆転の夢物語ではありません。商いは吉兆・禍福の天秤を忍耐という棒を担いでゆくが如しです。経営者は自家格言をもって、一歩一歩忍耐の精神で努力することが必要です。

囲碁に着眼大局・着手小局の言葉があります。着眼大局とは、ものごとを全体的に大きく捉えること。着手小局とは一手・一手を着実に進めることです。経営に置き換えると、着眼大局とは総合的大観のこと、着手小局とは戦術のことです。自家格言とは、信念のことです。信念は知識でも、特別な才能でもありません。経営者である以前の、人間としての道徳的意志（使命感）を、どんな言葉で表記し、日々を生きているか、ということです。

2・3　組織づくり

経営学教科書をみると、一般論として、組織原則や組織の形態、職能組織、ライン・アンド・スタッフ組織、マトリックス組織、事業部制組織、組織変革、人間関係、コミュニケーション論からプロジェクト・チーム、アウトソーシング、M＆A、ネットワークづくり、稟議制度にいたるまで論じられています、しかし、そうした文献学的知識を暗記したところで、あまり意味があるとは思えません。なぜなら、組織づくりは作業の流れから生まれるものだからです。作業の流れが変われば、組織も、戦術も変わります。大切なことは、機能的な作業の流れをつくり、継続させることです。組織形態の知識を論じ

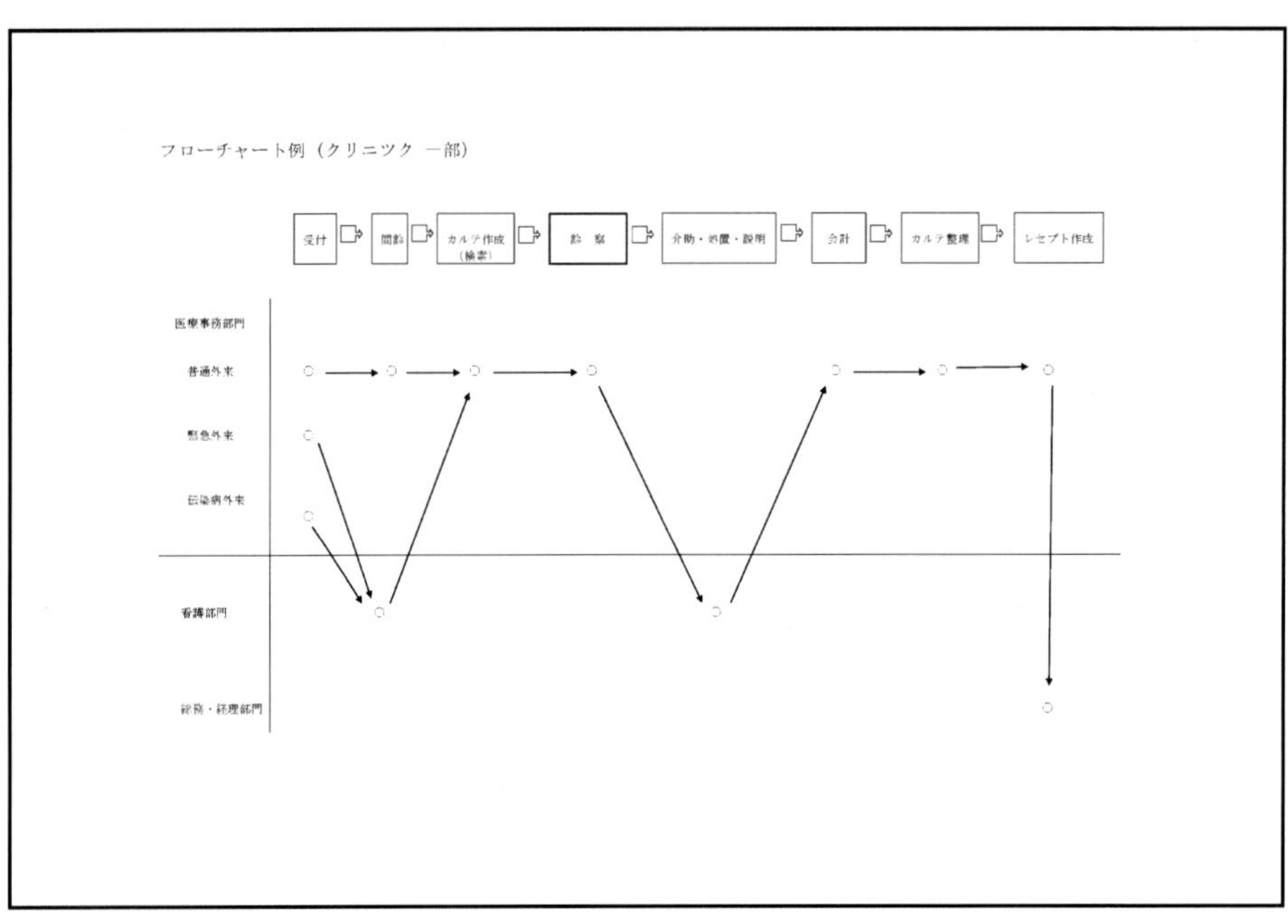

ることではありません。上記のフローチャートは、簡単な作業の流れを見える化した例です。未熟な経営コンサルタントは、組織といえば、すぐに組織図を作りたがります。しかし、組織体は分業された作業が調整された秩序態です。まず、機能的な作業の流れをつくることが必要です。同時に、機能的で美しい作業の流れは、働く人の心の秩序も作りだします。

ともあれ、組織づくりは2人以上の集まりを目的集団に変換していく営みですから、事業体別職務機能体系づくりは戦術です。

組織は一般的に、公式組織と非公式組織とにわかれます。

公式組織は権限と責任の問題が検討されたものです。そして、共同体の権限と責任の所在を大まかに表したものが組織図になります。一方、非公式組織は人間関係の問題として論じられています。

組織図は、共同の機能を表示したものですから、経営の機能統一体系です。したがって組織図は、それぞれの機能を明らかにしたうえで、何を、どのようにして、誰に、いつまでに、の順で設計することが必要になります。

次に、フローチャートに沿って作業工程を分析し、ムダ・ムリ・ムラのない作業工程を作成します。

さて、作業には作業目的があります。作業工程は手段です。ムダとは、目的にたいし手段が大きいこと。ムリとは目的にたいし手段が小さいこと。ムラとはムリとムダが交互に発生することです。目的と手段が丁度よい状態が能率的であることです。能率とは、機能美を追求することです。

現場のムダ・ムリ・ムラのない作業工程は、作業時間、ＩＴ、ＩＣＴ（情報通信技術）などの様々なツールを利用して、さらなる日常業務の効率化が可能になります。作業工程の分析は、定期的に行われることが必要です。

ついで、作成された作業工程にもとづいて、目的―手段の関連順に職務機能体系を作成します。

事業の職務機能体系は、どこにでも当てはまるようなマニュアルはありません。独自に作成していくものです。次頁は、筆者が作成した簡単な職務機能体系の例です。あるクリニックの一部を記載しました。

その事業らしい事業体別職務機能体系の作り方もまた戦術です。戦術としての組織づくりの目的は効率化です。しかし、組織が崩壊するのは効率的な組織を担う人間のモラルであることを忘れてはなりません。組織を構成する各人のモラル・フィロソフィづくりが、真の組織づくりになります。

職務機能体系例（クリニック 一部）

業 務 内 容	担当部門	責任者	担当者	業務量	協力部門
1. 受 付					
0101 開院・閉院を行う					
開院					
010101 診察室・処置室などの電気をつける					
010102 入口のドアを開ける					
010103 ベビーベッドのカバーをはずす					
010104 カーテンを開ける					
010105 診察券入れを出す					
010106 新聞を出して本棚に置く					
010107 血圧計の電源を入れる					
010108 ラミネート・パソコンの電源を入れる					
010109 待合室の電気をつける					
010110 カラーコーンを出す					
010111 通用口の札をはずす					
010112 公衆電話の電源を入れる					
010113 冷・暖房の電源を入れる（必要に応じて）					
昼の受付準備					
010114 ラミネートの電源を入れる					
010115 待合室の電気をつける					
010116 血圧計の電源を入れる					
010117 診察券入れの箱を出す（１３時３０分）					
010118 通用口の札をはずす					
閉院					
010119 診察券入れをしまう					
010120 ドアを閉める（患者さんがいれば鍵は締めない）					
010121 通用口に札をはる					
010122（患者さんがいなくなったら）ドアの鍵を閉める					
010123 待合室の電気を消す					
010124 血圧計の電源を切る					
010125 ガス・室内の電源を切る					

3．執行活動

3・1　マーケティング活動

執行活動は過程です。過程は一般的に、計画（plan）—執行（do）—統制（see）のマネジメントサイクルで表現されます。ここでは、マーケティング活動と財務・会計という、経営の2本柱を説明したうえで、生産、人事の執行活動について説明します。

マーケティング（marketing）は売り手と買い手の交換・取引を基点とする事業の中核機能です。マーケティングの用語は market＋ing の造語です。むかし市場が動くと訳した学者もいたそうですが、マーケッティングではありません。顧客創造活動です。顧客なくして事業なしといわれます。顧客の創造が事業の継続・発展の源泉です。マーケティング活動をひと言でいえば、米国のマーケティングコンサルタント ロー・オルダースン（1898–1965）が述べた、異質市場を創発することであり[17]、愛顧動機（patronage motives）を創り出すこと（ファンづくり、顧客づくり）に集約されます。つまり、マーケティングとは、同業他社との競争を回避し、自社らしい独自の領域を創造し追求しつづけることです。

マーケティングの歴史は流行の歴史ともいわれます。新しい流行を創りだすための、あの手この手の方法論はいつも花盛りです。それらはすべて異質市場を創り出すための方法論です。事業の目的は顧客の創造であると述べたのは、P・F・ドラッカーです。ドラッカーは、経営者にとって第一の問題は、事業の業績である。それこそが企業の目的であり、その存在理由であると述べて、マーケティングと革新（イノベーション）を事業の基本的機能と位置づけました。しかし、手段は自己目的化する傾向があります。顧客創造を手段とし、マーケティングと革新（イノベーション）を、さらなる手段として行動した結果、つまり意図しない結果として、不正、不祥事、環境破壊が横行するようになりました。これはマーケティングがもたらす負の側面です。

マーケティングの発生は米国の南北戦争後です。それまでの米国産業界は需要が多く、供給不足がつづいた「売り手市場」でした。しかし供給過多になって「買い手市場」へ移ったことからマーケティングが生まれました。経営学者白髭 武（1929–1977）は『アメリカマーケティング発達史』のなかで「19世紀の末には、彼等は、よく売れる独自の新製品を工夫し、それにブランドや包装をつけ、最終消費者に直接的に訴えるために、新聞などのマス・コミュニケーション媒体を利用した全国的広告を行うようになった。(18)」ときであると述べています。

わが国でも、マーケティングは敗戦後の物不足の「売り手市場」の時代から「買い手市場」への転換が意識されるようになったときに発生しました。端的にいえば、営業マンにノルマを課し尻を叩いても限界が感じられるようになった昭和30年代からマーケティングの考え方が導入されるようになりました。白髭 武はわが国において「マーケティングが本格的に口にされ、とり上げられるようになったのは、昭和30年に日本生産性本部からアメリカに派遣されたトップ・マネジメント視察団―当時の日経連会長・東芝会長石坂泰三を団長とする―が、マーケティングの理解を土産にして帰国した時からである。[19]」と述べています。

マーケティング活動は、一般に4Pで説明されます。4Pとは、製品政策(Product)、価格政策(Price)、販売プロモーション政策（Promotion）、流通政策（Place）の頭文字4つのPのことです。いずれも顧客創造活動の手段です。製品政策とは、顧客に提供する商品やサービスをどう作り出すか。価格政策とは、価格をどう設定するか。販売プロモーション政策とは、商品の存在や特徴をどう知らせるか。流通政策とは、どのような経路や手段で顧客に届けるのか、ということです。マーケティング・ミックスは最適なマーケティングを考えることです。近年、インターネットの普及によって、4Pの方法もホームページやネット・コミュニティが利用されています。さらに変わっていくでしょう。

現在、先進諸国はわが国を含め成熟社会といわれます。成熟社会とは需要が減少して、供給が過剰になった社会です。物やサービスは充足し、新しい商品が出現してもすぐに価格競争になります。こうした事象はすでに家電や通信機器、衣料などの競争で日常的に実感していることです。また、競争はグローバル化し、国際的分業も進展して、マーケティング活動の関心は「SOCIETY（ソサエティ）5.0」へと向かっています。「Society 5.0」とは、先端技術をあらゆる産業や社会生活に取り入れ「必要なモノ・サービスを、必要な人に、必要な時に、必要なだけ提供する」ことによって、様々な社会課題を解決するという試みです。これからのマーケティング活動の担い手は、SOCIETY 5.0 を支える人材像となるでしょうが、同時に、売上高やサービスの質は、顧客と接遇する営業やサービスに携わる人の能力によっても優劣が生じます。現場を支える従事者の教育・訓練も重要です。ともあれ、いつの時代も異質市場は、新しいイマジネーションの持ち主によって創り出されていくといえます。

3・2 財務・会計活動

利益なくして事業の継続(ゴーイング・コンサーン)はありません。財務とは、財務管理のこと。会計とは会計管理のことです。

財務・会計の基本は、入るを量って出づるを制することです。収入が一定している、たとえば家計の場合は支出を調整(節約)すればよいのですが、事業活動では収入が一定しません。したがって、経営者はたえず収入と支出の変動を経(はか)り、調整していくことが必要になります。もし、収入と支出に不一致が発生したときは、ただちに不一致の原因をつきとめ、対策を講じなければなりません。経営活動には資金の流れが欠かせないからです。調達された資金とその運用が財務管理です。財務管理の基本機能は、資金調達。予算編成。財務分析です。

資金調達は、短期の資金調達と長期の資金調達にわかれます。短期の資金調達は、現金、受取勘定、物品資金などの短期の資金需要に対応するものです。通常は、銀行借入金、企業間信用、商業手形などによって調達されます。長期の資金調達は、施設新設、設備投資などの長期の資金需要に対応するものです。通常は、株式発行、社債発行、長期借入金などの外部資金と留保利益、減価償却引当金などの内部資金が源泉となります。

予算編成では、年度の利益計画を策定し、策定された利益計画にもとづいて、イ・売上高にもとづく販売予算の計画。ロ・販売予算にもとづく営業部門の予算、経費部門の予算の編成。ハ・損益予算が全体の損益計算書に統合されて要約されます。予算編成のプロセスは、営業費、一般管理費とも、ゼロベース予算方式で行うことが肝要です。

財務分析は財務諸表によって行います。財務諸表は、貸借対照表と損益計算書があります。貸借対照表は、決算時における施設・事務所の資産・負債・資本の項目を表示したものです。

損益計算書は、年間の経営成績を収益・費用・利益の項目で表わした計算書類です。

会計管理は、金銭（会計上）の取引を把握して、会計帳簿に記録・計算・整理し報告し管理することです。会計帳簿は、複式簿記の原理に従って記入され、仕訳されて、決算書類を作成します。複式簿記の本質は、取引の単なる二重記録ではなく、企業損益の原因と結果の二面計算にあります。(20)

経営を評価するには、収益性、安全性、生産性、成長性をあらわす比率があります。また、単年度の数値だけでなく、時系列の変化を比較し読み取ることが重要になります。

経営活動を維持するのは利益です。利益目標は、経営者によって、年度のはじめに期待する「率」および「額」が明示されます。「率」では、売上高利益率（当期利益÷売上高）、資本回転率（売上高÷総資本）、自己資本利益率（当期純利益÷自己資本）が重要になります。

近年、会計ソフトはＡＩ（人工知能）を利用した会計帳簿や給与計算等が開発されて、経営の「見える化」が進化しています。また、会計教育は財務諸表の作り方を中心に行われています。本来、財務・会計は経営者の利益感覚、資金繰り感覚と一致していることが大切です。しかし、資産を水増ししたり費用を計上しないなどの利益調整からストック・オプション、企業価値計算など技術的側面が中心になっています。

自動車にはスピードを計るメーターがあります。運転手はスピードメーターを見ながら運転しています。同じように事業活動のメーターになるのが、財務と会計です。会計学者寺坪 修は経営のあるところ、会計あり、監査あり、と三位一体の観方が重要であると述べています[21]。財務・会計活動の本務だとおもいます。

3・3 生産活動

生産活動とは、取引の対象となる有形（モノ）・無形（サービス）の商品をつくりだすプロセスのことです。モノやサービスの流れ（工程）と品質が適正に管理されることです。

生産管理の基本は、必要なモノ・サービスが、必要なときに、必要なだけ提供される仕組みをつくり維持することです。生産管理の基本機能は、日程管理、製造技術、原価計算、品質管理です。

科学的管理法の出発点は日程管理です。日程管理では、ガント・チャートやＰＥＲＴ（ProgramEvaluation&Review Technique　の頭文字でパートと呼ぶ。）が利用されます。次頁図はＰＥＲＴの一部です。ＰＥＲＴ図は、仕事のムダ・ムリ・ムラをなくすうえで必要な技法です。

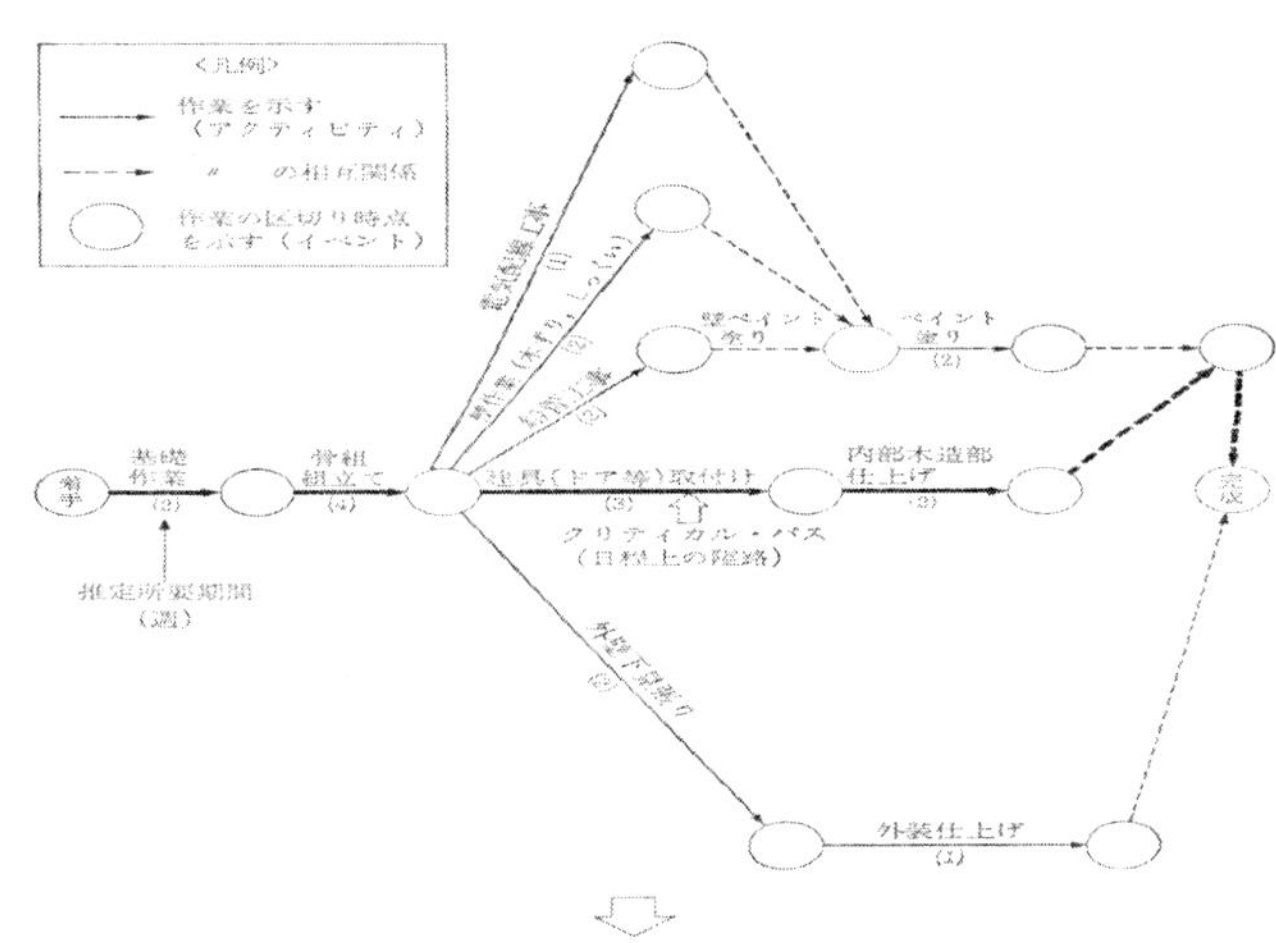

ＰＥＲＴは、仕事の手順、関連づけが、一目わかるようにネットワークで表示されます。上図は日本能率協会所属経営コンサルタント故森 竜雄の著書[22]47頁を転載したものです。記号○はイベント。作業の区切り時点を示しています。矢線は、アクティビティ。作業を示し、矢の点線は相互関係を示しています。詳しくは同著をご覧ください。

また、生産管理技術では、ＩＥ（Industrial Engineering、生産工学）、ＶＥ（Value Engineering、価値工学）、ＱＣ（Quality Control、品質管理）の３つが重要です。

製造技術には、大量生産、多品種少量生産、注文生産、見込生産などがあります。それらはそれぞれ生産ラインが異なることから、目的に応じた弾力的な生産技術が必要になりますが、基本は仕入れたもの（原価）から、必要なもの（品質）が、必要なとき（納期）に、必要なだけ（数量）、生産できるように管理することです。

原価計算の原価は直接材料費、直接労務費、工場間接費で構成されます。そして原価計算とは、直接材料費、直接労務費、工場間接費を仕掛品、棚卸資産、完成品棚卸資産、売上原価に割り当てることです。重要なのは価値の分析です。価値分析の手法としてＶＥ技法が用いられます。

品質管理は、買手の要求にあった品質の品物またはサービスを経済的につくりだす手段の体系をいいます。[22]わが国では、品質管理の７つ道具（グラフ、パレート図、ヒストグラム、散布図、管理図、特性要因図、チェックシート）、新７つ道具（連関図法、親和図法、系統図法、マトリックス図法、マトリックスデータ解析法、PDPC法、アローダイアグラム法）が有名です。しかし「従来のように決められた品質を達成すること、すなわち製造品質の確保のみでなく、いかなる品質の製品を作るか、すなわち品質管理は、設計品質の確保に役立つ品質管理でなければならない。[24]」ことから、品質管理は営業、製品企画、開発、購買、製造における全社的なプロセスの管理で行われます。

現在、先進国共通の要因として生産性向上が課題になっています。ものづくりの現場では、ＩoＴ(Internet of Things)、産業用ロボット、ＡＩ（人工知能）など生産性革命が進んでいます。経済学者浅沼萬里（1935–1996）は、ものづくり現場では普遍的価値への問題意識が必要だと次のように述べています。

「・・・(2)日本の企業が作り出してきたシステムの中に、日本以外の中に国の企業にとっても、また日本企業自身にとっても、これからの経営を展開する上で、これまでにもまして重要視されて然るべき要素、言い換えれば世界各国の企業のこれからの経営にとって普遍的な価値をもちうるような要素はまったくなかったのか、（3）もしその要素があったとすれば、それは何と何であったのか・・・」[25]。もとより、ものづくりの現場における普遍的価値の問いへの答えは時代によって変わっていきます。それだけに浅沼の問いかけを生産に携わるひとり一人の心にきざみ、答えていかなければならないといえます。

生産活動の課題は「生産性ジレンマ」への挑戦です。生産性ジレンマとは、生産工程からムダ・ムリ・ムラを排除しようという要請と、多様化するニーズに対応しようという要請とのジレンマのことです。フレキシブルな生産と販売は常態化しています。トヨタ自工から始まった生産方式は、ジャスト・イン・タイム（JIT）、リーン生産マネジメントとして、世界の生産方式の基本になりました。リーン生産とは、スリムでやせた、コストが低い生産のことです[26]。そうした生産工程を前提にして、さらなる高速化、製造ラインの自動化、無人化への取り組みが進んでいます。

3・4　人事活動

人事管理とは、経営目的を達成するための、働く人々の能力を活かす体系的な活動です。その前提として、経営者には経営権という優越的地位があり、指揮命令権があります。一方、働く人には労働契約上の権利（労働権）があります。

人事管理の基本は労使の精神的協力を醸成することにあります。そして労使の精神的協力には、経営者・管理者・労働者のモラル・フィロソフィ（道徳哲学）が必要になります。したがって人事管理は、暴君や盲目的服従者（イエスマン）をつくることではありません。またもし共同社会（組織）に不正、偽装、粉飾などの犯罪やモラル・ハラスメント（パワハラ、セクハラ、〇〇ハラ、等を含む）が存在すると、相互に信頼しあうこと、心からの協力・協働が難しくなります。

道徳的行為は規範です。規範には、礼儀・行儀作法、倫理、習俗、宗教、法律などがありますが、1グラムの予防薬は1キログラムの治療薬に等しいという警句があります。道徳的行為は1グラムの予防薬であり、法律は1キログラムの治療薬です。何か事が起きてから弁護士に駆け込むのでは手遅れです。弁護士いらずの経営が、経営指揮者（経営者・管理者・マネジャー）のあるべき姿です。

人事管理は、社員の募集から始まります。労働条件（給与・昇進・昇給）の管理、教育訓練、能力開発、労使関係の形成から退職に至るまでのプロセスであり、基本的機能は、職務、職員の意欲、労使管理です。

職務とは、労働契約にもとづいて社員が担当する仕事のことです。職務は、本来経営が必要とする業務機能の観点から設計されて分掌規定などで表されます。しかし、業務機能を曖昧にしたまま仕事が行われることは多々みられます。職務分析、人事考課、給与、仕事環境、労働時間の合理的な基準にもとづいて活用することが必要になります。社員は割り当てられた仕事を遂行しますが、各人の専門知識、技能、経験、思考力、コミュニケーション力、決断力など、個人的能力と意欲によって、仕事の結果に違いがみられます。それだけに仕事の遂行にさいしては、適材適所の原則が貫徹されていなければなりません。

人間を対象とする人事管理では、合理的な側面とともに、心情的な側面も重視されます。ハラスメントからＬＧＢＴ（セクシャル・マイノリティ）や障がい者の就労支援など、働く人の多様性を認め合うインクルージョン（包括・包含）の職場づくりが必要です。また、法律的な側面も重要です。経営では、創造的破壊とか、殻を破るなどの言葉が重用されますが、法律を逸脱（破壊）することまでは許されていません。人事では、労働法と呼称される労働者のための法律があり、法律に反した場合は罰則や賠償請求が規定されています。

労使管理は、労働組合との関係を管理することです。近年、ステークホルダーのひとつに、労働組合が論じられています。労働組合との信頼関係を構築するには、人事管理だけでなく、経営参加や労使協議なども重要になります。

生産年齢人口の減少から働き方改革が課題となっています。同一労働同一賃金や長時間労働の見直し、健康管理の問題もあります。経済のグローバル化に対応した仕事が、日常的となり国籍を問わない有能なスタッフの採用・教育・研修や異文化交流も課題となります。あわせて海外からの帰任者の活用も課題となります。

3・5　実践経営の成果

実践経営の成果は、何によって評価されるのでしょう。これは法律によって1年単位で精算され公開されると定められていますので、計算によって評価されます。会社でいえば、決算期に計算書類を作成し、定時総会の承認を受けることです。そこで、代表取締役は決算期から決算期までの利益計画、収益計画、経費計画、投資計画、資金計画、等々の作成が必要になります。したがって、代表取締役はプレイヤーとして、短期の成果が求められます。一方、社員への報酬や出資者への配当。そして市場の獲得を、同時に達成していかなければならない責務があります。

そうすると経営が1年単位の短期計画の連続だけでよいのか、長期の経営計画や戦略は必要ではないのか、という悩みが生じます。なぜなら、人間には期待や希望があり、会社には永続性が求められるからです。ゴーイング・コンサーン（going concern）に注目したのは米国の経済学者ジョン・R・コモンズ（1862–1945）です。コモンズは、こう述べています。[27]

> 価値は期待された行動意思に存し、期待された行動意思は期待された行動と取引にほかならない。我々はこれをゴーイング・コンサーンと名づける。これは二つの不可分な構成要素から成る。すなわち使用価値を創出する生産組織（produ-cing organization）と交換価値をもたらす継続企業（going business）がそれである。
>
> 法律書は、『自然人』を法人から区別する。前者は自然の所産として存在する人間であり、後者は『法の企画』としてのみ存在する個人の集合体である。・・・ある点で法人は個人よりも高い地位をもつとさえいってよい。なぜなら法人には『不死』（immortality）として描かれる法的永続性を与えることができるからである。
>
> いずれも過去に築かれ、運営準則の継続するかぎり未来に存続し拡大することが期待せられるものである。・・・期待が続くかぎり、法人は『ゴーイング・コンサーン』である。この理由から法

的形式などは副次的なものとなる。コンサーンは、組合、労働組合、協会、会社、協同組合として
存立するであろう。

コモンズのゴーイング・コンサーンをひと言でいえば、自然人と法人を対比し、法人の運営準則は永続することを前提にして創られているということです。また、コモンズはゴーイング・コンサーンを会社の永続性に関してだけでなく、国家、団体、法人、財産、取引等の問題にも関連して述べています。しかし、法律的概念と事実的概念を混同してはいけません。

先ほどの問い〈経営が1年単位の短期計画の連続だけでよいのか〉への答えは、永続性を前提にしてつくられた法人（公益）を、預かる経営者（代表取締役）は、短期の経営計画と長期の経営計画を同時に、経（はか）りながら事業を次の世代へと、いまを大切にして日々創りつづけていくことだといえます。では、学者経営学は経営指揮者（経営者・経営幹部・マネジャー）の杖となるのでしょうか。

今日の経営学は、解釈学的方法、文化人類学的方法など次々と新しい方法論を包摂して進化しているように見えますが、しかし経営学の中核はマネジメントです。マネジメント経営学が科学的管理法を出発点としマネジメント技術学として発展してきたことは前述しました。実証科学ではエビデンスが重視され、エビデンスに基づく未来予測の書籍が次々と出版されています。しかし、自然と人間の営みについてそのすべてを数量化することはできません。

２００８年９月、アメリカの証券大手のリーマン・ブラザーズの経営破綻から世界同時不況が発生しました。いわゆるリーマンショックです。イギリスのエリザベス女王は２００８年11月、経済学の名門ロンドン大経済政治学院（ＬＳＥ）の新築ビル開所式に来賓として出席したさい、女王は「どうして、危機が起きることを誰も分からなかったのですか？」と尋ねました。その質問に対して、居合わせた経済学者は十分な返答ができなかったと新聞は報じています。また、２０１１年３月に発生した東日本大震災と福島第一原発事故。２０１９年12月末に発生した新型コロナウイルスは瞬く間にパンデミック（世界的大流行）になりました。エリザベス女王の指摘は、実証科学至上主義者にたいする「頂門の一針」といえるでしょう。

人間は〈全知〉と〈無知〉の中間に位置する存在であり、一人ひとりの環境、人柄、志にもとづいた多種多様な無数の行為の総和が社会です。それゆえ社会現象は測りがたく、神秘的な妖怪の営みと映ります。いつの世も経営知の弁証法的両義性は不易です。

〔注〕
（１）Ｐ・Ｆ・ドラッカーは日本経済新聞紙上に「私の履歴書」を連載（２００５年２月）したのち、２００５年11月12日逝去しました。
（２）内田 貴『契約の時代』岩波書店、２０００年、11－12頁。
（３）荒川祐吉『商業原理』中央経済社、昭和58年、２・15頁。

(4) 三品和広執筆「第1章 経営戦略」神戸大学経済経営学会編『ハンドブック経営学〔改訂版〕』ミネルヴァ書房、2016年。4-5頁。
(5) アルフレッド・D・チャンドラー,Jr. 有賀裕子訳『組織は戦略に従う』ダイヤモンド社、2004年、23頁。
(6) アルフレッド・D・チャンドラー,Jr. 有賀裕子訳『前掲』483頁。
(7) 中村元一訳『戦略経営論』産業能率大学出版部、1980年、訳者はしがき。
(8) 中村元一・黒田哲彦訳『最新・戦略経営』産能大学出版部、平成2年、42頁。
(9) 中村元一・黒田哲彦訳『前掲』385-386頁。
(10) 菅野隆・嶋津祐一訳『戦略的思考とは何か。エール大学式「ゲーム理論」の発想法』TBSブリタニカ、1991年、13-14頁。
(11) 西谷洋介『ポーターを読む』日本経済新聞社、2007年、3頁。
(12) M.E ポーター 土岐坤・中辻萬治・服部照夫訳『新訂 競争戦略』ダイヤモンド社、2004年、i・17・20頁。
(13) 奥村昭博・榊原清則・野中郁次郎共訳『ホファー/シェンデル 戦略策定―その理論と手法―』千倉書房、平成2年、5・32頁。
(14) ヘンリー ミンツバーグ/ブルース・ アルストランド/ジョセフ・ランペル 齋藤嘉則監訳『戦略サファリ』東洋経済新報社、2012年、5-7頁・326頁。
(15) DIAMOND ハーバード・ビジネス・レビュー編集部編訳者『H. ミンツバーク経営論』ダイヤモンド社、2007年、227頁。
(16) T・レビット 土岐坤訳『マーケティング・イマジネーション』ダイヤモンド社、昭和59年、170頁。
(17) オルダースン 田村正紀・堀田一善・小島健司・池尾恭一共訳『動態的マーケティング行動』千倉書房、昭和56年。
(18) 白髭 武『アメリカマーケティング発達史』実教出版、1983年、60頁。
(19) 白髭 武『日本マーケティング発達史』文化社、昭和42年、34頁。
(20) 渡邊 泉『会計学の誕生―複式簿記が変えた世界―』岩波新書、2017年、34頁。
(21) 寺坪 修『会社会計論―科学と技術の共生―』創成社、2000年、348頁。

（22）森 竜雄『PERT／新しい仕事のまとめ方』日本能率協会、昭和39年。『続PERT／効果的な応用のしかた』日本能率協会、昭和40年。
（23）日科技連問題解決研究部会篇『TQCにおける問題解決法』日科技連出版社、1987年、5頁。
（24）水野 滋・赤尾洋二編集『品質機能展開』日科技連出版社、1987年、はじめにii。
（25）浅沼萬里 菊谷達弥編集『日本の企業組織 革新的適応のメカニズム』東洋経済新報社、1998年、青木昌彦序文V。
（26）ハンス・コルステン、トーマス・ヴイマス編著 松永美弘訳『リーンマネジメント』2000年、海声社、17頁。
（27）J・R・コモンズ原著 新田隆信・中村一彦・志村治美共訳『資本主義の法律的基礎（上巻）』コロナ社、27頁・181－182頁・184頁。

第6章　経営の根本問題——実学の主流と本流

1. 経営とは何か

1・1 経営の3つのアプローチ

誰もが日常生活を営むうえで必要な常識や知恵を持っています。仕事も、経営も、社会常識にもとづいて営まれています。経営は、個別共同体の生産性と共同行為を対象とします。個別共同体のことを事業ともいいます。事業は、いかなる社会制度下でも生産性と共同行為は活用すべしという命題のもと合理的な行為を求めます。同時に、合理的な行為は経営にたずさわる経営者の体験や知識・観察によって経営者の経験知となります。経営者は、いわゆる資本家や代表取締役、社長とは異なります。通常は兼務していますが、経営者は、経営の舵を取る人、経営指揮者のことです。経営者の経験知は、経営者ひとり一人の信念（哲学的宗教）と行為習慣（正直、誠実、正義、努力など）にもとづいた個人の判断基準（意思決定）となります。しかしそれは産業分類ごと、事業規模の大・中・小ごと、に相違します。また、A社での経営体験が行為習慣の相違するB社において、ただちに通用するわけではありません（企業を渡り歩くプロ経営者の言葉にビックリして社員が従うこともあるでしょう。しかし、しばらくすると元に戻ります）。

経営者の経験知すなわち能力は一〇〇人一〇〇様です。同時に、経営者個人の判断には誤謬がともないます。それゆえ、経営者は客観的な視点、首尾一貫した論理、科学的なデータを判断基準の材料として受け入れます。第三者の立場から経営上の諸問題について相談や助言・指導を行う職業として発達したのが経営コンサルタントです。

経営コンサルタント第1号は先述した、科学的管理法（Scientific management）を創案した米国のフレデリック・テイラーです。と申しましても、農耕社会でも収入と支出の不均衡（リスク）は存在しましたので、経営にかかわる相談や助言・指導・教育などは自然発生的に行われていました。経営リスクが顕在化したのは産業革命以後、企業間競争が激化してからです。近代経営創成期の経営相談は、財界世話役といわれた元経営者や銀行マン、協会マン、組合マンといわれた人達から法律家、大学教授らも参考意見とか、勧告とかを行っていたといわれます。そうしたなか著しく発達したのが能率指導です。

能率は科学的管理法を日本の風土に応用した呼称です。能率技師（コンサルティング・エンジニア）が誕生しました。能率技師は社外に在って、人間の能力やモノの性能を100％活かすことを指導目標にしました。能率の応用は、生産から販売、人事、財務、事務・情報、組織、経営戦略まで、経営の管理活動全般へと及んでいきました。同時に能率技師も、専門的能率技師と経営全般を取り扱う経営顧問技師（経営コンサルタント）へと分化していきました。今日の経営学は、フレデリック・テイラーの科学的管理法と、フランス鉱山会社の社長アンリ・ファヨールの管理過程いわゆるplan・do・seeで表されるマネジメントサイクルを出発点とします。

経営学は、米国において管理（Management）を出発点とし経営者教育を目的として始まりました。

ペンシルヴェニア大学（１８８１年）、シカゴ大学（１８９６年）、カリフォルニア大学（１８９７年）などが創設されました。１９０８年にケースメソッド方式（事例研究法）で有名なハーバード大学経営大学院（Graduate School of Business Administration）が創設されました。ケースメソッド方式とは、法学部の演習を応用したもので、あらゆるビジネス状況を想定して分析し対話を通してマネジメントを学ぶ方法です。しかし事実は小説よりも奇なりといいます。現実は複雑で予想外のことが起きます。比喩的にいえば、ケースメソッド方式は畳の上の水練といえるでしょう。

また、経営学者は研究と教育を担い、学問の関心は時代を先取りする新しい学説へと向かいます。アカデミックな世界では新学説が新学説を呼んで今日では覚えられないほどの学説となっています。学説と実践は、すでにかい離し実践に使える学説は少ないといえるでしょう。経営することは学問であることを欲していません。

ここで、わが国の江戸時代初期、二代将軍秀忠、三代将軍家光の兵法指南であった、柳生宗矩（1571-1646）の言葉を紹介しましょう。

学は真理に至る門である。家ではない。門を見て家だと思ってはならない。したがって、どれほど学問をし、文字を多く知っても、人間の行う正しい道をわきまえていない人がいる。かといって、学ばずして真理に到達することもまたむずかしい。(1)

柳生宗矩の「正しい道」を「正しい経営の道」といいかえると、現在も通用する実践哲学でしょう。整理します。経営は実践と理論の合一を特徴とし、視座によって3つのアプローチに分かれます。

（1）経営者の経験知の視座から「経営者経営学」
（2）科学的管理法、能率学としての視座から「経営コンサルタント経営学」
（3）アカデミックな世界の視座から「学者経営学」

わが国の学者経営学には、アメリカ経営学いわゆる経営管理学とドイツ経営学いわゆる経営経済学の潮流があることは先述しました。わが国では戦前の〈骨はドイツ・肉はアメリカ〉から戦後しばらくして〈アメリカ一辺到〉といわれる状況であるといわれます。ふがいないとおもいます。

日本の経営学は欧米の経営学の驥尾に付し、学説を翻訳したり、再生産したりするのでなく、日本の思想を基礎においた経営学でなければならないとおもうからです。なぜなら経営は無国籍ではないからです。アメリカ経営はアメリカ思想、ドイツ経営はドイツ思想、中国経営は中国思想を基礎にした経営です。それぞれの国の制度や風習、伝統を土台にした経営です。経営学は万能の合鍵ではありません。その国の伝統的な考え方（思想・規範）を捨象してただ方法論だけを模倣するのは、木に竹を接ぐようなもので、正しい経営の道とはいえません。

経営の3つのアプローチの始まりは、経営（administration）です。したがって、わが国で経営管理もしくは管理と訳されているマネジメント（Management）とは相違します。この言葉の相違は、だれでもわかりますので、経営学では常に、経営とは何かの問いが存在します。しかし、経営学に関する図書では、経営とはマネジメントであると受け流しています。ここに各論的経営学が技術の学と言われる理由があります。繰り返します。マネジメントは事業目的の手段です。手段中心の学、技術優先の学の弊害は、道徳（モラル）や法の遵守が希薄になることです。たとえば売上高や利益は事業目的の手段です。しかし、ある行為が売上もしくは利益を向上させるために有用であるなら、それが社会にとって有害であっても、その行為が容認されるようになることです。手段の自己完結の問題です。また、技術・技法という手段のみを追求する経営教育では、現状を容認し、技術やシステムの改善・改良のみに埋没する心の貧しい経営専門家を育てることになるでしょう。そうすると、事業目的と手段を短絡的に結びつけるのではなく、事業目的と手段を調整し、構想する働きが必要になります。それが経営という機能です。言い方をかえましょう。

経営という用語は、事業目的の手段として存在するのでなく、経営はそれ自身のために存在します。それゆえ、経営とは何かという経営の存在理由を問う、経営哲学は事業の要（かなめ）を問うことになります。経営学では、これまで経営の根本問題である経営そのものの存在理由は問われてきませんでした。しかし、経営とは何か、を考える必要性を提唱した経営学者はいました。山本安次郎（1904–1994）も、そのひとりです。

山本安次郎は島根県生まれ。京都帝国大学経済学部卒業（昭和5年）、同大学院退学（昭和11年）。

経済学博士。立命館大学、（満州）建国大学、滋賀大学、京都大学、名古屋大学、南山大学などの教授を歴任。敗戦時、満州からソ連（現在のロシア）シベリアに抑留された体験があります。戦中は国家主義の立場から経営学を論じましたが、戦後は西田哲学を基礎にした「行為的主体存在論」の立場から経営学を展開しました。山本安次郎は経営とは何か、についてこう述べています。

先ず、経営学は「経営の学」である。「経営」を問題としない経営学とは言葉自身における矛盾であろう。(2)

経営学という言葉はきわめて曖昧であった。それはただ「経営の学」を意味し、「経営」のどのような「学」であろうとすべてこれを経営学とみなしたのである。・・・経営学が文字通り「経営の学」であるとすれば「経営」がその基礎であることは明らかである。しかし、その「経営」とは何であるか。諸学説がこれを避けて通り、或いは通り過ぎてしまったと考えられる「経営」とは何か。そもそも「経営」は如何に考えられるべきか。(3)

・・・思うに、「経営」を問題としない者はドイツ語のベトリーブか英語のマネジメントという言葉にとらわれる者である。(4)

山本安次郎はまた、経営学とは何か。これが明確に規定されないところに経営学の悲劇があるとも述べています。わが国を代表する経営学者の問題意識に接すると、経営学は名称のほかには何も決まっていない空虚な学にすぎないのではないかとさえおもいます。

今日の経営学の根本問題は「経営」を問題にするのではなく、経営を管理（Management）する手段としての知識と実務を問題とし、あらゆる組織を貫通するマネジメント万能主義の弊害が自覚されていないことです。

では、弊害とはどういうことでしょうか。たとえで説明しましょう。まず「将棋」を思い浮かべてください。将棋を単純化していえば、相手に勝つことだけを目的としたゲームですので、勝つためには手段だけに集中し、工夫を重ねなければなりません。同時に次の一手を考えるのは愉しいことです。愉しみはさらなる工夫へとつづいて、やがて新しい一手を考え出すことだけが目的になります。また、医者が患者を救うために使うメスと、相手を殺害するために使うメスとは、それぞれの目的を実現するために役立つということからいえば、同じ価値をもっています。一方、メスを作る人は使う人の目的に関わりなく、よく切れるメスを作ることに集中します。よく切れるメスを作る人は熟練者といわれます。同じように、原子爆弾の開発に携わった研究者や現在、ＩｏＴ・ＡＩの研究者は、研究そのものに働き甲斐、生きがいを感じていることでしょう。しかし、それでよいのか、という問いです。

つまり、手段は自己目的化し、手段（方法）だけに熱中する習性があります。そうした思考習性がわかっていますか、という問いが「マネジメント万能主義の弊害の自覚」の問題です。別言します。マネジメントは手段です。手段に誠実、正直、正義、努力などの徳目がくわわると手段は自己完結しますので、その意図しない結果、思考は悪の陳腐さに染まります。

悪の陳腐（Banality of Evil）さは、凡庸さ、ありふれたものとも訳されます。哲学者ハンナ・アーレント（1906–1975）が第二次大戦中、ユダヤ人列車移送の最高責任者であったアドルフ・アイヒマンの裁判を傍聴して告発した概念です。アイヒマンは組織人として、ユダヤ人たちをいかに効率的に居住地から集めるか、ムダ・ムリ・ムラなく強制収容所へ輸送するか、どのタイミングで、どれだけの人数を列車に詰め込むか、などを計画し実行することに能力を発揮し昇進を重ねました。アイヒマンはカントの道徳法則を知っていましたし、法律に従い市民としての義務をはたしていただけだと述べました。

アーレントは「彼は愚かではなかった。完全な無思想―これは愚かさとは決して同じではない―、それが彼があの時代の最大の犯罪者の一人になる素因だったのだ。[5]」つまり、悪はごく普通に生きていると思い込んでいる平凡な一般人によって引き起こされたという事実です。良心・モラルが崩壊したという事実です。悪の陳腐さを意訳しましょう。あらゆる組織において周りの空気を忖度し実行することを働き甲斐とし、道徳的に生きる権利を自ら放棄した経営指揮者（経営者、経営幹部・マネジャー）のことです。マネジメント万能主義は改めてモラル崩壊の問題をわたしたちに突きつけています。

1・2　経営的問いと哲学的問い

経営コンサルタントの対象は「経営」です。経営コンサルタントは、何よりも対象としての「経営」の概念を明らかにし、経営の正しい考え方を提示しなければなりません。筆者は経営コンサルタントを志して以来、わが国の「経営」概念に関心をよせてきました。と申しましても概念を問うことは哲学することです。哲学という言葉が、わが国へ受容されたのは明治維新前後からです。明治前期の思想家中江兆民（1847–1901）は、我が日本、古より今に至るまで、哲学なし。哲学なき人民は何事を為すも深遠の意なくして、浅薄を免れず、[6]と断案しました。明治前期にそれまでの日本思想（神・儒・仏）と西洋哲学が出会い、融合し、日本哲学が形成されました。問題は、哲学的問いと経営的問いが異なることです。説明しましょう。

哲学は、なぜ、どうしてという、ものごとの本質、普遍的な原理を問うことを考察する学です。一方、経営学は、経営課題の解決法（答え）を考察する学です。したがって、哲学的問いと経営的問いは相違します。では、両者の問いは、いつ交わるのでしょうか。少し検討してみましょう。

まず経営的問いです。経営者にとって必要なのは、どのようにして利益を出しつづけていくかです。時代が変われば事業経営も変わります。常に新しい状況にふさわしい経営手法へと改善・改革していくことが求められます。当然のこととして、経営的問いは、実利・実益をもたらす方法（knowing how）を追求する実用主義（pragmatism）になります。それは、狩人が獲物を捕獲する仕掛けを工夫するように。漁師が魚の種類に合わせて漁法を変えるように、経営者は利益を出すにはどうすればよいかを常に考えています。やるか、やられるか。理屈ではありません。実行するのみ、がんばるのみです。経営の現場は終わりのない戦場です。それゆえ実用・実務に役だたない問いは、無用・無駄と考える傾向があります。小話を紹介しましょう。

昭和30年代、経営学ブームと呼ばれた頃、経営学者坂本藤良（1926–1986）の執筆した『経営学入門』がベストセラーになり、経営学の神様ともてはやされたことがありました。しかし、坂本の経営した会社が倒産しました。それを知った経営の神様松下幸之助（1894–1989）はこう述べたといいます。

見ろ。お前たちは二言目には、学者さんの言うことを持ってきて、わしに進言するけど、学者や銀行家に経営ができたら誰も苦労せんよ。(7)

経営は私企業（大企業・中小企業）を対象として発展してきました。しかし今日では、経営は個人の生活経営から病院・福祉施設、学校、寺院、農業、労働組合、非営利団体、行政体、政府まで、あらゆる共同体に普遍的に存在するものとして理解されるようになりました。では、経営は果たして生涯を捧げるに足りる仕事なのでしょうか。この疑は一応解き得たと思うものの、しばらくすると心の奥から、経営とは何か、という問いとなって、しのびやかにわき出てきます。それは、事業の有為転変・栄枯盛衰を感じるからです。

1・3　事業の栄枯盛衰

事業の栄枯盛衰の例として、戦後の大衆消費社会をリードしたダイエーとセゾングループの経営者をとりあげましょう。

まず、ダイエーの創業者中内功（いさお）（1922–2005）です。中内は神戸高商を卒業後、日本綿花に入社。のち従軍。復員後、大阪千林に「主婦の店ダイエー薬局」を開業（１９５７年）し、流通革命の旗を掲げて巨大流通グループを築きました。日本チェーンストア協会会長、臨教審委員、経団連副会長を歴任。勲一等瑞宝章受賞。流通科学大学の創設者です。著書『わが安売り哲学』のなかで、こう述べています。

ダイエーは、昭和四十八年に売り上げ四千億円、百七店舗の計画を立てた。ダイエーが大きな販売力を持つことが消費者のためになるのだ。・・・ダイエー憲法のめざすところは、消費者のための企業である。企業が言葉の真の意味で消費者のために存在したとき、消費者社会が実現する。消費者主権の社会である。ダイエーが目標とするのは、消費者主権の確立された社会である。(8)

しかし、中内 功は1999年に社長を退任。2004年、ダイエーは産業再生機構に支援を要請しました。2001年1月、中内 功は取締役を辞任してダイエーを去りました。中内功の全財産は負債と相殺されました。中内功の長男潤（「中内学園」理事長兼学長）は「三井住友銀行の頭取だった西川善文さんが、すべて取り上げるにはあまりに気の毒だと、あるマンションの一室だけ残してくれました。ボス（中内 功：引用者注）の死後、母は、その部屋で暮らしました。(9)」と述べています。

ダイエーの好敵手が西友ストアーです。西友ストアー社長堤 清二（1927-2013）は、西武グループの創業者堤康次郎の次男です。康次郎の死去に伴い、西武グループの流通部門を継承し西武百貨店、西友、パルコを中核とした200社にも及ぶセゾングループに成長させました。日本芸術院会員、財団法人セゾン文化財団理事長などを歴任。経済学博士です。堤 清二は東京大学での講義録をもとに編集された『変革の透視図』のなかで、こう述べています。

流通産業の基本的な矛盾は、企業主体として考えると、本質的に反独占的な性格をもちながら、競争していくうえではビッグ・ビジネスになっていかねばならないという、資本制生産様式のなかにおける自己矛盾でもある。・・・もちろん競争に勝たねばならない。しかし、流通産業そのものは本質的に反独占の姿勢を失ってはならない。それゆえ流通産業の新しいビッグ・ビジネス化のためには、経営学の面からみても、中小企業の連合体的な組織形態の採用が検討されなければならないだろう。(10)

しかし、バブル崩壊後の1991年、堤 清二はセゾングループの代表を辞任し、セゾングループは解体されました。ノンフィクション作家児玉 博が「母子三人（母操、清二、邦子：引用者注）が移り住んだ東京・麻布の『米荘閣』—。こんもりとした森を飲み込むほどの広大な屋敷には操が丹精込めて手入れしたバラ園があり、大物政治家を招いて『観桜会』を催したほどの桜が植えられていた」(11)と記した跡地が、現在は高級分譲マンションへと変わり、植栽の一部が当時の面影を残しているということです。

1・4　経営的問いと哲学的問いが交わるとき

古典文学『方丈記』の、ゆく河のながれはたえずして、しかももとの水にあらず。よどみにうかぶうたかたは、かつきえかつむすびて、ひさしくとどまる事なし。世の中にある、人と住家と、またかくのごとし。の一節はよく知られています。人間の命は有限ですが、心の働きは無限です。料亭やゴルフ、カラオケ遊びをおえて、ふと、カラ騒ぎがむなしく感じられることはないでしょうか。夜半、目がさめて自己自身に立ち戻り、自分が死んだ後、何が残るだろうか、借金はどうなるのか。豪邸や銅像は残るだろうか。家族は、子どもたちはどうなるだろうか。５０年後、１００年後、事業や会社はどうなっているだろうか、などなど、心の奥底から漠然とした不安が湧き出して眠れない日はないでしょうか。

思えば、経営者は本質的に二つの生活を営んでいます。一つは共同体のリーダーとしての生存競争の生活です。もう一つは個人として人間らしい平穏な生活です。両者の生活は矛盾を孕み、矛盾は経営者の悩みや不安となって表れます。そうして、経営者の心の均衡が崩れたとき、心は、心の平安を渇望して経営的問いと哲学的問いが交わります。

では、経営とは何か、という哲学的問いに答えてくれるような経営図書とは、どのようなものでしょう。筆者は経営コンサルタントを志して以来、経営哲学の問題に関心をよせてきましたが、結論から言えば、そうした経営図書はほとんどありません。巷にあふれているのは経営の部分的機能を著わしたハウツー（how-to）ものや体験記、中小企業診断士など資格取得のための教科書です。生産、マーケティング、人事、財務・経理、情報（ＩＴ、ＡＩ）からリーダーシップ、コミュニケーション、交渉術、仕事術、あるいは百貨店経営、運送経営、病院・介護施設の経営、農業経営、銀行経営、等々のいわゆる経営学各論にあたるものです。各論には実務の理論と方法が記述されています。また、題名が経営学総論、概論、原論などの図書もあります。そうした図書も各論（実務の理論と方法）に多くの頁を割いているものが多く、哲学的問いへの関心は薄いといえます。経営哲学（Philosophy of Management）を題名にした図書もあります。しかしその大半は「清濁併せ呑む」の濁をオブラートで包んだ成功哲学であったり、考えることが苦手な人のための金言や格言をまぶした処世哲学などです。アカデミックな世界では経営哲学学会が昭和59年4月に「生命尊厳を最高の価値基準」とし人間性に基づいた新しい「企業の指導原理」を確立するための経営哲学の研究・教育・普及を目的として設立されています。[12]筆者も会員ですが、経営哲学学会では、経営哲学が実証科学を前提としエビデンス（証拠）重視のもとで論じられています。今日の経営学は、実証科学的問いと哲学的問いが切り離されて交わっていないようにおもいます。経営書をみてみましょう。

日本で人気の高いアメリカの経営学者といえば、P・F・ドラッカー（1909–2005）がそのひとりにあげられるでしょう。ドラッカーについて、経営学者入山章栄はこう述べています。「アメリカの経営学者、少なくとも私が知る範囲で、たとえば『ビジネスウィーク』などのランキングでトップ50～70位ぐらいまでに入ってくるような上位・中堅クラスの研究大学で、経営学の本としてピーター・ドラッカーの著作を普段から読んでいる教授はいません。・・・あくまで私の推論になるが、おそらくドラッカーの言葉は『名言であっても、科学ではない』からではないでしょうか。[13]」、また、世界最先端の経営学者は「その法則が多くの企業・組織・個人に当てはまる『真理に近い法則か』を検証するために、データ分析を重視します。経営学者は、何百・何千・何万、場合によっては何百万という企業データ、個人データを使った統計分析をしたり、あるいは人を使った実験やコンピューター・シミュレーションをしたりして、その経営法則が正しいかどうかを確認していくのです。・・・この『科学を目指す経営学』が世界規模で急速に普及し、世界中の経営学者により、新しいビジネスの知が生み出されているのです。[14]」とも述べています。入山の説明によると、経営学の主流はエビデンス重視、実証科学至上主義の経営学です。実証科学と哲学は二元論です。

また、筆者は経営学者山城 章（1908–1993）が設立した日本マネジメント学会に所属したこともありました。山城 章は鳥取県生まれ。昭和８年東京商科大学卒業、昭和12年横浜市立横浜商業専門学校講師、同教授、昭和27年一橋大学教授、商業博士です。山城 章は経営研究についてこう述べています。

「経営者は経営研究により育成される。経営教育と称してもよい内容をもつものである。この研究や学が経営学であるが、・・・実践経営学の方法は経営学は経営主体の能力開発を研究の目的とし、それによってプロフェッショナルを養成しようとするからである」[15]。しかし、経営学図書の多くは、学生や一般社員、経営幹部を想定して執筆されていますので、はたして経営者は経営研究によって育成されているといえるでしょうか。経営学者の願望とも思える山城 章の問いは、要するに経営者教育の極点をどう理解するかという問題です。しかし、入山が述べたように、経営学の主流は実証科学であれば、それはそれで割り切って考えることができるでしょうが、経営者教育の極点となると、これに答えるのは簡単ではありません。比喩をひとつあげましょう。スポーツは誰でも練習すればできるようになります。しかし、一流のスポーツ選手は、練習に加え本人の素質と努力そして環境によって育まれます。同様に、経営者も実証科学で開発された技術だけでなく、経営者としての本人の素質と努力そして環境によって育まれるからです。

思えば、経営は単なる実証科学の知識や技術、あるいは実体験の寄せ集めではありません。なぜなら人間には意識があり、意識は知・情・意に分けられます。人間の意思と行為は一体不可分のものであり、経営は常に行為者の意思とむすびついて実現されるからです。経営行為は人間の行為意思すなわち、志によってはじまる創造活動です。したがって、経営の部分的機能をつらぬく経営者の行為意思が貫徹されていなければなりません。それゆえ、経営者は哲学的問いを基礎とし、実際的問いをもって解決していくことになります。経営的問いと哲学的問いの一元論です。

哲学は、経営学が誕生する、はるか昔から存在しました。哲学の応用が経営哲学です。経営哲学は、哲学の論理を基礎にして展開されなければならないといえましょう。ただしここでいう哲学は学者の知識ではありません。紀元前五世紀末の哲学者プラトンは「現在王と呼ばれ、権力者と呼ばれている人たちが、真実にかつじゅうぶんに哲学するのでないかぎり・・・国々にとって不幸のやむときはない」(16)と記しました。しかし、経営者が哲学者になる必要はありません。それは哲学といっても、経営者哲学は、経営者経験をとおして自得される行動の手引きとしての哲学だからです。ただ余暇の時間に人類の歴史上に現れた哲学者の思考法や人生観、世界観が記された哲学史を繙いて哲学的素養と精神修養（道徳的意志）を養うことは必要でしょう。

2. 経営の源流

ものごとには何ごとにも始まりがあります。道路は人が歩いたから道路と名付けられたように、経営という言葉もそうした行為があったからこそ経営と名付けられました。では、そうした行為とはどのような行為でしょうか。およそ古代より人間の生存に必要なものは自己の健康とそれを支える衣食住でした。そして、生活の糧を得るための技が、人間の長い時間のなかで伝承され、生産性と共同行為を結びつける経営という言葉が生まれました。

2・1 経営と『詩経』

経営の意味について『大漢和辞典 巻八』には「①家屋を建築するとき、土地をはかり土臺を据ゑること。縄張りして普請する。②凡べて規模を定め基礎を立てて物事をおさめ營むこと。事業をはかりていとなむ。」（諸橋轍次、昭和60年修訂版、大修館書店）。『日本国語大辞典 第7巻』には「①なわを張り、土台をすえて建物をつくること。縄張りして普請すること。②物事のおおもとを定めて事業を行うこと。」（1974年、小学館）とあります。漢文学者白川 静（1910–2006）は、「経」の語は「織機のたて糸」「たて糸を中心に事を始めるので、経営（事業をいとなむこと）・経始（経営を始めること）」といい、「営」の語は「営の下部の呂は口（兵舎や宮殿などの建物の平面形）を二つ連ねた形で、営は軍隊や宮殿などの仕事にいそしみ努めることから、いとなむ意味となる。」（『常用字解』平凡社、20

０５年）と解説し、経営は「事業をいとなむ。設計、施工する意」（『字通』平凡社、２００４年）と解しています。こうした解説は、中国最古の詩集で儒教経典の一つ『詩経』が源泉です。では『詩経』をひもといてみましょう。

『詩経』には「經始靈臺　經之營之　庶民攻之　不日成之」（靈臺を經始し　之を經り之を營る　庶民之を攻る　日ならずして之を成す」とあります。「靈臺を創建し、これを測って造営します。人民がこれを作り、幾日もかからず完成させました。」と通釈されています。中国文学者石川忠久は、経之営之は、「経」は毛伝に「経は、これを度（はか）るなり」とある如く、測量する意。「営」は、屈万里が「営は、作なりといい、白川　静が「宮室を造営することを営といい」（字統）という如く、作る、造営する意[17]と解説しています。土臺を据ゑる、なわを張り、土台をすえて建物をつくる前提が、土地をはかることです。

白川　静は、はかる（測）は、その準則（従うべき規則）に合っているかどうかを考えることである。とくに水の深さをはかることを測というが、測は水以外のことについてもいい、すべて〈はかる〉の意味に用いる（『常用字解』）と述べています。また〈はかる〉を『広辞苑』でみてみますと、計る、測る、量る、図る、諮る、謀る、などがあります。連想すると、心をはかる。未来をはかる、方策をはかる、改善をはかる、などが思い浮かびます。

そのうえで戦略論として有名な『孫子』の計篇をみてみると「故にこれを経るに五事を以てし」[18]と経に、はかるのルビがふられています。

整理します。経営と名付けられた行為は〈はかる〉という行為であり、それに該当する漢字について筆者は、経営とは経りながら営むこと、と解します。すでにお気づきのことと思いますが、本書では〈はかる〉は、経の文字を使用しています。もとより辞書からの解釈が十分な解答ではないことは明らかです。それにも係らず字義は、経営の本質を探索する上で、一つの手がかりを与えてくれます。

ところで〈はかる〉には規準が必要です。古来より何かを、はかるときには、自分自身の体をものさしにしていたということです。身の回りでは時計や体温計、算盤、枡、秤りなどが開発され使われていました。西洋の数字はギリシャにおこり、ギリシャの数字はピュタゴラスにはじまるといわれますが、ギリシャに先立って高度な測量術、数学があったのはエジプトです。ピラミッドの建設は有名です。糸を張る者（Harpedonaptai）は測量技師の名称でした。計算術は、パンの分配の問題、租税の問題など日常の問題から端を発し等差級数のごとき、やや複雑な問題にまでおよんだといいます。では、人間社会を〈はかる〉規準とは何でしょう。

人間の本質は共同社会にあります。自分と家族の生命を維持するために仲間と、狩猟・採集を行い、橋を架し建物を普請し武器を備え、凶年のために米穀を蓄します。共同社会では共同行為を維持し管理する〈はかる〉機能とそのものさし（尺度）が必要になります。同時に、共同行為に直結する参加者個々人の行為規範も〈はかる〉ものさしが必要になります。なぜなら個々人には自己保存、食欲、性愛などの生存的欲求だけでなく、成功したい、金が欲しい、地位がほしい、名誉が欲しいなどの社会的欲求が備わっているからです。もし個々人の私利私欲を放任しておくと、万人に対する万人の闘争になって共同社会は崩壊します。共同社会は、経済共同体と人格共同体の弁証法的両義性の社会です。したがって、いつの時代も、どのような社会制度下であっても利己心を克服し、共同社会の道徳観を高める努力が必要になります。道徳律は人格共同体では信頼の証（あかし）となり、商取引では国境を超える普遍的な行為規範となります。誠実、正直、親切、努力、協力などの徳目は普遍的・客観的な道徳律として人格共同体の尺度を〈はかる〉ものさしです。大切なことは、事業経営の舵を取る経営指揮者（経営者、経営幹部・マネジャー）が動く規範として、人格共同体の参加者に範を示さなければならないということです。儒学思想の説くところです。

共同社会は、各共同体の生産性と人格共同体系によって営まれています。経営とは、収入と支出、共同参加者のモラルを調整し、構想し、統合する、経るという哲学的行為から出てくる働きです。多くの人は〈はかる〉という言葉からノルマや達成状況を、測ることを連想するでしょうが、それは手段としてのマネジメント（管理）を思い浮かべるからです。

2・2　経営と『孟子』

先述した山本安次郎は、経営は孟子のいわゆる『経之営之』で、今日では明らかに事業経営と企業経営の統一を意味している[19]と述べています。しかしその解釈には論理の飛躍があります。

古典『孟子』には、孟子が梁の恵王に拝謁した際、前述した『詩経』の「經始靈臺經之營之　庶

民攻之　不日成之」を紹介したうえで「古の賢人は自分ひとりで楽しまないで、人民といっしょに楽しんだからこそ、ほんとうに楽しめたのです。[20]」（ルビ同著、以下、同じ。）と述べています。つまり、孟子は恵王の道徳心を〈はかった〉りしました。こうも述べています。

「秤にかけてみなければ、物の軽い重いは分かりませんし、物差ではかってみなければ、物の長い短いは分かりません。すべていっさいの物はみなそうです。その中でも、人間の心の中こそ、このはかるということが特に必要なのですが、〔物をはかるのとはちがって〕最もはかりにくい難しいものです」[21]また、建物は土台があって始めて営造できます。しかし、「いくら手先が器用でも、規や矩（定規）がなくては、四角形や円形を正確に書くことはできない。・・・いかに堯舜の道を心得た人でも、（規や矩ともいうべき）仁愛の政治によって行わなければ、天下を泰平に治めることはできない」[22]とも述べています。

孟子のいう規矩を、筆者は道徳哲学（moral philosophy）と解します。今日、道徳律を〈はかる〉ものさしは道徳哲学であるとおもうからです。使い方を教える技芸術と道徳哲学は弁証法的両義性です。孟子も「建具屋・大工・車輪工・車台工などの親方は、他人にコンパスや定規の使い方を上手に教えることはできるが、その人の腕前を望みどおり上達させることはできない。（それ以上は、本人の天分と努力しだいなのだ）[23]」と述べています。技術・技芸と、行為者の志（道徳心）は一体のものだからです。

孟子（前372頃-前289頃）は中国、戦国時代の思想家であり、諸子百家の一人です。「孟母三遷」「性善説」は有名です。孟子より50～60年あとの人が、荀子です。荀子の「性悪説」も有名です。けだし、性善説と性悪説は弁証法的両義性です。両思想の発展によって儒学は豊かになってきました。

さて、孟子は、孔子の思想を継承して道徳的世界（王道論）を諸侯に説いてまわりました。王道論とは、仁徳を本として国を治めることです。たいする覇道は、武力・権謀を用いて国を治めることです。孟子の主張は「君主は人民のために存在するものとし、民の支持を失ったものは君主でないとまで極論する」[24]ものでした。中国哲学研究者金谷 治は、民衆の不幸に対して責任をとろうとしない政治家を、孟子ははげしく攻撃したと述べ、まことに、この熱いヒューマニズムは、儒教的教養の明るい伝統として、後の世にも強くうけつがれた[25]と述べています。また「孟子の主張をひと口でいえば、それは要するに道徳主義（モラリズム）の鼓吹である」[26]（ルビ同著）。と述べています。孟子は、統治者を名君にするために進言しました。今日でいえば経営コンサルタントであったといえましょう。しかし、時は下克上の戦国時代です。諸侯が経営コンサルタントに求めたのは国を利する富国強兵策や権謀術策（戦略）でした。そのため、当時の君主はみな孟子は世事にうとしと批評して、とうとうその意見を聴きいれるものがなかった[27]ということです。むかしもいまも優勝劣敗の世界では、勝つ方法だけが求められているようです。

ともあれ、孟子のいわゆる『経之営之』は、山本安次郎が解釈した、事業経営と企業経営の統一を述べたものではありません。生産性活動の根底にある道徳律、すなわち経営者（リーダー）の心を〈はかる〉ものさしを述べたものです。とりわけ、孟子はリーダーの心に潜む所有欲、権力欲、名誉欲を〈はかり〉抑制する働きをもつ人間の良心（人格）の重要性を強調しました。

2・3　経営の課題

経営学が誕生してからおよそ100年ほどです。経営の対象は、個別共同体の生存であり、人間の欲望であり、活動です。活動は、時間的・空間的に画定された場で行われます。場とは、人がそこで生まれ、生活し、死んでいく弁証法的両義性の場です。別言します。人間は自分で自分の歴史を創ります。しかし、自由自在に創るわけではありません。過去から受け継いできた制約を創造的契機として進歩していきます。身の回りの生活でいえば、電球はエジソンによって創られ、インスタントラーメンは安藤百福によって創られました。そうした発明・発見は素晴らしいことですが、それらはそれまでの生活習慣・文化が、必要は発明の母として創案者の工夫を呼び起こしたものです。社会のしくみも制約下の有限なものです。

資本制社会は、G—W—，G（ゲー・ヴェー・ゲーダッシュ）で表現される、お金—モノ—利益を基本とした資本の自己増殖運動社会です。しかし、資本制社会という場も歴史的に創られ、新しい資本制を創りゆく社会です。そして今日、ポスト資本主義、ステークホルダー資本主義、監視資本主義、新しい資本主主義などのフレーズを耳にします。そうした言葉の提唱者たちも、また、共産主義者・社会民主主義者たちも、現在の私有財産制度の下で、家を建て、車に乗り、生活を営み、仕事をしています。そうすると、タレント学者や政治家などの浮薄な言葉ではなく、いま現在に、心の根をもつことが大切になります。心の根とは、共同社会の基礎・諸学の基礎としての道徳的意思です。大工が家を建てるときに、ものさしが必要になるように、事業活動で必要になるのが、事業の正当性であり、利益のものさしとなる経営者の道徳的意思です。

さて、では時間的・空間的に画定された資本制社会の場において、事業の正当性や経営者の道徳律について、経営学者はどのように述べているのでしょう。まず、現代を組織社会と捉えたP・F・ドラッカーに聞いてみましょう。ドラッカーはこう述べています。

経営者は、彼らが経営する組織体の機関であるから・・・経営者がいなければ、組織体というより烏合の衆がいるだけである。[28]
指導者集団はその機能を果たすだけではすまされない。業績をあげるだけではすまされない。正当性ももたなければならないのである。・・・経営者が正当な権限〔の持ち主〕として是認される上で必要としているのは、道徳律である。[29]

また、日本の経営学者小林敏男はこう述べています。

人はややもすれば、正当性を忘れて、権力によって安直に問題を解決し、そのあとで適当な口実を見つけて、自らの権力の『正統性 legitimacy』を主張する。・・・われわれにいま必要なのは共同、およびその存続のために構成される組織の正当性である。・・・昨今の経営学は、確かに時代からの要請があったからかもしれないが、管理論ないし戦略論がその主流をなし、主観主義的認識論の立場を強固に取り続ける。本来の目的からすれば、大いに反省すべき状態にある。(30)

事業活動において、経営者道徳や正当性が必要となるのは、事業が経営者の志すなわち目的的な行為であるからです。行為が目的をもつとは、成果を一定の範囲において予測し目標達成の手段（技術）を適正に選択していくことです。したがって組織は、成員ひとり一人の意思が集約された共同意思によって実行され、共同意思は経営者の道徳律や正当性によって保証されるからです。

思えば、遠い昔から人間は自己の生存のために共同し、共同体は生産性を〈はかる〉科学技術と、共同者の行為意思を〈はかる〉道徳律との弁証法的両義性において発展してきました。そして、あらゆる生きものは弱肉強食のサバイバル世界で生きています。個人は、個人の能力に応じて。共同体は、共同者の能力に応じて発展します。かくして、世界は不均等に発展していきます。他の共同体よりも、すこしでも優位なポジションを得るためには、生産性に直結する科学技術が優先されます。科学技術は行為者の創造的想像力によって進歩し、より高次の方法となって表現されてきました。今日、科学技術的側面はビッグデータ（情報）、ＡＩ（人工知能）、ロボットなどにみられるように急速に進歩しています。一方、ＡＩモデルに関わる行為者の道徳的側面は追いついていないようです。科学技術の進歩と道徳的進歩の相克です。しかし、この問題は、いまに始まったことではありません。科学技術と道徳の不協和音は、明治維新前後まで還らなければなりません。なぜなら、わが国は長い間、封建制道徳に閉じこめられていましたが、明治維新によって近代化が急速に進んだからです。近代化とは欧米化です。欧米の道徳は宗教（キリスト教）によって培われていました。プロイセンの公法学者ルドルフ・フォン・グナイトは「日本は仏教を以て国教と為すべし」と勧告しましたが、伊藤博文は「我国にあつて機軸とすべきは一人皇室あるのみ」としました。[31]

わが国が、ひたすら欧米から学んだのは科学技術でした。一方、封建制道徳は蔑視されました。そして欧米のキリスト教の役割に代わる宗教や近代市民社会の道徳は育ちませんでした。以後、戦争中の全体主義・精神至上主義をはさんで基本的に、科学技術と道徳哲学の不調和が継続しています。

2・4　明治時代前期の実学思想

ところで経営の知は、いつごろ経営の学として意識されるようになったのでしょうか。人間は生き抜くために自然を相手とし、禽獣をとらえ、石を運び、水を引き、生産性は共同行為によって効率をあげてきました。それは手の延長としての道具づくり（生産技術の発明・改善）へと進み、粗石器から石器へ、狩猟から農業へ、商業から手工業を経て工業へ、情報へと発展してきました。経営の学が意識されるようになったのは18世紀半ばから19世紀にかけて起こった産業革命からです。産業革命とは、技術革命がもたらした産業の変革と資本制社会への改革をさしています。それまでの農業を中心とした封建制の産業から、急速に機械化された工場が出現して、各工場・企業間の競争が激化し、生産性向上が要求される製造業が発展したからです。わが国の産業革命は明治維新後であり、近代化も明治維新から始まりました。

明治維新前後、欧米の科学技術や人権思想（法学）、哲学、経済学、宗教が、近代の先駆者高野長英、西周、津田真道、福沢諭吉ら洋学者によって翻訳・移入されて、今日までつづく近代日本社会の原型がつくられました。

江戸幕府の留学生 西 周（1829–1897）、津田真道（1829–1903）らはオランダへ留学して法学、経済学などを学びました。帰国後、西 周はphilosophyを哲学と訳したことで、津田真道はわが国最初の法学通論を著したことで知られています。両者は虚学と実学を区別して、こう述べています。

> 西 周は、実学は「必ズ事實ノ視察上ヨリ、立ツベキコト、人々皆一致スル所ナリ」[32]
> また、津田真道は「之ヲ実物ニ徴シ実象ニ質シテ 専確実ノ理ヲ説ク近今西洋ノ天文格物化学医学経済希哲学ノ如キハ実学ナリ。[33]」（ルビ引用者）

西 周、津田真道らが学んだのは、オーギュスト・コント、ジョン・スチュアート・ミルらの哲学でしたので、その視点から儒学を批判しました。オーギュスト・コント（1798–1857）は今日では社会学の創始者として知られています。コントの哲学について社会学者三溝 信は、こう説明しています。

> 三段階の法則の第三段階は「科学的すなわち実証的」段階とよばれた。コントにあっては、科学的であることと実証的であることとはイコールであり、実証精神とはまず科学的精神であった。この意味での実証とは「観察に対する想像の従属」につきる。[34]

コントのいう三段階の法則とは、神学的段階、形而上学的段階、実証的段階という三つの段階のことです。西　周、津田真道は、実証科学的なものを実学と述べました。洋学者福沢諭吉（1835–1901）もこれにつづきます。福沢諭吉はベストセラーになった『学問のすゝめ』のなかで、こう述べています。

天は人の上に人を造らず人の下に人を造らずと云へり。・・・學問とは、唯むずかしき字を知り、解し難き古文を讀み、和歌を樂み、詩を作るなど、世上に實のなき文學を云ふにあらず。・・・専ら勤むべきは人間普通日用に近き實学なり。(35)

同著解説者昆野和七は、ここでいう実学は科学（サイエンス）、実学思想をサイエンティフイックアイデアと記し科学的精神の意味を明かにしていると述べています。また、福沢諭吉は『文明論之概略』のなかで、文明とは人の身を安楽にして心を高尚にすること、品位の進歩のこと、でこの二つを達成するものこそが智徳であると述べています。解説者松沢弘陽は同著を福沢諭吉の生涯最高の傑作であり近代日本の古典と評したうえで「文明化を阻むイデオロギーとして儒教のあやまりを徹底的に暴露するため、儒教の経典や故事などをパロディー化して、執拗なまでに繰り返し嘲弄する。(36)」と解説しています。

実学は、もともと朱子学の言葉でした。しかし、福沢諭吉は西洋の近代科学を「実学」とする立場から儒学の道徳を痛烈に批判しました。当時、官僚養成のために数多く創立された法律専門学校も実証科学的実学の系譜です。こうして実証科学としての実学が、学問・教育の主流となり、わが国の資本主義経済は急速に発展しました。一方、江戸幕府の官学的役割を担った朱子学の権威は封建思想（道徳）の象徴として急速に失墜しました。また、庶民の道徳を担っていた心学講舎も教部省下の大教院に属し、全国を通じて累計二百を数えた学舎も大半は廃絶に帰しました。仏教も時代遅れになり、迷信とまで言われたということです。科学技術の偏重は、その意図しない結果、人々が富を貧欲にむさぼる拝金主義、物欲主義が横行するようになり、道徳の荒廃が現出しました。そうした世の流れに危機感をもった人々がいました。明治天皇の侍従、一刀正伝無刀流の開祖山岡鉄舟（1836–1888）もそのひとりです。山岡鉄舟は江戸城開城の基本条件について西郷隆盛と合意した人物です。明治20年、山岡鉄舟はこう述べています。

ひそかに排外の徒の口にするところを聞くと、日本民族の道徳・宗教を改善して、西洋風にならわなければならない。日本流は実に不道徳で、日本民族ぐらい野卑なものはない。大いに人倫に違っているとて、大方ならぬ口調をもって、国民を動揺せしめている徒輩がある。実に物知らずの言うことである。・・・要するに、人は至誠をもって四恩の鴻徳（こうとく）を奉答し、誠をもって私を殺して万機に接すれば、天下敵なきものにして、これがすなわち武士道である。(37)

キリスト教思想家内村鑑三（1861–1930）は明治の思想界において最も、ヨーロッパの精神に通じていた一人でした。内村鑑三は『万朝報』で、福沢諭吉をこう批判しています（ルビ同著）。

> 三十　福沢諭吉翁　金銭是れ実権なりといふは彼の福音なり、彼に依って拝金宗は恥かしからざる宗教となれり、彼に依って徳義は利益の方便としてのみ貴重なるに至れり、武士根性は善となく悪となく悉く愚弄排斥せられたり、・・・利欲を学理的に伝播せし者は福沢翁なり、日本人は福沢翁の学理的批准を得て良心の譴責なしに利欲に沈淪するに至れり。[38]

実業家渋沢栄一（1829–1903）も、道徳の重要性を次のように説いています。

> その富を成す根源は何かといえば、仁義道徳、正しい道理の富でなければ、その富は完全に永続することはできぬ。ここにおいて論語と算盤という懸け離れたものを一致せしめる事が、今日の緊要の務と自分は考えているのである。・・・欧米諸国の日進月歩の新しいものを研究するのも必要であるが、東洋古来の古いものの中にも捨て難い者のあることを忘れてはならぬ。[39]

福沢諭吉の実学について、政治思想史研究者丸山眞男（1914–1996）は、こう整理しました。[40]

> 福沢の実学に於ける真の革命的回転は、実は、学問と生活との結合、学問の実用性の主張自体にあるのではなく、むしろ学問と生活とがいかなる仕方で結びつけられるかという点に問題の核心が存する。

かくして、宋学なり古学なり、心学なり、水戸学なりの「実学」から、福沢の「実学」への飛躍は、そこでの中核的学問領域の推移から見るならば実に倫理学より物理学への転回として現われるのである。

「倫理」の実学と「物理」の実学との対立はかくして、根底的には、東洋的な道学を産む所の「精神」と近代の数学的物理学を産む所の「精神」との対立に帰着するわけである。

わが国の伝統的思想は神儒仏です。それに西洋哲学・近代科学が融合して日本の近代思想が生まれました。明治政府は法典編纂のためフランス人法学者ボアソナードを招聘して民法編纂を命じましたが、明治24年「民法出デテ忠孝亡ブ」の反対意見が出されて延期されました。新しい民法典は日本人によって起草されて公布されました。そのため、日本法は西洋化された法であっても西洋法ではないといわれます。[41]今日、わが国では、科学技術の進歩と道徳哲学の相克が指摘されていますが、これは明治政府が急速に近代化を進めた随伴的結果です。

ともあれ、他国の精神文化は翻訳や文献学・修辞学からでなく、その国の気候・習俗・生活・思考様式と融合して受容されます。丸山眞男が述べた「倫理」の実学と「物理」の実学との対立は現在もつづく、わが国の精神文化の問題です。

3．経営とマメジメント

3・1　経営者能力

事業は、提供する有形・無形（サービス）の商品が、買手（企業または消費者）に購入されることによって存続します。商品が売り手から買い手へと流れ、在庫が債権に替わり、債権が現金に替わり、利益となって投資され、再び商品となります、商品―市場―利益―投資―商品の循環プロセスです。またそれは循環プロセスのイノベーションを常に実行していくことでもあります。こうした循環プロセスは、わかりやすいのですが、事業規模が大きくなり、商品の複雑化、組織のグローバル化など、事業が複合化して、一見しただけではわからなくなっています。しかし今日では、すべての人間が循環プロセスのなかで、生産者として、消費者として経営に関わっています。

さて、イノベーションとは、既知の事実を新しい見方・考え方のもとで、見直していくことです。事業活動を一言でいえば、市場をとおして行われる顧客獲得戦争であり、イノベーション・プロセスといえます。したがって経営者の能力は事業を取り巻く目に見えない環境の流れを読んで、予測し、指揮し、ゴーイング・コンサーン（going concern）に努めることで評価されます。それゆえ事業は、経営指揮者の指揮能力によって良くもなれば、悪くもなります。

しかしここで、思いおこしてください。わたしたちは、井上円了の哲学（第1章）をとおして変化こそが真理であることを学びました。事業は有為転変・栄枯盛衰です。そうすると、ゴーイング・コンサーンは経営者の願望であり、あえていえば夢想にすぎないといえましょう。実際、事業が生き残るには、鮭が産卵のため川を遡上するのにも似て、生死をかけた努力と忍耐が必要になります。夢は無限ですが、事業は有限です。やがて経営者は事業的評価と道徳的評価の矛盾に直面します。

事業的評価とは、上場とか、売上規模とか、店舗の数とかなど、何を為したかで評価されることです。道徳的評価とは、経営者が何を志たかで評価されることです。志とは心の向かうところというほどの意味ですが、なにか腑に落ちません。志とは、いかに生きるか、いかに死ぬかの覚悟をもって時代に立ち向かう意思であるとおもうからです。繰り返します。事業は経営者の生死をかけた戦場です。経営者は常に儲かるにはどうすればよいかを考えます。同時に儲けることに優先するのが、志です。それゆえ経営者の志は、事業的評価と道徳的評価が一体化されたものでなければなりません。またもし道徳的評価が薄い場合は、事業活動のどこかで良心の呵責に苛まれて、心身の不調に陥ることでしょう。それゆえ、経営者能力とは、事業経営の実証科学と道徳哲学の両方を統合する能力であるといえます。

ここで筆者が哲学一般と道徳哲学を区別していることに注意していただきたいとおもいます。筆者のいう道徳哲学は、ギリシャの哲学者プラトンが、人生をいかに生きるべきかについての考察[42]と述べたもので、いかに行動すべきかを示すものです。ついでにいえば、マネジメント経営学では戦略とともに理念・ビジョンが重視されますが、その内容の多くは、マニュアル化され、形式化された、見かけだけの理念であり、空虚な経営哲学です。

経営者能力は、経営に関する標準的な理論と実務の基礎を学習したうえで、実践のなかで鍛えられて向上しますので、体験が必要です。Ｐ・Ｆ・ドラッカーは「マネジメントとは、実践と実用である。その成否は、結果によって判定される。すなわちそれは技術である。しかし同時にマネジメントは、人間にかかわるものであり、人間の価値観や成果や、発展にかかわるものである。すなわち人文科学である。・・・マネジメントは、まさに伝統的な意味におけるリベラルアート、一般教養である」[43]と述べています。教養が題名になっている書籍は多くあります。『人生の教養が身につく名言集』、『教養としての政治学入門』、『教養としてのワイン』等々。こうした題名をながめていると、教養とは、社会生活を営む上で必要な一般的な知識であるといえます。そうすると、ドラッカーのいうマネジメントとは「それらの知識を、効率と成果に結びつけなければならない。それらの知識を、病人の治療、学生の教育、橋の建設、使いやすいソフトウェアプログラムの設計や販売に役立てなければならない」[44]という知識と技術であり、それが社会人の教養になったということでしょう。

3・2　マネジメント

マネジメントは、経営コンサルタントの先駆者フレデリック・Ｗ・テイラー（1856–1915）が創案した、科学的管理法（Scientific management）に始まります。テイラーは、こう述べています。[45]

マネジメントの目的は、雇用主に限りない繁栄をもたらし、かつ働き手にも最大限の豊かさを届けることであるべきだ。また、最大限の豊かさを享受するには、一人ひとりの働き手が意識して日々の労働成果をできる限り高めるほかに方法がない、と述べて、具体例として、シャベルすくい作業をあげます。それは、シャベル作業の名人を2～3人選び、信頼に足る作業をしたら割増賃金を払い、1回にすくう量を少しずつ変えていく。そして、実験に慣れた人物が、作業を取り巻く状況を数週間にわたって注意深く観察した。ここからは、名人級が作業をした場合、1回にすくう量を21ポンド（約9．5キロ）にすると1日の総量を最大化できるとわかった。そして、テイラーは「自主性とインセンティブを柱としたマネジメント」こそ、既存のマネジメント手法のうち最善のものだと信じており、実際のところ、世の一般的なマネジャーたちにこれ以上の仕組みがあることを納得させるのは難しいだろうと見ている。

科学的管理法が、わが国にはじめて紹介されたのは、経営学者佐々木 聡によると、工場法が公布された１９１１（明治44）年ということです。(46) 建築家横河民輔（1864–1945）は１９１２（大正元）年にテイラーの『科学的経営法原理』を翻訳・出版しています。横河民輔は、自著『是の如く信ず』のなかでこう述べています。(47)

社会経済組織の極知は、少なく労働して最多の享楽を得ることである。・・・衣食住の必需品が容易にしかも安価に得られ、旅行も、運搬も、電気もガスも無料となるならば、それは理想的である。そして、こうした状態に到達しようとする一つの方法が社会の単純化である。

人間を経済的生産工程に入れる以上は、人間を最も能率良いものにする為に、是非その動作を単純化して、科学的で機械的な型に嵌め込まなくてはならない。即ち人間の個性とか、感情とかは許されないこととなる。・・・しかし、この単純化は科学的経済策としてやむを得ない帰結である。とは言え、推進には自ずから人間的配慮を必要とする。

科学を基礎とした作業の単純化、専門科、標準化の三原則に集約される科学的管理法は、その手法として時間研究、作業研究が行われました。その後、オートメーション、心理学、人間関係論、組織論、戦略論、情報論、ＡＩ（人工知能）などを加え、マネジメント経営学として進化をつづけています。しかし、経営学者三戸　公は効率と成果の経営学について、こう述べています。(48)

「科学とは何であるか、テイラーは次のように言う。収集し、分類し、分析し、法則・規則を発見しそれを形式化することである、と。経営学はテイラーシステムをこえて次々に新しい領域をきり開いて発見した。・・・その主流をなすものは、テイラーの〈経験から科学〉への一本道をひた走る細分化・専門化・科学化の道を進むものであった」。そして「現下の自然環境破壊の進行ともろもろの社会不安の増大は、組織体が科学的管理をもって巨大・膨大な成果をあげた目的的結果に伴って生じた意図せざる求めざりし随伴的結果の集積である」。

そして、三戸は〈経験から科学〉への一本道ではなく、テイラーのもうひとつの柱〈対立から協調へ〉〈心からなる兄弟のような共同〉をつつみこんだ複眼的管理へと移行しなければならないと述べています。

その提言はそのとおりだとおもいます。しかし、マネジメント（管理）が道具であり、手段であることを忘れてはなりません。手段には限界があります。米国のマネジメント論に繋縛されている経営学者の言葉に接しておもうのは、テイラーの科学的管理も、横河民輔の社会の単純化も、ドラッカーのマネジメント論も、さらにくわえると、マルクスとエンゲルスの科学的社会主義も理想と現実のギャップを縮めることはできなかったということです。言い方をかえましょう。実証科学中心の考え方が、かならずしも人間社会を幸福にし、理想的な社会を創るものではないことが、誰の目にも明らかになってきたということです。

3・3　経営者の意思決定

今日、マネジメント経営学は社会人の教養になったといわれます。労使の問題でいえば、むかしのように経営は経営者の責任、労働者は指示されたことをやるだけだ、という考え方から共通の経営知識のもとで、労使の話し合いによって課題を解決していく方向へと変わってきました。また、近年の働き方改革によって協調・共同の意識も向上したかのようにみえます。しかし随伴的結果がなくなったわけではありません。新聞報道でも連日、窃盗や殺人はいうまでもありません。不正、偽装、粉飾、公私混同、モラル・ハラスメント（パワハラ、セクハラ）等々、道徳の退廃を目にします。また、貧富の格差、戦争・テロ、核開発、地球環境問題など先進国・途上国、資本主義・共産主義の社会を問わず、何処の国でも見られます。くわえて、グローバリゼーションの進展とともに世界共通の価値観が失われました。

では今日、何が足りないのでしょうか。人びとの愛でしょうか、法律の数でしょうか、コーポレート・ガバナンス（corporate governance）という企業統制の仕組みでしょうか。たしかにそうしたこともあるでしょう。しかし、法律的見地や統治システムから見るだけでは不十分です。

筆者は科学的管理すなわち実証科学至上主義に問題があるとおもいます。なぜなら事業は商品（サービス）の等価交換によって継続し、等価交換は相互信頼を前提とします。相互信頼が失われた社会では経済活動そのものが成立しないからです。大切なことは、信頼すなわち道徳律です。

また、事業活動では共同体参加者と判断（意思決定）基準を共有するための、経営理念や方針が重視されます。経営理念は、経営者の道徳的意思の表現であり、事業は経営者の道徳的意思によって体系化された全体的統一活動です。そして言うまでもなく、経営者の道徳的意思は代行することができませんから、道徳的意思は経営者の資格といえましょう。

近代経営学の祖といわれるニュージャージー・ベル社の社長チェスター・I・バーナード（1886-1961）は生誕百年記念『経営者の哲学―バーナード論文集』のなかで、こう述べています。[(49)]

私は、道徳的行動とは、私利私欲や、個々の情況のもとで特定のことをするか、しないかの意思決定の直接の結果に関係なく、何が正しいか、何が間違いであるかについての信念ないし感情によって支配されている行動、と考える。

> 組織行動がより一層道徳的となるにつれて、道徳諸原則のあいだだけでなく、これらの原則と、技術的（会計、財政、法律、組織にかかわる）および科学技術的性格の諸原則とのあいだの対立もまた、ますます多く出てくるであろう。
>
> 現に必要とされる技術的知識と専門化された経験から生じる技術的スキルに対してはますます注意が払われている。これらの諸活動に含まれる道徳的要因は、ほとんどまったく無視されているように思われる。しかしながら、専門化された諸活動の重荷が果たされるに際しての信頼性と、われわれがそれを担う人々に帰する信頼性とは、現代文明の最も基本的な側面をなすものである。

経営者の役割は意思決定です。各執行責任者から各機能の提案たとえば、マーケティング戦略、生産戦略、研究開発戦略、情報戦略、財務戦略、人事戦略、等々が日々、経営者に提案されますが、戦略の意思決定は将来が不確実なもの、不確定なものばかりです。経営者は各戦略を俯瞰（ふかん）する眼をもって、それぞれの戦略を経（はか）り、全体の視点から優先順位をつけ、意思決定をし、指揮・指導（教育）しなければなりません。いわゆる経営学でいう戦略の戦略ともいうべき高次の立脚地に立って判断することが必要になります。では、高次の立脚地とはどのようなことをいうのでしょう。ひとつの例えとして19世紀初頭のフランスとロシアの戦争からイメージしてみましょう。

フランスの皇帝ナポレオンは42万の大軍を率いてロシアに侵攻しました。ロシアの軍勢は22万人。総司令官バルクレイ・ドウ・トーリーは、ロシアの広大さと冬の厳しさを利用して首都モスクワを放棄し勝利を得る作戦を考えましたが、世論は反対しました。バルクレイの後を継いだミハイル・クトーゾフは、ボロディノの戦いの後、首都モスクワから撤退しました。作家レフ・トルストイは小説『戦争と平和』のなかで、総司令官クトーゾフの苦悩を描写しています。ナポレオンはモスクワを占領しましたが、ロシアは降伏しません。ロシアとの講和が結べないまま補給が乏しくなったナポレオンは、冬将軍に追い立てられるようにしてロシアから撤退しました。ロシア国境を越えたのは、わずか3万から5万人であったといわれます。ナポレオンとロシアの戦いは、首都モスクワを放棄するという高次の立脚地からの判断の勝利であったといえましょう。

経営学でいう戦略を超える高次の立脚地とは、総合的大観の立場です。総合的大観は、経営学の教科書をたくさん読めば身につくものではありません。それは、経営学の教科書を超えるもの、井上円了の言葉でいえば、活眼、活識、活書、活学にあります。そして経営の眼目を一握すればその他は枝葉末節として捨て去ること、そのことも戦略の戦略です。

事業は、目的を意識した人間の活動によってはじまり、組織の全機能をつらぬきます。今日の事業活動では、アルゴリズム（計算手順）やＡＩ（人工知能）の活用など実証科学の力が必要です。同時に、組織の全活動には、経営者の道徳的意思が貫徹していなければなりません。道徳的意思の反映が経営観です。ただし、経営者の道徳的意思といっても「論語」の焼き直しや、格言、習俗的道徳のことではありません。ビジネスマナーやエチケットも大切ですが、そのようなことでもありません。ひとことでいえば経営者良識のことです。経営者良心といっても同じことですが、わが国の憲法規範に照応した〝社会通念〟として、倫理的に要請される経営者の主体的意識です。主体的意識は、経営者の主観的なものさしですから、経営者良識がきわめて不安定な意識であるのは避けられません。しかし、経営は人間共同体の幸せを希求する営みです。経営者良識は、経営者の人生観・経営観であり、社会意識の様式です。人は正直なるべし、契約は守るべしという相対的道徳観を前提としますが、それだけではありません。経営者良識は生か死かという対決をもって、我に迫る絶対的道徳観が求められます。道徳観は絶対的道徳観に至って道徳哲学となります。道徳哲学は信念、理念といってもよいでしょう。したがって実証科学と道徳哲学を分離し、両者を別々に論じる二元論では、高次の立脚地には至りません。

経営の機能は、実証科学と道徳哲学を弁証法的一元論として合一することです。何かむずかしいようですが、単純なことです。医者の評判のことを考えてみましょう。医者が科学技術に熟達していることは必要ですが、即物的な拝金主義者では良医とはいわれないでしょう。また、親切な医者も手術がヘタではヤブ医者です。世に「医は仁術なり」といわれますが、人生の生き方も、事業経営のあり方も、この理の上に立脚していることにかわりはないでしょう。これが筆者のいう戦略を超える高次の立脚地です。

難しいことではありません。医者は医者の利益になることを考えて処方するのではなく、病人の利益になることを考えて処方することです。自明な当たり前のことを行うのが、道徳的生き方です。経営者は、経営という本分をまっとうするため、どうしたら他者の利益になるのか（幸福になるのか）を追求することが求められます。利益とは、正しい信念のもとに努力した結果として得られるものだからです。

ところで、世界最初の産業革命はイギリスから始まりました。18世紀、イギリスの道徳哲学者アダム・スミス（1723-1790）は『法学講義』のなかでこう述べています（ルビは引用者）。

> 最初の犂（すき）を作ったのは、おそらく農業者だっただろう。それの諸改良は誰か他人のおかげかもしれないが。ながいあいだ、二つの石のあいだで穀物を挽くのに使用されていた、気の毒な奴隷がおそらくはじめて、上の石を軸で支える方法を見つけだしたのだろう。おそらくある水車大工が、その軸を手でまわすやり方を見つけだした。しかし、その外輪が水で動くように工夫した人は、哲学者だっただろう。・・・これを最初に実行した人が職人であっても誰であっても、かれは哲学者であったにちがいない。蒸気機関、風車や水車による製粉機は、哲学者たちの発明物であって、かれらの腕前もまた、分業によって増大させられる。[50]

スミスはまた、職人が何かそのような発見をするならば名目上の職業が何であれ、本物の哲学者であるとも述べています。スミスのいう哲学者とは、働く人が、なぜ、うまくいかないのか。何かがおかしい。なになりと、なになりが矛盾している。理不尽。きれいごとすぎる。悔しい、と感じたり、問題を考えるとき、その根底にある思考や信念になっているものを、哲学といっているのだとおもいます。

哲学は、へ理屈ではありません。哲学者の言葉から学位を連想する人もいらっしゃるでしょうが、学位を必要とするのは哲学教師です。それはさておき実際、ＱＣサークルなどの小集団活動では、なぜ問答をとおして働く人は哲学しています。

資本制経済の確立期に出版されたのが、アダム・スミスの『An inquiry into the nature and causes of the wealth of nations 諸国民の富の本質と諸原因とに関する一研究』です。わが国へは明治10年代に紹介されました。富国強兵政策にそって『国富論』と邦訳されました。[51]スミスは個人の自由な活動を重視し「見えない手」（invisible hand）のみちびきによる結果、人間社会の幸福がうまれると述べました。しかし、わが国では儲かるなら何をやってもよいという自由放任主義者と受け止められて、スミスが道徳哲学の教授であったことは捨象されました。

スミスの研究者水田 洋は「『道徳感情論』にみられるかぎりでも、人間の行為が社会的に是認される規準はなにかという問題を、中心としていたし、それはさらに、『法学講義』をうみ、『国富論』をうみだす性格のものであった。『国富論』が、財貨の生産と流通の機構だけをあつかう、ひからびた経済学書ではなくて、人間の社会生活の全体をえがいていることは、いままでのべてきたような教育論がそのなかにふくまれていることからも推測できるであろう。[52]」と述べています。また、スミスは「幸福とは、心の平安と喜びにある。[53]」「健康で、債務も抱えておらず、心にやましいものをもっていない人物の幸福にいったい何を付け足すことができるだろうか？　この状態にある人物にとって、幸福の追加は、ことごとく過剰であると言っても間違いなかろうし、もし彼が、そのような理由で大得意になったとすれば、それはもっともつまらない軽薄さの結果に違いない。[54]」と述べています。経済学の父と評されるアダム・スミスは道徳哲学者でした。

一方、わが国の資本制経済の確立期に国民道徳の向上をめざして奮闘したのが、井上円了です。井上円了の志は高く評価されなければなりません。

二十世紀の終わりに、フランシス・フクヤマは「テクノロジーが人間の生活を改善できるかどうかはひとえに、それに対応する人間のモラルの進歩のいかんにかかっているからだ。モラルが進歩しなければ、テクノロジーの力は邪悪な目的に向けられるしかなく、人類はこれまで以上に劣悪な境遇におかれてしまう。[55]」（ルビ同著）と述べました。

実証科学は二十一世紀のいまも、金持ちはさらに金儲けを計るために。権力者はさらなる権力の拡大を謀るために。弱者のルサンチマン（ドイツの哲学者ニーチェの言葉で強者に対する弱者の憎悪や怨恨・復讐などの感情が屈折している状態を意味します。）は、革命を図るために、これからも利用されるでしょう。それゆえ、道徳的意思のない実証科学は恐怖となり、実証科学のない道徳的意思は空虚になります。実存は、わたしたちに哲学することをせまっています。

3・4　哲学的祈り

経営者良識は、経営者の感性・感情によって左右される不安定な意識です。それだけに経営者良識の実行は、理性だけに頼るのでは難しくなります。今日の知識集約型社会では次々と新しい知が求められます。しかし実証科学の世界で育った知識人にとっては、欧米の先端知も哲学も、実証科学の知です。経営者良識はさらなる先端知で覆われてしまいます。なぜなら、実証科学の知では証明できるものが優先され、目には見えないが、確かにあるという、何かを信じる心が希薄になるからです。いま必要なことは、実証科学でいっぱいになった頭のなかを空っぽにして、ニュートラルな状態にすることです。それが哲学的祈りです。

２０２０年３月13日、ＷＨＯが新型コロナウイルスをパンデミックと認定して以降、事業環境は一変しました。日常生活ではテレワーク、オンラインが活用され、事業競争はグローバル化に酔いしれ、学校教育もグローバル化に対応できる語学力、デジタル力、ＡＩを使いこなす人材育成が重視されています。東洋大学は建学の精神「諸学の基礎は哲学にあり」を掲げています。この言葉は、井上円了の言葉ではありません。後の人が作った大学のキャッチフレーズです。また、一般的にいう哲学の言葉は、実証科学の哲学であって、円了が到達した哲学的宗教ではありません。と申しましても、いずれの大学でも、リベラルアーツは添え物のようになっています。転じると、ＳＤＧｓ（持続可能な開発目標）も科学技術に支えられていますし、経済の格差は制度やシステムのデジタル化によって解決されると論じられています。

しかし、デジタル化という先端知と、信じる心は、哲学的両義性です。何かを信じる心の体験を経て再び実証科学の世界に戻るプロセスが必要です。教育においてこのプロセスを欠くなら、人格形成上、画竜点睛を欠くことになりましょう。

米国アップル社の創業者スティーブ・ジョブス（1955–2011）が、禅に傾倒していたことは知られています。また、『21 Lessons』の著者ユヴァル・ノア・ハラリは「これからの世界で、一部のエリート、あるいは独裁的な政府による『支配』から逃れるにはどうすれば良いのでしょう。」という質問にたいして「抵抗するのは、まず、あなた自身の弱さを認識する必要があります。・・・私自身は1日2時間の瞑想を実践しています」(56)と述べています。いずれも手段中心主義を克服する方法です。

円了は、わが国の実業家の大欠点は宗教の信念を欠くの一事に帰着する。禅宗に座禅堂があるがごとく、実業家に対しても修養堂を設けて、少なくとも一年ないし三年の信念修養をさせたいと思う(57)と述べています。この想いは、円了の突然の逝去によって実現しませんでした。しかしその構想は、哲学堂を社会教育の道場と位置づけ「哲学堂庭園内に不読学舎を建てて同志を集め哲学の実行化を練習せしむことを予定している。(58)」（引用者が読みやすく表記しました。）と述べていることからも明らかです。

筆者は、円了の述べた「宗教の信念を欠くの一事」とは、知の世界から信の世界へと導くこと、すなわち哲学的祈りだとおもいます。哲学的祈りは、神仏への願いでも、商売繁盛の祈りでもありません。哲学的祈りは、絶対無限への祈りです。絶対とは宇宙的時間、無限とは宇宙的空間です。絶対無限への祈りは永遠の宇宙の生命活動を感じることです。哲学の極意です。

２０２２年６月、新聞は宇宙航空研究開発機構（ＪＡＸＡ）の探査機「はやぶさ２」が小惑星「リュウグウ」から６年間飛行し持ち帰った砂から生命のもととなるアミノ酸が２０種類以上見つかったことを報じました。「リュウグウ」は太陽系の一小惑星です。太陽系は銀河宇宙のなかの一つの系です。さらに銀河宇宙も大宇宙の一部分です。想像してください。もし地球や太陽が消滅したとしても大宇宙のなかにはまた新しい惑星が生成していることを。「はやぶさ２」の科学技術力はすばらしいのひとことです。同時に、悠久な大宇宙からすると、円了のいう「なお蛍火を集めて太陽の代わりに用いんとするにひとしきもの」（51頁）といえましょう。翻って言えば、経営の現場で言われる大局観とは、絶対無限の大宇宙の視点から、人間生活の基本が考えられることです。大局観もしくは総合的大観は、思想を練磨し、心の習慣を変えることでえられましょう。その方法が哲学的祈りです。哲学的祈りは、絶対無限の宇宙を感じる観念的世界です。それゆえ哲学的祈りは、心の能力です。道徳的意思の練磨が大事です。

東京都中野区の哲学堂公園（国指定名勝、東京都指定名勝）の「四聖堂」内には唱念するための「南無絶対無限尊」と記された石柱（実際的本尊）が設置されています。創立者の井上円了は南無絶対無限尊について、こう述べています。

> 実際的本尊即ち向下的本尊を設くる必要を感じ、比頃四聖堂内に南無絶対無限尊と刻せる石柱を併置することに致した。その説明は左の如くである。余思うに哲学の極意は理論上宇宙真源の実在を究明し、実際上其本体に我心を結託して人生に楽天の一道を開かしむるに外ならず。此に其体を

名けて絶対無限尊という。(59)

極意とは物事の核心。特に、学問や芸事の奥義。おくのて（広辞苑）のことです。理論上宇宙真源の実在を究明し、とは「護国愛理」の愛理、すなわち真理のことです。南無絶対無限尊を唱念する哲学的祈りは、観念上、天皇制に優越する権威をつくりだしました。哲学すなわち観念の学、唯心の世界は、権威・権力を否定する変革のエネルギーを秘めています。政府は思想の力を恐れました。天皇を神的権威とする官僚政治家は天皇を超える権威が民衆の不満と結びつくのを不都合とみなし、思想・宗教を統制し抑圧しました。社会主義思想や初期の天理教、丸山教、大本教などを弾圧しました。

円了は31歳のとき「哲学館将来の目的」を発表して、表は「日本主義」、裏は「宇宙主義」(60)と表現しました。哲学的両義性です。円了は現実の国家体制を認容しましたが、宇宙主義には学問の自由と国家からの独立という真理が表明されています。同時に、超国家的性格をもつ宇宙主義は、天皇制国家体制を超える思想となります。

円了は44歳のとき哲学館事件（12頁）を体験しました。哲学館事件の翌年、東京帝国大学教授ら七博士が日露開戦を訴える意見書を政府に提出して世論を喚起し、日露戦争に突入しました。戦争遂行を支えない哲学は弾圧と隣り合わせです。もし政府の誰かが、円了の宇宙主義は反政府運動に転化する恐れがあると考えると「危険思想」です。投獄を覚悟しなければなりません（ソクラテスは死刑判決。カントは勅命により宗教的講述が禁止されました）。

哲学館事件について円了は情報収集して「人災」とあきらめました。つまり、円了は無試験資格認定を取り消した人物もしくは主導した省を知っていましたので、哲学することの危険を感じていました。官僚への「面従腹背」は弱者の戦法です。創設した修身教会（のち国民道徳普及会、会長円了）は会員なし、支部なしの活動としました。筆者は、円了のひとり哲学運動に反骨精神を感じます。円了は政治から距離を置き、忠君愛国を唱え、教育勅語を普及しながら、通俗道徳をとおして民衆の主体的活動意識の向上をめざしました。知識・道徳による武器なき戦い、奮闘哲学です。

円了は53歳のときに口述出版した『人生是れ戦場』において「戦争そのものは国家の目的とする所ではない。又、我々が文明の恩澤を受けようと云ふには戦争は大妨害である。」「畢竟、人を殺して勝敗を争うと云ふことは、野蛮の遺風と云はなければならぬからして、知識が進めば血を流さずとも是非曲直を定めて行くことが出来る道理である。[61]」と述べました。円了は政府からの表彰の儀を2度、辞退しました。戦争は圧政の解放を正義とする侵攻からはじまります。仏教界は戦争遂行に協力しました。戦争遂行を支えた哲学者西田幾多郎は昭和15年に、三宅雪嶺は昭和18年に文化勲章を受章しました。南無絶対無限尊を唱念する哲学的祈りは、平和への祈りです。戦後、わが国は不戦を誓いましたが、人間の社会です。平和への祈りは、これからもつづくことでしょう。

古代ギリシャの哲学者ソクラテスの時代から科学・技術は驚くほど進化・発展しました。では人間は進歩したのでしょうか。アリストテレスの学園を継承発展させた2代目学頭テオプラストンが書き残した『人さまざま』[62]には、へつらい、おしゃべり、恥知らず、けち、いやがらせ、お節介、ほら吹き、横柄、独裁好み、など人間のさまざまな姿が記されています。河野與一訳『プルターク『倫理論集』の話』（岩波書店）にも帝政ローマ治下の人間観察が記されています。読了しておもうのは、人間のあり様は古代も現代も、少しも変わらないということです。哲学者カントは「自然状態は、むしろ戦争状態である。・・・それゆえ、平和状態は、創設されなければならない。」（『永遠平和のために』岩波文庫、傍点同書）と述べましたが、21世紀においても、戦争、売春、死刑制度、等々、円了が述べた、野蛮の遺風はつづいています。

ソクラテスは、哲学の知は根本において不知の知であるといい、同じく哲学者エピクロスは、われわれの生まれたのは、ただ一度きりで、二度と生まれることはできない。これきりで、もはや永遠に存しないものと定められている。[63]と述べています。不知の自覚、人生二度なし、は哲学の要点です。

人生や経営に一般論はありません。哲学することは、自分らしい人生の、経営の、羅針盤を問いつづけることだといえましょう。井上円了は、哲学は人生をもって足れりと述べました。そして、哲学もひとたび要点を握りきたれば、再び書を読むに及ばず。その後は、活書を読み、世間に活用することを心掛くべきであると。これを哲学の教外別伝と述べています。言い得て妙です。教外別伝は禅宗の言葉で文字やことばによらずして仏のさとりを直接伝えることだからです。仏教には、一文不知の妙好人（みょうこうにん）という言葉があります。[64]妙好人とは、庶民が信心を生活の中心に生業に励み、感謝の日々を生きる人々のことです。円了のいう教外別伝の哲学如来は、妙好人をイメージしているように思います。[65]

ともあれ、知愚一如・賢愚一如、[66]という言葉があります。知者も愚者も、ひと度、絶対者の前にたてば、哲学や仏教哲学を学んだ人間の一生も、哲学のての字ひとつ知らぬ人間の一生も、絶対無限の前では等しいということです。思えば、生きるとは、ただ食べて、寝て、動くことではありません。自分の意思で動いたときに活動になります。活哲学の道徳的活動は真実の人生です。幸せな社会、健全な経営とは、いつの時代も、いかなる体制下でも活哲学の道徳的活動が行われていることです。

ところで、健康とは身体的、精神的、社会的に満たされた状態にあることです。「中野区立哲学堂公園」には、野球場などの身体を鍛錬する場と精神を修養する場があります。では、精神修養とはどんなことをいうのでしょう。それは世界の「四聖」が教示する真理を味わい、人生の浄福について思索することです。ただし、孔子、釈迦、ソクラテス、カントの哲理は、真理への入口です。ただ一つの入り方をめぐって、議論するのは、入口をうろうろしているようなものです。

宗祖もいない、お布施もいらない、哲学的祈りは、自己確立の出発点です。心が疲れたり、道に迷ったりしたときは、精神修養公園を散策してみてはいかがでしょう。

〔注〕

（1）大河内昭爾訳「兵法家伝書 殺人刀 上」『五輪書』教育社新書、158頁を参考にしました。
（2）山本安次郎『増補 経営学要論』ミネルヴァ書房、昭和45年、20頁。
（3）山本安次郎『経営学の基礎理論』ミネルヴァ書房、昭和42年、27－28頁、同『経営学本質論』森山書店、昭和46年参照。
（4）山本安次郎『経営学の基礎理論』29頁。
（5）ハンナ・アーレント 大久保和郎訳『イェルサレムのアイヒマン 悪の陳腐さについての報告』みすず書房、2013年、221頁。
（6）中江兆民 井田進也校注『一年有半・続一年有半』岩波文庫、2002年、31頁。
（7）岩瀬達哉『血族の王 松下幸之助とナショナルの世紀』新潮文庫、平成26年、308頁。
（8）中内 功『わが安売り哲学』日本経済新聞、昭和44年、18－19頁。
（9）元ダイエー副社長中内潤さん「ボス、ときどき僕」朝日新聞「証言そのとき」、2012年9月3日朝刊。
（10）堤清二『変革の透視図』日本評論社、昭和54年、346－347頁。
（11）児玉 博『堤清二 罪と業 最後の「告白」』文芸春秋、2016年、75頁。
（12）島袋嘉昌編著『経営哲学の基礎』中央経済社、昭和60年、7頁。
（13）入山章栄『世界の経営学者はいま何を考えているのか』英治出版、2012年、14－15頁。
（14）入山章栄『ビジネススクールでは学べない世界最先端の経営学』日経BP社、2015年、18頁。
（15）山城 章『経営原論』丸善株式会社、昭和50年、150頁。
（16）プラトン 藤沢令夫訳『国家(上)』岩波文庫、2020年452頁。
（17）石川忠久『詩経（下)』(新釈漢文体系第112巻）明治書院、平成12年、111－112頁。
（18）金谷 治訳注『孫子』岩波文庫、1994年、20頁。町田三郎訳注『孫子』中央文庫、昭和54年、7頁。山井 湧『孫子・誤子』全釈漢文体系第二十二巻、昭和61年、45頁。
（19）山本安次郎『経営学の基礎理論』ミネルヴァ書房、昭和42年、33頁。
（20）小林勝人訳注『孟子（上)』岩波文庫、2006年、38頁。

(21) 小林勝人訳注『前掲(上)』58-59頁。
(22) 小林勝人訳注『前掲(下)』11頁。
(23) 小林勝人訳注『前掲(下)』390頁。
(24) 阿部吉雄編著『中国の哲学』明徳出版社、昭和43年、550頁。
(25) 金谷 治『孟子』岩波新書、2009年、89-90頁。
(26) 金谷 治『前掲』35頁。
(27) 小林勝人訳注『前掲(上)』19頁。
(28) P・F・ドラッカー『マネジメント(上)―課題・責任・実践』野田一夫 村上恒夫監訳 ダイヤモンド社、昭和49年、まえがき27頁。
(29) P・F・ドラッカー『マネジメント(下)』719頁。
(30) 小林敏男『正当性の条件』有斐閣、1990年、はじめにV。
(31) 三谷太一郎『日本の近代とは何であったのか―問題史的考察』岩波新書、2017年214-216頁。
(32) 瀬沼茂樹編『明治文學全集80 明治哲學思想集』「生性発蘊」、昭和49年、筑摩書房、12頁。
(33) 大久保利謙編『明治文学全集3 明治啓蒙思想集』筑摩書房、昭和42年、117頁。
(34) 三溝 信『社会学的思考とはなにか』有信堂、1998年、75頁。
(35) 福沢諭吉『学問のすゝめ』岩波文庫、昭和46年、11-13頁。
(36) 福沢諭吉 松沢弘陽校注『文明論之概略』岩波文庫、2008年、377頁。
(37) 勝部真長編『山岡鉄舟の武士道』角川ソフィア文庫、平成11年、46-47頁。
(38)『内村鑑三全集4』岩波書店。1981年、134頁。
(39) 渋沢栄一『論語と算盤』図書刊行会、平成13年、2頁。
(40) 丸山眞男 松沢弘陽編『福沢諭吉の哲学他六編』岩波文庫、2001年、44・46・47頁。
(41) 山田八千子『自由の契約法理論〔法哲学叢書9〕』弘文堂、平成20年、184頁。
(42) プラトン 藤沢令夫訳『国家(上)』岩波文庫、2020年、103頁。
(43) P・F・ドラッカー上田惇生 佐々木実智男訳『新しい現実』ダイヤモンド社、1989年、335頁。
(44) P・F・ドラッカー上田惇生 佐々木実智男訳『前掲』335頁。

(45) フレデリックW・テイラー 有賀裕子訳『新訳 科学的管理法』ダイヤモンド社、２００９年、10・77・42頁。
(46) 佐々木 聡『科学的管理法の日本的展開』有斐閣、１９９８年、３頁。
(47) 横河民輔 長谷川鏳一現代語訳『是の如く信ず』PHPパブリッシング、２０１０年、337−338・341頁。
(48) 三戸 公『科学的管理の未来』未来社、２０００年、９・11・213頁。
(49) W・B・ウォルフ・飯野春樹編『経営者の哲学―バーナード論文集』文眞堂、１９８６年、239・241・259頁。
(50) アダム・スミス 水田 洋訳『法学講義』岩波文庫、２００５年、277頁。
(51) 高島善哉『アダム・スミス』岩波新書、１９８５年、７頁。
(52) 水田 洋『アダム・スミス』未来社、１９７２年、183頁。
(53) アダム・スミス 高 哲男訳『道徳感情論』講談社学術文庫、２０１４年、272頁。
(54) アダム・スミス 高 哲男訳『前掲』95−96頁。
(55) フランシス・フクヤマ 渡部昇一訳『歴史の終わり（上）』三笠書房、１９９２年、40頁。
(56) インタビュー「AIが支配する社会」朝日新聞２０１９年９月21日。
(57) 井上円了「奮闘哲学」『第２巻』331頁。
(58) 井上円了「哲学上における余の使命」『東洋哲学』第26編、１９１９年。
(59) 井上円了「哲学の極知」『東洋哲学』第26編、１９１９年、65頁。
(60) 『チャレンジャー井上円了』東洋大学井上円了センター、２０２１年、103頁。
(61) 『人生是れ戦場』前掲、85・101頁・
(62) テオプラストン 森進一訳『人さまざま』岩波文庫、２００９年。
(63) 出 隆／岩崎允胤『エピクロス―教説と手紙』岩波文庫、２０２０年、209頁。
(64) 日本の名著43『清沢満之 鈴木大拙』「日本的霊性」中央公論社、１９９１年、373頁。
(65) 円了の臨終の枕もとに置かれた自筆扇面〔哲学一枚起請文〕には「ただし宇宙観人生観などと申す事の候は皆決定して 奮闘努力すれば人生の本務を尽くし得る内にこもり候なり、」の一文がありました。
(66) 森 信三『不尽片言』編集発行寺田清一、平成二年。森 信三『哲学叙説』致知出版社、平成27年。

あとがき

ひとり一人に心の旅があります。わたしの心の旅は、人生論から法律・経営を経て哲学へと向かい、哲学の極致、哲学堂（道徳山哲学寺）の哲学的祈りに至りました。この程度の心の旅は、どこにでもある世間の小片にすぎませんが、井上円了の哲学をとおして、わたし自身の考えをのべていますので、あとがきでは、わたしの心の旅路を記します。

わたしが初めてビジネス書を読んだのは、E・G・レターマン／松永芳久訳『販売は断られた時から始まる』(ダイヤモンド社)でした。中学卒業後、宮崎市橘通りの、まつうら薬局で御用聞きをしていた16・17歳の頃、ご主人からこの本を読みなさいと渡されました。坂本九が歌う「見上げてごらん夜の星を」がヒットしていた頃です。薬剤師の故松浦純次郎氏は月1回お店を半休にして医師を講師にした社内研修会を行うなど店員教育に熱心でした。入店後、すぐに読むよう渡された本では分厚い『家庭の医学』が忘れられません。販売がおもしろく営業成績表を励みに熱心に御用聞きに努めていました。あるとき強壮剤を複数本飲んで死亡したニュースを耳にしました。お薬は身体をよくするためには必要ですが、ご主人の薬を売って、ビルを建てようという考えには建前と本音の矛盾を感じました。また、夜間高校卒業生の給与が後輩の昼間高校卒業生より低い給与体系であることを知りました。生徒会会長をやっても超えられない壁でした。当時、中卒者は「金の卵」と言われ、そうした青少年を対象にした教養雑誌「人生手帳」（文理書院）がありました。

自分の小遣いで購入したのは、書店で立ち読みしていた「人生手帖」の主筆寺島文夫の『二宮尊徳―その生涯と思想―』、『現代語版　報徳記（二宮尊徳正伝）』、『新・二宮翁夜話』、『人生の矛盾と真実』（文理書院）、高橋庄治『ものの見方考え方』（文理書院）、柳田謙十郎『人生哲学』（文理書院）、森 信三『人生二度なし』（文理書院）、などでした。読書によってわたしの心のルサンチマンは昇華されていきました。偶然、手にした弁護士正木ひろし（1896–1975）の評伝（家永三郎『権力悪とのたたかい』弘文堂、昭和39年）を読んで正義を実現しながら収入が得られる職業があることを知りました。

その頃、わたしは教職課程のある大学で教員をめざしていました。その大学は商学部だけでした。たしか簿記を学んでいたときだったと思います。突然、心の奥から、真理とは何か、正義とは何か、社会のあるべき姿とはどのようなものか、それを学ぶのが大学ではないか、との思いが湧き上がってきました。しかし金儲けの技術を教える商学部ではそうしたものは得られない。このままでは後々悔いが残ってしまう。２年目の夏、わたしは大学を去りました。

福岡市の大学を中退して司法試験の予備校的大学法学部通信教育課程の夏季講習のため上京しました。宮崎で一人で暮らす養母（伯母）へ送金をつづけるため文京区本郷森川町の新聞販売店に住み込みました。販売店の先輩に連れていかれたのが東洋大学です。そこで東洋大学が哲学館から出発した大学であることを知りました。法学や経営学は手段の学です。哲学の雰囲気のあるところで学びたいと東洋大学に入学しました。しかし入学後、創立者が仏教哲学者、妖怪博士と評されていることを知ってガッカリしました。「諸学の基礎は哲学にあり」の哲学と仏教哲学は言葉も内容も違います。看板に偽りありです。一方、法学部では、水野 勝先生と出会い法解釈を学ぶ愉しさを知りました。

憧れの法律事務所に勤めました。いまでいうパラリーガルの仕事です。そこで「清濁併せ呑む」という言葉を知りました。わたしが勤めた新橋総合法律事務所所長は弁護士故伊達秋雄先生（法政大学教授・法学博士）でした。砂川事件の第一審判決いわゆる「伊達判決」（1959年3月30日判決）後、弁護士に転身された方です。弁護士故中村 巌先生はのち衆議院議員として活躍されました。数少ない女性弁護士のひとり八田喜久江先生。のち「砂川事件再審請求事件」弁護団代表弁護士吉永満夫先生。のち「足利事件」主任弁護人佐藤博史先生などが勤務されていました。

弁護士商売は「清濁併せ呑む」ことだと話されたのは事務所経営を担っていた弁護士故小谷野三郎先生でした。小谷野先生には休日になるとご自宅に招いていただき、食事・洗濯・風呂を利用させていただきました。感謝しております。お話を聞いたときにはそんなはずはないと反発しました、がいまはそのとおりだと思います。清とは社会正義を実現すること、濁とは収入を得る（儲ける）ことです。直裁にいえば、清の仕事は赤字だが、ヤクザな仕事は儲かるということです。作家松本清張が描いた『霧の旗』の弁護士も清濁を表現したものです。もっとも今日では人権ビジネスという言葉も側聞するようになりましたので、正義の仮面の下の金儲け第一主義が堂々と姿を現わしたといえましょう。

わたしは何も金儲けが悪いと言っているわけではありません。金儲けが自己完結する金儲け妖怪に取り憑かれた考え方がよくないと考えています。弁護士が成年後見人として管理する高齢者の預金を使い込んで事務所費やキャバクラでの豪遊に浪費したとして逮捕された弁護士がいます。殿様商売で法律事務所の経営を誤り、自己破産した弁護士もいます。ともあれ、法律事務所に7年勤めて、法律の機能と法律の商売が異なることがわかりました。依頼者の権利（利益）だけを主張する仕事、清濁の大きさに建前と本音の矛盾を感じて、正義を実現する職業への憧れは失われました。

職業に上下、貴賤はありません。幼い頃、ともに暮らしていた養父が時計店を営んでいた（経営に失敗して行方知れず）のを思い出して、東京・新宿の老舗時計店に勤めました。弁護士が不幸な人を相手にする職業であるのに対して、時計・宝石は幸せな人を相手にする職業だとおもいました。映画「ティファニーで朝食を」観ていたからでしょう。しかし当時、業界は機械式時計からクオーツ式へ、時計からジュエリーへの転換期であり、ディスカウントストアとの競争が激化していました。販売・人事・企画を経て経営再建に携わり、文庫本『二宮翁夜話』をカバンに忍ばせました。わたしの関心は時計修理や宝石販売から経営に移りました。

1983（昭和58）年経営コンサルタントとして独立しました。わたしの関心は企業診断ではなく実践経営にありましたので、社団法人日本経営士会（当時）第15期経営士研修プログラム（一年間）を修了して、正会員経営士になりました。以後、独立自営の経営コンサルタントとして現在に至っています。コンサルタントは黒衣であり、守秘義務があります。がたとえば東京青年会議所（東京ＪＣ、昭和24年創立）の初代理事長、4代目故三輪善兵衛氏の会社（会長兼社長）の専務取締役の代行なども行いました。わたしの体験では、生きることは矛盾の世界で生きること、清濁併せ呑む世界で経営することとです。そして、井上円了の、矛盾すなわち真理なり、の言の葉に出会いました。畢竟、善・悪も両義性です。わたし自身も道徳的に、良いことも、悪いことも行ってきました。心を傷つけた人には心からお詫び申し上げます。いまがお幸せでありますようお祈りいたします。

経営士学は故平井泰太郎博士が提唱されてから本年1月27日に70年を迎えました。経営士学学会会長赤池知保先生、常任理事 皆川勝弘、太田誠一、藤森 長、小竹正倫、佐藤良司、新潟県部会長磯部正美、桑山一宏（一社）日本経営士会北関東支部支部長）先生はじめ会員の諸先生方とともにお祝いできましたことを嬉しく思います。あわせて、経営士学学会より本書出版助成金をいただきました。記して心より感謝を申し上げます。

本書の引用文は、入手しやすい文献から引用しましたので、興味を感じたところがありましたら、ひとつの引用文献をガイドとしてさらに掘り下げていただきたいと思います。あわせて引用文献だけでなく、多くの先行研究書を利用させていただいたこともお伝えしなければなりません。ここでは参考文献を列挙することはいたしませんが、学恩を受けた多くの方々にこの場を借りて拝謝申し上げます。

とりわけ、井上円了研究については、東洋大学名誉教授（前国際井上円了学会会長）三浦節夫先生の『井上円了―日本近代の先駆者の生涯と思想』（教育評論社、2016年）を辞書のように利用させていただきました。三浦先生には「第1章　井上円了の哲学」を査読していただき、字句を訂正していただきました。伏して御礼申し上げます。もとより文責は筆者にあります。境界管理倶楽部アイデッグ・土地家屋調査士大島章新先生にも原稿を読んでいただきアドバイスをいただきました。三恵社の東京営業所長伊澤将隆氏には刊行にあたってご配慮をいただきました。厚く御礼を申し上げます。

本書の出版までには師運に恵まれました。夜間高校への進学を勧められ参考書を貸与していただきました堀之内　修先生（故堀之内恒夫氏ご子息。本書159頁）。夜間高校4年次担任斎藤竹治先生、生徒会の顧問境田隆芳先生。東洋大学法学部・同大学院前期・後期博士課程をとおしてご指導いただきました東洋大学名誉教授水野　勝先生には心から感謝を申し上げます。なお、水野　勝先生は本書校正中の7月7日、突然逝去されました。わたしが、先生に論文を持参すると、無言のときは書き直し、「まあ、いいでしょう」がOKでした。いつもわたしの研究を暖かい目で見守ってくださり、筆舌に尽くしがたいほどお世話になりました。このささやかな書物が、少しでもご恩に報いることができましたらと念じております。

最後に私事ですが、文献を調べながらの執筆は15年になりました。長い間、支援をつづけてくれた長男貴志・玲伊子夫妻、次男真人・有美江夫妻。そして宮崎の夜の星を二人で見上げて、ささやかな幸せを祈った、妻シゲ子にはこの場を借りて謝意を捧げます。

著者紹介

藤木　清次（ふじき　きよつぐ）

1947年宮崎県宮崎市生まれ。東洋大学大学院法学研究科後期博士過程満期退学。現在、経営コンサルタント、東京都介護サービス情報の公表制度調査員。経営士学学会（副会長）、経営哲学学会、日本社会保障法学会、国際井上円了学会、各会員。主な著作として、『論集井上円了 東洋大学 井上円了研究センター編』(共著教育評論社、2019年）、『経営士学―経営コンサルタント経営学―』(単著、合同会社経営士東京、2012年）、『労働保護法の再生―水野勝先生古希記念論集』(共著、信山社、2005年）、「労働の人間化とフレックスタイム制の法理」(『東洋大学大学院紀要』第 41集、2005年）、『交渉ハンドブック』(共著、東洋経済新報社、2003年）、「コンフリクトと交渉学の位相」(日本交渉学会誌 Vol.13.2003年）、「交渉管理論」（日本交渉学会誌 Vol.12.2002年）など。

井上円了の哲学から経営知を語る

2022年9月8日　　初版発行

著者　**藤木　清次**

発行所　株式会社　三恵社

〒462-0056 愛知県名古屋市北区中丸町2-24-1
TEL 052 (915) 5211
FAX 052 (915) 5019
URL http://www.sankeisha.com

乱丁・落丁の場合はお取替えいたします。

ISBN978-4-86693-654-3